westermann

EinFach
Deutsch
Unterrichtsmodell

Jenny Erpenbeck

Gehen, ging, gegangen

Von
Christine Mersiowsky

Herausgegeben von
Johannes Diekhans

Baustein 4: Die Erzählweise des Romans (S. 72 – 88 im Modell)

4.1	Aufbau und Erzählstruktur des Romans	S. 110 – 112	Textarbeit Tafelskizze Arbeitsblatt 11
4.2	Die Bedeutung der zentralen Motive des Romans	ausgewählte Textstellen	Textarbeit Tafelskizzen Arbeitsblatt 12
4.3	Die stilistische Gestaltung des Romans	S. 219	Textarbeit Tafelskizze
4.4	Die Intertextualität des Romans	ausgewählte Textstellen	Textarbeit Tafelskizze Arbeitsblatt 13

Baustein 5: Die Entstehung und Wirkung des Romans (S. 89 – 109 im Modell)

5.1	Jenny Erpenbecks Anliegen	ges. Roman	Textarbeit Tafelskizze Schreibauftrag Arbeitsblatt 14
5.2	Politisch engagierte Literatur im Meinungsstreit	ges. Roman	Textarbeit Wandplakate Arbeitsblätter 15a – b
5.3	Eigene Rezeption: Materialgestütztes Verfassen eines argumentierenden Textes	ges. Roman	Schreibauftrag Arbeitsblätter 16 – 17

Baustein 1: Die Frage des Einstiegs (S. 16 – 30 im Modell)

1.1	Hinführung zum Roman	Dokumentarfilm „Verpiss dich!“, ausgewählte Textstellen	Schreibauftrag Wandplakat Szenisches Lesen Tafelskizze Arbeitsblätter 1 – 2
1.2	Die expositorische Funktion des Romananfangs	S. 8 – 20	Textarbeit Tafelskizze
1.3	Lektürephase: Erstellen eines Lesetagebuches	ges. Roman	Tafelskizze Arbeitsblatt 3
1.4	Reflexion der Lektürephase	ges. Roman	Schreibauftrag Arbeitsblätter 4a – b

Baustein 2: Die Figurenkonstellation (S. 31 – 45 im Modell)

2.1	Die Protagonisten	ausgewählte Textstellen	Textarbeit Tafelskizze Wandplakate Arbeitsblatt 5
2.2	Die Antagonisten	S. 192 ff.	Textarbeit Tafelskizze Arbeitsblatt 6

Baustein 3: Die Flüchtlingsproblematik als zentrales Thema des Romans (S. 46 – 71 im Modell)

3.1	Die Darstellung menschlicher Grunderfahrungen	Dokumentarfilm „Flucht und Vertreibung“, ausgewählte Textstellen	Textarbeit Schreibauftrag Tafelskizzen Arbeitsblatt 7
3.2	Kultur, Cultur oder Culture? – Das Aufeinandertreffen verschiedener Kulturen	S. 149 – 154, ausgewählte Textstellen	Textarbeit Tafelskizzen Arbeitsblätter 7 – 9
3.3	Die Probleme der Flüchtlinge im Alltag	ausgewählte Textstellen	Textarbeit Tafelskizze Arbeitsblatt 10

Bildnachweis:
|Axel Springer Syndication GmbH, Berlin: Foto: Martin U.K. Lengemann 103. |Behling, Katharina, Berlin: 130. |Bridgeman Images, Berlin: 68 o., 75 o., 69. |Domke, Franz-Josef, Hannover: 68 m, 75 m., 69, 127, 132 1. v.o., 147 3.v.o., 147 u., 132 2.v.o, 147 4.v.o.. |fotolia.com, New York: panptys 26. |Getty Images, München: Gallup, Sean 104. |Labek, Lea, Kufstein: 28. |Lüdecke, Matthias, Berlin: 9, 100. |Pethes, Nicolas, Köln: © a.r.t.e.s. Graduate School for the Humanities Cologne / Foto: Patric Fouad 64. |Picture-Alliance GmbH, Frankfurt/M.: Arco Images / Wittek, R. 125; dpa / Ali, Ali 102; dpa/Kalaene, Jens 101. |Schmitt, Felix, Frankfurt am: 129. |toonpool.com, Berlin, Castrop-Rauxel: Jan Tomaschoff 68 u., 69 u., 69.

westermann GRUPPE

Druck A[1] / Jahr 2018
Alle Drucke der Serie A sind im Unterricht parallel verwendbar.

Druck und Bindung: westermann druck GmbH, Braunschweig

ISBN 978-3-14-**022724**-7

Vorwort

Der vorliegende Band ist Teil einer Reihe, die Lehrerinnen und Lehrern erprobte und an den Bedürfnissen der Schulpraxis orientierte Unterrichtsmodelle zu ausgewählten Ganzschriften und weiteren relevanten Themen des Faches Deutsch bietet.
Im Mittelpunkt der Modelle stehen Bausteine, die jeweils thematische Schwerpunkte mit entsprechenden Untergliederungen beinhalten.
In übersichtlich gestalteter Form erhält der Benutzer/die Benutzerin zunächst einen Überblick zu den im Modell ausführlich behandelten Bausteinen.

Es folgen:

- Hinweise zu den Handlungsträgern
- Zusammenfassung des Inhalts und der Handlungsstruktur
- Vorüberlegungen zum Einsatz des Romans im Unterricht
- Hinweise zur Konzeption des Modells
- Ausführliche Darstellung der einzelnen Bausteine
- Zusatzmaterialien

Ein besonderes Merkmal der Unterrichtsmodelle ist die Praxisorientierung. Enthalten sind kopierfähige Arbeitsblätter, Vorschläge für Klassen- und Kursarbeiten, Tafelbilder, konkrete Arbeitsaufträge, Projektvorschläge. Handlungsorientierte Methoden sind in gleicher Weise berücksichtigt wie eher traditionelle Verfahren der Texterschließung und -bearbeitung.
Das Bausteinprinzip ermöglicht es dabei den Benutzern, Unterrichtsreihen in unterschiedlicher Weise und mit unterschiedlichen thematischen Akzentuierungen zu konzipieren. Auf diese Weise erleichtern die Modelle die Unterrichtsvorbereitung und tragen zu einer Entlastung der Benutzer bei.

Das vorliegende Modell bezieht sich auf folgende Textausgabe:
Jenny Erpenbeck: Gehen, ging, gegangen.
Klett: Stuttgart 2017. ISBN: 978-3-12-666920-7

Arbeitsfrage

Einzelarbeit

Partnerarbeit

Gruppenarbeit

Unterrichtsgespräch

Schreibauftrag

szenisches Spiel, Rollenspiel

Mal- und Zeichenauftrag

Bastelauftrag

Projekt, offene Aufgabe

Inhaltsverzeichnis

Gehen, ging, gegangen

Sie dürfen auch nicht vergessen, sagt nun der Anwalt, diese Herren hier vom Oranienplatz haben noch nicht einmal eine Duldung, und selbst, wenn sie eine hätten: So eine Duldung ist kein Aufenthaltsstatus.
Sondern was?
Eine Duldung ist nur eine A u s s e t z u n g d e r A b s c h i e b u n g. [...]
Richard merkt, wie er Kopfschmerzen bekommt, die sich von der Stirn über die Schläfen allmählich in seinen Hinterkopf fressen.
Aber ein letzter Punkt steht noch auf seiner Liste:
Und der Paragraph 23?, fragt er. Im Internet habe er gelesen, dass, wenn ein Land, eine Regierung, ein Bürgermeister wolle, die europäischen Regelungen ausgesetzt werden dürfen und jemand, der um Asyl ansuche, einfach als Mensch akzeptiert werden könne, auch in einem Land, das nach den gesetzlichen Regelungen eigentlich nicht für ihn zuständig sei.
Es wundert Richard nicht sonderlich, dass der Anwalt darauf nur ein Wort zur Antwort gibt:
Wenn.
Verstehe, sagt Richard und hat plötzlich das Gefühl, dass dieser Anwaltsbesuch seine Kräfte übersteigt.

Jenny Erpenbeck: Gehen, ging, gegangen. Stuttgart: Klett Verlag 2017, S. 262f.

Flüchtlinge campieren auf dem Oranienplatz in Berlin.

Hauptfiguren des Romans

Richard: Richard, ein erst vor Kurzem emeritierter Professor für Klassische Philologie, ist in der DDR aufgewachsen, verwitwet und lebt allein und einsam in seinem Haus am See in Ost-Berlin, denn seine Geliebte hat ihn verlassen. Er befindet sich an einem Scheideweg in seinem Leben, ist zutiefst verunsichert, was er jetzt im Ruhestand mit der vielen Freizeit anfangen soll. Ein Lichtblick sind daher die afrikanischen Flüchtlinge am Oranienplatz, von deren Existenz er erst durch die Medien erfährt. Endlich hat er für sich eine sinnvolle Beschäftigung gefunden. Was für Richard anfangs lediglich ein neues (Forschungs-)Projekt darstellt, wird für ihn zur Lebensaufgabe, der er sich engagiert widmet, indem er die Flüchtlinge zu Behördengängen begleitet, für Karon Anubos Familie in Ghana ein Grundstück kauft, Osarobo mit Musik zurück ins Leben holen will und schließlich einige vertraut gewordene Flüchtlinge bei sich unterbringt.

Bei den im Folgenden aufgeführten Figuren handelt es sich ausnahmslos um junge afrikanische Flüchtlinge, die Richard im Verlauf seines selbst auferlegten Forschungsprojektes näher kennenlernt.

Raschid: Der massig-robuste, jedoch herzkranke Raschid stammt aus Nigeria und ist gelernter Schlosser. Arbeit ist für ihn „so natürlich wie Atmen“ (S. 206), weshalb ihm wie allen anderen Flüchtlingen auch das Warten und Nichtstun in Deutschland schwer zu schaffen macht. Mit seiner zupackenden und resoluten Art hat er innerhalb der Gruppe der Flüchtlinge trotz angeschlagener Gesundheit die Rolle des Sprechers übernommen, die er mit viel Engagement und Leidenschaft ausfüllt. Fühlt er sich von Vertretern deutscher Institutionen ungerecht behandelt, neigt er zum Jähzorn, weshalb er von Richard **„der Blitzeschleuderer“** (S. 99) genannt wird.

Osarobo: Osarobo ist erst 18 Jahre alt, im Niger geboren und später zu seinem Vater nach Libyen gegangen, wo er in den gegen Gaddafi gerichteten Bürgerkrieg gerät und sowohl seinen Vater als auch seine Freunde verliert (vgl. S. 252). Er ist anfangs sehr verschlossen und reagiert auf Richards persönliche Fragen lediglich mit einem Schulterzucken. Sein Verhalten signalisiert zudem, dass Osarobo jegliche Hoffnung und Perspektive für sich verloren hat (vgl. S. 108). Richard entwickelt für den Jugendlichen zunehmend Vatergefühle, lädt ihn zu sich nach Hause ein, um ihm das Klavierspielen beizubringen („der Klavierspieler“, S. 170), weshalb er umso enttäuschter ist, als er ihn später des Einbruchs und Diebstahls verdächtigen muss.

„Apoll“: Der namenlose Jugendliche aus Niger sieht mit seinen „wilden Locken“ (S. 56) genauso aus, wie Richard „sich Apoll immer vorgestellt hat“ (S. 57). Er gehört der in der Sahara und der Sahelzone ansässigen nomadischen Minderheit der Tuareg an. Aufgewachsen ohne Eltern, die vermutlich von der nigrischen Miliz getötet worden sind, ist er schon als 10-Jähriger mit Kamelhändlern durch die Wüste nach Libyen gezogen und daher für sein Alter bereits sehr reif. Richard ist fasziniert von dem sprachbegabten Jugendlichen, der neben seiner Muttersprache Tamashek auch Arabisch, Französisch, Englisch und Italienisch spricht und hier nun ambitioniert Deutsch lernt, und dessen Lebensweise. Von Apoll erfährt Richard nicht nur vieles über das Nomadenleben und die Beisetzungszeremonien der Tuareg, vielmehr gelangt er auch zu neuen philosophischen Einsichten (vgl. S. 160).

Awad: Awad kommt aus Ghana und ist von Beginn des „Forschungsprojektes" an sehr mitteilsam, denn er ist überzeugt: „Wenn man irgendwo ankommen will, darf man nichts verbergen." (S. 143) Der Flüchtling leidet erkennbar unter einer posttraumatischen Belastungsstörung, denn stets wird er von seinen Kriegserinnerungen heimgesucht, sodass sein „Kopf [...] ihm beinahe auseinander[fällt] vor Schmerzen" (S. 140). Seine psychische Erkrankung ist schließlich auch der Grund, weshalb **„Tristan"**, wie Richard ihn nennt, trotz eines negativen Bescheides der Ausländerbehörde noch einige Monate in Deutschland geduldet und weiter therapiert wird.

Karon Anubo: Karon, **„der Dünne"** aus Ghana, wird im Alter von 8 Jahren von seinen Eltern verlassen und wächst bei der Stiefmutter auf. Er schlägt sich mit Gelegenheitsjobs als Farmarbeiter, Kioskbetreiber und fliegender Händler irgendwie durch, hat jedoch keine wirkliche Perspektive in seiner Heimat („Ich schaute nach vorn und nach hinten und sah nichts.", S. 120). Während viele Menschen in Ghana sich aus Verzweiflung das Leben nehmen oder Drogen verfallen, macht er sich auf den Weg, um mithilfe von Schleppern über die gefährliche Mittelmeerroute nach Europa zu gelangen. Anders als die übrigen Flüchtlinge hat Karon keine Monatskarte, da er in seiner Kultur als ältester Sohn seine Familie ernähren muss und nahezu alles Geld, das er in Deutschland erhält, nach Ghana schickt. Um Karon finanziell zu entlasten, kauft Richard für dessen Familie ein Grundstück in Ghana.

Rufu: Rufu stammt aus Burkina Faso und wird von Richard insgeheim **„der schwarze Mond von Wismar"** (S. 138) genannt, weil sein Gesicht ihn an ein Madonnenbild im Wismarer Dom erinnert. Er ist zutiefst einsam und sehr verschlossen, denn er spricht mit niemandem und scheint unter den Flüchtlingen keine Freunde gefunden zu haben. Körperlich ist er sehr geschwächt, seit ihm ein Medikament gegen Depressionen verordnet worden ist, das so starke Nebenwirkungen hat, dass Richard dem „vierundzwanzigjährigen Greis" (S. 243) dabei helfen muss, sich auf die Bank zu setzen. Dies ist umso fataler, da sich im weiteren Verlauf der Handlung herausstellt, dass Rufu keine Depression, sondern lediglich ein Loch im Zahn hat.

Inhalt des Romans

Protagonist in Jenny Erpenbecks Roman „Gehen, ging, gegangen“ ist **Richard**, ein unlängst in den Ruhestand versetzter Universitätsprofessor der Altphilologie. Er ist Witwer, kinderlos und lebt nun, nachdem ihn seine jüngere Geliebte verlassen hat, allein in seinem Haus am See in Ost-Berlin, welches er nach der Wende gekauft hat. Richard befindet sich in einer neuen Lebensphase und weiß nicht recht, was er mit der ungewohnten Freizeit im Überfluss anfangen soll. Er hadert mit seinem Schicksal und sucht nach neuen Herausforderungen.

Diese findet er schließlich in der im Mittelpunkt der Romanhandlung stehenden Gruppe afrikanischer **Flüchtlinge**, die ihre Heimat verlassen haben, weil sie selbst von feindlichen Soldaten verfolgt und/oder deren Familienangehörige ermordet worden sind, und die nach monate- oder gar jahrelangen Um- und Irrwegen über Italien nach Deutschland gekommen und hier gestrandet sind. Die jungen Männer haben auf dem Oranienplatz im Berliner Stadtteil Kreuzberg ein Protestcamp aufgeschlagen, um gegen ihre Abschiebung und das ihnen auferlegte Arbeitsverbot zu protestieren.[1]

Um auf sich aufmerksam zu machen und ihrer Protesthaltung Ausdruck zu verleihen, bedienen sich die Flüchtlinge durchweg gewaltfreier und leiser Aktionen, wie etwa das aufgestellte Schild „We become visible“ (S. 26). Bezeichnenderweise bemerkt Richard die jungen Männer jedoch nicht, als ihn sein Weg zur Ausgrabungsstätte eines befreundeten Archäologen direkt am Oranienplatz vorbeiführt.

Mit zeitlicher Verzögerung wird Richard erst in den Abendnachrichten auf die Flüchtlinge aufmerksam und beschließt, Kontakt mit ihnen aufzunehmen. Unter dem Vorwand, ein neues Forschungsprojekt durchzuführen, beginnt er, mit Fragebogen und Notizbuch gut ausgerüstet, die afrikanischen Flüchtlinge zu ihrer Herkunft und ihrer von lebensbedrohlichen Erlebnissen begleiteten Flucht zu interviewen.

Das Verhältnis zwischen Richard und den Flüchtlingen ist zunächst eher distanziert, was sich im weiteren Handlungsverlauf jedoch ändert, je mehr er über die individuellen Leidensgeschichten und Einzelschicksale erfährt. Was gewissermaßen als eigene Bewältigungstherapie des Protagonisten beginnt, entwickelt sich für den Pensionär zur Lebensaufgabe. Er wird zum Fürsprecher der Flüchtlinge, begleitet sie zu Behördengängen, lässt sie gegen Bezahlung gelegentlich bei sich zu Hause arbeiten, kauft für eine ghanaische Familie ein Grundstück, bringt dem erst 18-jährigen **Osarobo**, für den er zunehmend väterliche Gefühle entwickelt, das Klavierspielen bei und meldet erstmals in seinem Leben spontan eine Demonstration an, da sich sonst niemand mit einem deutschen Ausweis findet.

Zwischenzeitlich verhandelt der Berliner Senat mit den Flüchtlingen vom Oranienplatz über dessen Räumung. Im Gegenzug dafür, dass sie den öffentlichen Platz verlassen, wird ihnen eine genaue Einzelfallprüfung versprochen. In der Hoffnung auf eine Bleibeperspektive lösen die jungen Männer das Protestcamp auf und nehmen es zudem hin, dass die Gruppe getrennt und auf verschiedene Unterkünfte verteilt wird.

Im Verlauf seines politischen Engagements für die Flüchtlinge erleidet Richard diverse Rückschläge und gewinnt folglich schnell den Eindruck, der einzige Einheimische zu sein, der die Interessen der jungen Männer vertritt. So muss er etwa beim Besuch eines Rechtsanwalts

---

[1] Diese Protestaktion hat von Oktober 2012 bis April 2014 tatsächlich am angegebenen Ort stattgefunden.

erfahren, dass seine Schützlinge aufgrund des „Dublin II“-Abkommens kein Aufenthaltsrecht in Berlin in Anspruch nehmen können, da sie in Italien zum ersten Mal europäischen Boden betreten haben und somit nur dort Asyl beantragen können (vgl. S. 73).

Hautnah erlebt er die Schikanen durch Behörden und die Berliner Polizei und ist schließlich fassungslos, als der Senat die mit den Flüchtlingen vom Oranienplatz getroffene Vereinbarung überraschend für ungültig erklärt und bereits kurze Zeit später den Männern die durchweg negativen Bescheide der Ausländerbehörde zugehen, die nun aufgrund des „Dublin II“-Abkommens nach Italien zurückkehren müssen. Lediglich **Raschid** („der Blitzeschleuderer“), **Awad** („Tristan“) und **Ithemba** bleiben vorläufig von dem „ehernen Gesetz“ (S. 193) verschont und erhalten eine Duldung für wenige Monate, da ihr schlechter Gesundheitszustand eine sofortige Ausweisung unmöglich macht. Kurzerhand funktioniert Richard sein Haus in eine Heimunterkunft um (vgl. S. 287 f.), nimmt so viele Flüchtlinge wie möglich bei sich auf, einige weitere Afrikaner bringt er bei seinen Freunden unter.

Der Roman endet mit Richards Geburtstag, an welchem neben seinen Freunden alle afrikanischen Flüchtlinge ein wohl letztes Mal in dieser Konstellation zusammenkommen und gemeinsam bis tief in die Nacht in Richards Garten feiern.

Vorüberlegungen zum Einsatz des Romans im Unterricht

2015 veröffentlicht Jenny Erpenbeck ihren Roman „Gehen, ging, gegangen“[1], der in der Literaturkritik durchaus kontrovers aufgenommen und diskutiert wird.
Aufgewachsen in der DDR und demzufolge mit dem Thema Flucht und später Wiedervereinigung vertraut bzw. dafür sensibilisiert, hat die Autorin Fluchtgeschichten von Menschen, die aus anderen Ländern nach Deutschland kommen, seit jeher verfolgt. Bei diesem Roman ist es jedoch nicht ihr Anliegen gewesen, zu moralisieren, sondern eine Bestandsaufnahme zur gegenwärtigen Flüchtlingsproblematik zu machen. Erpenbeck hat folglich viele Gespräche mit den Flüchtlingen auf dem Berliner Oranienplatz geführt, sich zunehmend auch politisch für sie engagiert und ist dabei auf diverse bürokratische Hindernisse gestoßen. Sie hat somit einzelne Begebenheiten aus dem Roman „Gehen, ging, gegangen“ in ähnlicher Weise selbst erlebt und schließlich in ihrem Roman literarisch verarbeitet.
Aus diesem Grund stellt dieses Werk ein wichtiges Dokument zur gegenwärtigen Flüchtlingsproblematik in Deutschland dar. Genau hier liegt die Chance, Schülerinnen und Schüler zur Beschäftigung mit dem Text zu motivieren und ihnen differenzierte politische Einsichten zu ermöglichen, weshalb der Roman „Gehen, ging, gegangen“ eine interessante Lektüre für den Deutschunterricht darstellt.
Der Leseprozess sollte so organisiert werden, dass zunächst mit dem Meinungstheater die verschiedenen Positionen im Roman zur Flüchtlingsproblematik studiert werden und der Romananfang gemeinsam gelesen wird, um die Schülerinnen und Schüler auf die Thematik einzustimmen und sie zur weiteren Lektüre zu motivieren (vgl. Baustein 1, S. 16ff.). Anschließend sollte der Roman jedoch vollständig gelesen werden, da die Werkkenntnis die Grundlage für das weitere Vorgehen bildet. Um den Leseprozess zu begleiten, sollten die Kursteilnehmer angehalten werden, ein Lesetagebuch einschließlich eines kommentierten Inhaltsverzeichnisses über die insgesamt 55 Kapitel zu führen, auf welches immer wieder zurückgegriffen werden kann.
Zur eigenen Vorbereitung ist Sabine Hasenbachs Interpretation zu Erpenbecks Roman „Gehen, ging, gegangen“ aus dem Jahre 2018 empfehlenswert. Die Verfasserin gibt hier einen umfassenden Einblick in den Inhalt, die Figurengestaltung und die Erzählweise des Romans und liefert zugleich wesentliche Informationen zum historischen Kontext.
In seinem Aufsatz „Flucht und Vertreibung. Deutsche Geschichte“, welcher in der Reihe Planet Wissen im Internet hinterlegt ist, erläutert Gregor Delvaux de Fenffe die Hintergründe der Flucht und Vertreibung der deutschen Zivilbevölkerung aus Ostpreußen, Schlesien und Pommern nach Ende des Zweiten Weltkrieges. Somit wird zugleich die Vergangenheit der zentralen Romanfigur Richard näher beleuchtet.
Schließlich enthält das von Thomas Frey geführte Interview mit der Autorin „Von Flüchtlingen lernen“, das am 2. September 2015 in Focus Online erschienen ist, wertvolle Hinweise zum Leben Jenny Erpenbecks, die mit ihrer Familie eigene entmutigende Flucht- und Fremdheitserfahrungen erlebt hat und das Bild abrunden.
In den Zusatzmaterialien (vgl. **Zusatzmaterial 1**, S. 110ff.) befinden sich verschiedene Vorschläge für eine abschließende **Lernerfolgskontrolle**. Generell können jedoch auch viele der in diesem Unterrichtsmodell gestellten Arbeitsaufträge zu geeigneten Klausurthemen ausgeweitet werden.

[1] Das vorliegende Modell bezieht sich auf die folgende Taschenbuch-Textausgabe: Erpenbeck, Jenny: Gehen, ging, gegangen. Klett Verlag: Stuttgart 2017.

Konzeption des Unterrichtsmodells

Das vorliegende Unterrichtsmodell ist in fünf Bausteine unterteilt. Dabei finden sowohl textanalytische als auch produktionsorientierte Methoden Anwendung, um hoffentlich allen Schülerinnen und Schülern eine Möglichkeit des Zugangs zu diesem Roman zu bieten. Zudem wurde darauf geachtet, dass die im Fach Deutsch gängigen Aufsatzarten (Erörterung, Textanalyse usw.) weiter geübt werden.

Baustein 1 ist ausschließlich dem Einstieg in den Roman gewidmet und bietet demzufolge alternative Vorschläge, um einerseits die Leseerfahrungen der Schülerinnen und Schüler abzurufen und sie andererseits für das weitere Vorgehen zu motivieren.

Baustein 2 widmet sich den handelnden Figuren einschließlich der Figurenkonstellation. Im Fokus stehen dabei zum einen die Protagonisten in Gestalt der zentralen Figur Richard, in der alle Geschehnisse reflektiert und gespiegelt werden, sowie die Flüchtlinge, von denen exemplarisch Raschid, Awad und „Apoll“ näher untersucht werden. Zum anderen werden die Antagonisten näher beleuchtet. Hierbei handelt es sich nicht um Gegenspieler im engeren Sinn, vielmehr bestehen diese in widrigen Umständen und (gesellschaftlichen) Verhältnissen, sodass hier ein weiter Figurenbegriff zugrunde gelegt werden muss. Auf dieser analytischen Betrachtung der Figurenkonstellation des Romans bauen die folgenden Bausteine auf.

Baustein 3 setzt sich mit der gegenwärtigen Flüchtlingsproblematik als zentralem Thema des Romans auseinander. In einem ersten Schritt wird untersucht, wie menschliche Grunderfahrungen wie etwa Krieg, Flucht und Vertreibung sowie Ferne und Fremdheit dargestellt und bewertet werden. Im Anschluss hieran werden die unterschiedlichen Vorstellungen des Kulturbegriffes identifiziert. In diesem Zusammenhang wird auch auf die Bürokratie in Deutschland als negativ konnotierten Kulturbegriff eingegangen, welche zu einem Großteil die Probleme bei der Integration der Flüchtlinge im Alltag verursacht.

Baustein 4 beschäftigt sich mit Erpenbecks Erzähltechnik. Neben der unkonventionellen Struktur des Romans, bei dem etwa verschiedene Gebrauchstexte in die eigentliche Handlung montiert werden, bildet in diesem Abschnitt die Decodierung der komplexen intertextuellen Bezüge zur griechischen Mythologie einen inhaltlichen Schwerpunkt. Die Analyse der sprachlich-stilistischen Gestaltung des Romans, konkret die Bedeutung der zentralen Motive (Mann im See, Titel „Gehen, ging, gegangen“), bildet den Abschluss dieses Bausteins.

Baustein 5 hat die Entstehung und Wirkung des Romans zum Gegenstand. Dabei soll nicht nur die zeitgenössische Kritik unter dem Aspekt „Engagierte Literatur im Meinungsstreit“ genauer analysiert werden, vielmehr sollen die Lernenden den Roman selbst rezensieren. Auf diese Weise erfolgt gleichzeitig nicht nur eine kurze Einführung in den Bereich der Literaturkritik, vielmehr soll hierbei auch das Aufgabenformat „Materialgestütztes Verfassen argumentierender Texte“ weiter eingeübt werden.

Die thematischen Bausteine des Unterrichtsmodells

Baustein 1

Die Frage des Einstiegs

1.1 Hinführung zum Roman

Im Folgenden sollen zwei mögliche Zugänge vorgestellt werden, um die Schülerinnen und Schüler auf Jenny Erpenbecks Roman „Gehen, gingen, gegangen“ einzustimmen, bevor sie das Werk lesen. Beide Verfahren können alternativ oder in Kombination im Unterricht eingesetzt werden.

1.1.1 „Verpiss dich!“ – Ein kurzer Dokumentarfilm von und mit geflüchteten Jugendlichen

Im Rahmen des Kurzfilmwettbewerbs „Die Niedersachsen Filmklappe“ werden jährlich Kinder und Jugendliche ermutigt, eine bzw. ihre Geschichte in Form eines Kurzfilms zu erzählen, um sich auf diese Weise „aktiv gestalterisch mit dem Medium Film auseinanderzusetzen“[1]. Die jungen Filmemacher treten dabei „mit ihren Beiträgen zunächst in einer der regionalen Filmklappen gegeneinander an. Aus den regionalen Erstplatzierten ermittelt eine Jury die Landessieger, die dann im Rahmen einer feierlichen Preisverleihung bei der Niedersachsen Filmklappe in Aurich ausgezeichnet werden.“[2]

Bei der Heide-Wendland-Filmklappe, eine der regionalen Filmklappen, wurde mit dem Kurzfilm „Verpiss dich“[3] 2017 von Jugendlichen der Schule am Schiffshebewerk Scharnebeck (Landkreis Lüneburg) ein Beitrag eingereicht und schließlich mit dem Sonderpreis für Dokumentarfilm ausgezeichnet, der eindrucksvoll belegt, wie mithilfe von Medienarbeit in der Schule mit dem Thema „Flucht“ und dessen Folgen öffentlich umgegangen werden kann. In dem etwa 15-minütigen Dokumentarfilm werden zehn Flüchtlingskinder dieser Schule mithilfe von Fragen, welche ihre deutschen Mitschülerinnen und Mitschüler aufgeschrieben haben, interviewt.

Es wird eine Bandbreite verschiedener Themenbereiche aufgegriffen, wie etwa „Krieg, Flucht und Vertreibung“, „Ferne und Fremdheit“, „Kultur“ sowie „Identität“, die auch in Erpenbecks Roman „Gehen, gingen, gegangen“ von Bedeutung sind. Dabei macht die Dokumentation

[1] Niedersächsischer Bildungsserver (NiBiS): Die Niedersachsen Filmklappe. Hannover 2017, www.filmklappe.com (03.12.2017)

[2] Ebd.

[3] Die Dokumentation ist auf den Internetseiten der Heide-Wendland-Filmklappe hinterlegt und kann dort kostenlos heruntergeladen werden: www.heide-wendland-filmklappe.de/wettbewerb-20162017/ (08.04.2018).

auch vor problematischen, ausländerfeindlichen Aussagen wie „Verpisst euch!“ (vgl. Titel) nicht halt.

Die Schülerinnen und Schüler schauen sich den dokumentarischen Kurzfilm an und notieren die hier angesprochenen Themenbereiche stichwortartig auf Metaplankarten, welche geclustert und an einem Wandplakat festgehalten werden. Anschließend stellen die Kursteilnehmer Vermutungen über die Romanhandlung an, wobei auch deren Assoziationen zum Titel „Gehen, gingen, gegangen“ einfließen sollen:

- *Schauen Sie sich den Dokumentarfilm „Verpiss dich!“ an und halten Sie anschließend die hier behandelten Themenbereiche stichwortartig auf Karten fest.*
- *Stellen Sie Vermutungen zu Jenny Erpenbecks Roman „Gehen, gingen, gegangen“ an, indem Sie die folgenden Fragen stichwortartig beantworten:*
  - *Wovon könnte ein Roman über die Flüchtlingsproblematik handeln?*
  - *Welche Assoziationen weckt der Titel bei Ihnen?*
  - *Welche Erwartungen haben Sie (Erzählstil, Figurenkonstellation usw.)?*

Die Arbeitsergebnisse werden auf einem Wandplakat geordnet festgehalten:

**Die gegenwärtige Flüchtlingskrise –
Eine gesellschaftspolitische Geschichte erzählen**

Mögliche Themenbereiche
- Krieg, Flucht und Vertreibung
- Ferne und Fremdheit
- Kultur
- Identität
- ...

Erwartungen/Vermutungen
- Alltagsprobleme der Integration, z. B. mangelnde Sprachkenntnisse der Flüchtlinge (vgl. Titel „Gehen, ging, gegangen“)
- dokumentarische Erzählweise des Romans (z. B. Reportage, Interview)
- Erzähler, der die Fragen bzw. Themen offen anspricht, die einem möglicherweise selbst unangenehm wären
- Flüchtlinge als handelnde Figuren, deren Lebens-/Leidensweg erzählt wird
- ...

Auch die geäußerten Vermutungen über die bevorstehende Handlung des Romans sowie die vorläufige Interpretation des Titels „Gehen, ging, gegangen“ werden auf einem Wandplakat zusammengefasst und im Klassenraum aufgehängt, um nach der Lektürephase darauf zurückgreifen zu können. In diesem Zusammenhang könnte etwa in einer Feedback-Runde abgeglichen werden, inwiefern die Erwartungen des Einzelnen erfüllt wurden.

1.1.2 Meinungstheater – Stimmen aus dem Roman „Gehen, ging, gegangen“

Im Anschluss an die bisherigen Vorüberlegungen oder auch alternativ kann ein Einstieg in Jenny Erpenbecks Roman „Gehen, ging, gegangen“ mithilfe des sogenannten **Meinungsthea-**

ters[1], einer Methode des szenischen Lesens, erfolgen, um bereits zu diesem frühen Zeitpunkt die im Roman vertretenen Grundpositionen zur Flüchtlingsproblematik herauszuarbeiten. Zu diesem Zweck werden exemplarisch neun prägnante Textstellen[2] aus dem Roman ausgewählt, anhand derer die teilweise konträren Haltungen[3] gegenüber der Zuwanderung von Flüchtlingen deutlich werden:

1. „Die Männer sind bei uns nur provisorisch untergebracht.“ (S. 49)
   → *Leiter der Flüchtlingsunterkunft*
2. „Wir sind, weil sonst niemand dazu bereit war, in die Bresche gesprungen.“ (S. 50)
   → *Leiter der Flüchtlingsunterkunft*
3. „Warum eigentlich wird den Männern [...] das Recht, arbeiten zu gehen, verweigert? Warum werden sie hier eigentlich nicht [...] als Kriegsopfer versorgt?“ (S. 73)
   → *Richard*
4. „Ich hab keine Ahnung, ich bin hier nur der Sicherheitsdienst.“ (S. 85)
   → *Sicherheitsmitarbeiter in der Flüchtlingsunterkunft*
5. „Ach, hier im Altersheim sind Afrikaner untergebracht? Das wusste ich gar nicht.“ (S. 101)
   → *Sylvia, gute Bekannte von Richard*
6. „Aber möglicherweise geht es ihnen dort sogar besser [...] und ist der Umzug ein Zeichen dafür, dass sie jetzt akzeptiert werden sollen. Immerhin ist das in Spandau doch [...] ein richtiges Asylbewerberheim.“ (S. 173)
   → *Sylvia, gute Bekannte von Richard*
7. „Die Afrikaner müssen ihre Probleme in Afrika lösen“ (S. 214)
   → *Stimmen aus der Bevölkerung*
8. „Wir täten den Männern, wenn wir sie aufnehmen würden, keinen Gefallen, denn hier in der Nachbarschaft sind zu viele Nazis.“ (S. 283)
   → *Stimmen aus der Bevölkerung*
9. „Einer könnte vielleicht hier wohnen, aber das lohnt sich ja nicht – es gibt doch so viele von denen.“ (S. 283)
   → *Stimmen aus der Bevölkerung*

Die Zitate (vgl. **Arbeitsblatt 2**, S. 27) werden von der Lehrkraft „auf Papierstreifen an Spielwillige ausgegeben, welche die Aufgabe haben, die jeweilige Äußerung so zu sprechen, dass sie glaubhaft wirkt. Dazu müssen para- und nonverbale Mittel entsprechend gewählt werden; es muss insgesamt ein passender Habitus entstehen.“[4]

Um den jeweiligen Spielern dabei zu helfen, ihre Rolle auszufüllen, sollte das Meinungstheater in Partner- bzw. Gruppenarbeit mithilfe des folgenden Arbeitsauftrages (vgl. **Arbeitsblatt 1**, S. 26) vorbereitet werden:

- *Ihre Gruppe soll die Haltung der Figur mit der Nummer __________ vertreten. Bereiten Sie sich gemeinsam auf Ihre Rolle vor, indem Sie ...*

  1. *Ihr Zitat lesen und sich mithilfe folgender Leitfragen in diese Figur einfühlen:*
     - *Wie stellen Sie sich die Figur vor (Geschlecht, Alter usw.)?*
     - *Was fühlt diese Figur (Ärger, Frust, Sehnsucht, Hoffnung usw.)?*

---

1 Vgl. Abraham, Ulf: Sprechen als reflexive Praxis. Mündlicher Sprachgebrauch in einem kompetenzorientierten Deutschunterricht. 2., überarbeitete und erweiterte Auflage. Stuttgart 2016, S. 117 f.

2 Die Textauswahl erfolgt in Anlehnung an: Abraham, Ulf: Unterrichtskonzepte zu Jenny Erpenbecks „Gehen, ging, gegangen“ – Eine Auswahl. Vortrag bei der niedersächsischen Netzwerktagung Deutsch am 1. Dezember 2017. Bad Salzdetfurth 2017, S. 4

3 Mit *kursiver Schrift* erfolgt zudem ein kurzer Hinweis darauf, von welcher Romanfigur die jeweilige Aussage stammt.

4 Abraham, Ulf: a. a. O., S. 117

2. *überlegen, wie Sie das zu transportierende Gefühl durch Ihre Sprache (Lautstärke, Betonung, Sprechpausen usw.) und Körpersprache (Mimik, Gestik, Körperhaltung) besser vermitteln können.*

3. *Ihren Rollentext mehrmals proben.*

4. *festlegen, wer beim Meinungstheater diese Rolle spielen wird.*

Das anschließende Unterrichtsgespräch dient der Reflexion des Meinungstheaters. Hierbei sollten insbesondere folgende Leitfragen im Fokus stehen:

- *Welche Haltung hat die Figur mit der Nummer ____________ zur Flüchtlingskrise?*
  - *Von welcher Figur könnte eine solche Aussage stammen?*
  - *Welche Grundpositionen werden in den Zitaten deutlich?*
  - *Welche Gründe für die ablehnende Haltung gegenüber Flüchtlingen werden hier deutlich?*

Die Ergebnisse können zu folgendem Tafelbild zusammengefasst werden:

Grundpositionen zur Flüchtlingskrise:
Stimmen aus Erpenbecks Roman „Gehen, gingen, gegangen“

Akzeptanz der Flüchtlinge	Ablehnung der Flüchtlinge
... aufgrund von Verantwortungsbewusstsein „Wir sind, weil sonst niemand dazu bereit war, in die Bresche gesprungen.“ (S. 50) ... aus Mitgefühl (Empathie) „Warum eigentlich wird den Männern [...] das Recht, arbeiten zu gehen, verweigert? Warum werden sie hier eigentlich nicht [...] als Kriegsopfer versorgt?“ (S. 73)	... aus Prinzip „Die Afrikaner müssen ihre Probleme in Afrika lösen“ (S. 214) ... aus Angst „Wir täten den Männern, wenn wir sie aufnehmen würden, keinen Gefallen, denn hier in der Nachbarschaft sind zu viele Nazis.“ (S. 283) ... aus Unwissenheit „Ach, hier im Altersheim sind Afrikaner untergebracht? Das wusste ich gar nicht.“ (S. 101) ... aus Bequemlichkeit/fehlendem Verantwortungsbewusstsein • „Die Männer sind bei uns nur provisorisch untergebracht.“ (S. 49) • „Ich hab keine Ahnung, ich bin hier nur der Sicherheitsdienst.“ (S. 85) • „Einer könnte vielleicht hier wohnen, aber das lohnt sich ja nicht – es gibt doch so viele von denen.“ (S. 283) ... durch Scheinheiligkeit „Aber möglicherweise geht es ihnen dort sogar besser [...] und ist der Umzug ein Zeichen dafür, dass sie jetzt akzeptiert werden sollen. Immerhin ist das in Spandau doch [...] ein richtiges Asylbewerberheim.“ (S. 173)

Die tabellarische Übersicht zeigt, dass die Stimmung, Flüchtlinge in Deutschland aufzunehmen, in der im Roman gezeichneten Gesellschaft eindeutig negativ ist. Vereinzelte Äußerungen offenbaren darüber hinaus sogar eine latente Gewaltbereitschaft (vgl. S. 214). Insbesondere Letzteres ist einer der Gründe der Autorin gewesen, diesen Roman zu schreiben, um auf dieses Problem aufmerksam zu machen: „Dass die Menschen versuchen, ihr Leben zu retten, indem sie von den Schlachtfeldern fliehen, ist verständlich – dass sie hier erneut mit Aggressionen konfrontiert werden, eine Tragödie."[1]

1.2 Die expositorische Funktion des Romananfangs

Auch wenn nicht davon auszugehen ist, dass den Schülerinnen und Schülern der Zugang zu Erpenbecks Roman „Gehen, ging, gegangen" in inhaltlicher oder sprachlicher Hinsicht schwerfallen wird, erscheint es dennoch sinnvoll, den Romananfang (Kap. 1 und 2, S. 8 – 20) gemeinsam zu lesen, um im Unterrichtsgespräch dessen expositorische Funktion herauszuarbeiten, damit die Kursteilnehmer für eine intensivere Auseinandersetzung mit diesem Werk motiviert werden.

Schon im ersten Absatz des Romans wird dem Leser ein aufschlussreiches Kurzporträt des Protagonisten Richard vermittelt: So erfährt er etwa, dass der erst kürzlich emeritierte Professor seine Pensionierung als Bruch zwischen einem ausgefüllten und erfolgreichen Berufsleben (vgl. S. 8) und einer nunmehr ungewissen Zukunft erlebt: „Er weiß nicht, wie lange es dauern wird, bis er sich daran gewöhnt hat, Zeit zu haben. Sein Kopf arbeitet jedenfalls noch, so wie immer. Was fängt er jetzt mit dem Kopf an?" (S. 8)

Dass seine Arbeit eine große Relevanz für Richard gehabt hat, wird nur wenig später zudem daran deutlich, dass sie für ihn auch ein Mittel der Kompensation in besonderen bzw. kritischen Lebenssituationen darstellt, denn das „beste Heilmittel gegen die [zerbrochene] Liebe, wusste ja schon Ovid, ist die Arbeit" (S. 9), weshalb es ihm nach dem Scheitern der Beziehung mit seiner Geliebten gelingt, seine „Enttäuschung in Arbeit zu verwandeln" (S. 9).

Private Kontakte zu Mitmenschen scheinen bei Richard offenbar rar zu sein, denn „jetzt, da er nicht mehr täglich unter Leute geht" (S. 9), erwägt er, sich „nicht mehr jeden Morgen [zu rasieren]. Wachsen lassen, was wachsen will. Einfach nur nicht mehr dagegenhalten, oder ist das schon der Anfang vom Sterben?" (S. 9f.). Diese depressiv anmutende Gemütsverfassung der zentralen Figur bildet die Überleitung, um mit dem toten Mann im See zugleich ein wesentliches (Leit-)Motiv des Romans einzuführen (vgl. Abschnitt 4.3, S. 80ff.), welches in diesem Kontext die gegenwärtige, akute Störung im Leben Richards versinnbildlicht:[2] „Richard muss wirklich aufpassen, dass er nicht irre wird. Vielleicht wird es ihm besser gehen, wenn der Tote endlich gefunden ist. [...] Es kann auch sein, dass er verschwunden bleibt, wurde gesagt. [...] Ein tiefer See ist es, achtzehn Meter. Nach oben hin lieblich, aber in Wahrheit eine Kluft." (S. 14f.)

Das zweite Kapitel (vgl. S. 15 – 20) hingegen ist der Gruppe afrikanischer Flüchtlinge gewidmet, die sich „vor dem Roten Rathaus in Berlin" (S. 15) versammelt hat, um für ein Bleiberecht und gegen das ihnen auferlegte Beschäftigungsverbot zu protestieren: „Was wollen die Männer? Arbeiten wollen sie. Und von der Arbeit leben. In Deutschland bleiben wollen sie." (S. 16) Der

1 Frey, Thomas: Jenny Erpenbeck: Von Flüchtlingen lernen. In: Focus Online vom 2. September 2015. Berlin 2015. Zitiert nach www.focus.de/kultur/buecher/literatur-jenny-erpenbeck-von-fluechtlingen-lernen_id_4919001.html (02.01.2018)

2 Vgl. Marx, Friedhelm: Flucht und Vertreibung in der Gegenwartsliteratur. Jenny Erpenbecks Roman Gehen, ging, gegangen. Vortrag bei der niedersächsischen Netzwerktagung Deutsch am 1. Dezember 2017. Bad Salzdetfurth 2017

Umstand, dass die Flüchtlinge ihren Protest völlig laut- und gewaltlos hervorbringen, indem sie lediglich hungern und schweigen (vgl. S. 15 f.), veranschaulicht und betont dabei die Opferrolle, die ihnen der Erzähler durch seine Art der Darstellung gleich zu Beginn der Romanhandlung zuschreibt (vgl. Baustein 4, S. 72 ff.): „Das Schweigen der Männer, die lieber sterben wollen als sagen, wer sie sind, vereint sich mit dem Warten der anderen auf Beantwortung all der Fragen zu einer großen Stille mitten auf dem Alexanderplatz in Berlin." (S. 16)

Bezeichnenderweise nimmt Richard, dessen Gedanken egozentrisch um die eigenen vermeintlichen Probleme kreisen, die Flüchtlinge nicht wahr, als er „am Nachmittag an den schwarzen [...] Menschen vorbeigeht" (S. 16). Auch „zwei Stunden später auf dem Rückweg zum Bahnhofsgebäude sieht Richard" (S. 18) die jungen Afrikaner nicht, die verzweifelt bemüht sind, mit ihrem Pappschild „We become visible" (S. 20) die nötige Aufmerksamkeit zu erregen und auf die Perspektivlosigkeit ihrer gegenwärtigen Lage hinzuweisen.

Darüber hinaus spiegelt der Romananfang Inhalt und Form des gesamten Werkes in typischer Weise wider (vgl. Baustein 4, S. 72 ff.).

Um die Schülerinnen und Schüler für die expositorische Funktion des Romananfangs (S. 8 – 20) zu sensibilisieren, sollen sie diesen lesen und die Einführung des Lesers in Ort, Zeit und Figuren der Handlung sowie die hier bereits anklingenden zentralen Themen und Motive mithilfe der folgenden Arbeitsaufträge nachvollziehen:

- *Lesen Sie die Kapitel 1 und 2 (S. 8 – 20) und notieren Sie stichwortartig, was der Leser über den Ort, die Zeit sowie die zentralen Figuren der Handlung erfährt.*
- *Erläutern Sie in wenigen Sätzen die Grundkonflikte, die hier deutlich werden, und die Bedeutung des Motives vom toten Mann im See.*

Die Ergebnisse dieser ersten Textanalyse können zu folgendem Tafelbild zusammengefasst werden:

„Gehen, ging, gegangen": Der Romananfang (S. 8 – 20)

Ort: Berlin
- Haus am See (vgl. S. 8 ff.)
- „Rote[s] Rathaus" (S. 15) auf dem Alexanderplatz

Zeit: Spätsommer („bald ist schon Herbst", S. 10), etwa Mitte August (vgl. S. 13)

Figuren:
- Protagonisten
  Richard: emeritierter Professor seit „Anfang August" (S. 11); empfindet seine Pensionierung als Bruch zwischen einem ausgefüllten und erfolgreichen Berufsleben und einer ungewissen Zukunft (vgl. S. 8 ff.)
  → Toter Mann im See = Symbol für die Störung in seinem Leben
  afrikanische Flüchtlinge: protestieren laut- und gewaltlos („Arbeiten wollen sie. [...] In Deutschland bleiben wollen sie.", S. 16)
- Antagonisten
  sensationslüsterne Presse (vgl. S. 18)
  ablehnende Polizei und Beamte des Berliner Senats (vgl. S. 16)

Funktion des Romananfanges:
Einführung in die Handlung und die zentralen Motive (**Exposition**)

Den Abschluss dieses Lernabschnittes bildet die Diskussion folgender Frage (vgl. Fazit des Tafelbildes, S. 21):

- *Welche Funktion hat der Romananfang insgesamt?*

1.3 Lektürephase: Erstellen eines Lesetagebuches

Im Anschluss an die Einführungsphase sollen die Schülerinnen und Schüler den Roman zu Hause lesen. Begleitend zur Lektüre soll ein Lesetagebuch zu ausgewählten Aspekten geführt werden, auf das im Verlauf der weiteren Unterrichtseinheit zu gegebener Zeit immer wieder zurückgegriffen wird.[1]

Da der Roman insgesamt knapp 300 Seiten mit 55 Kapiteln umfasst, ist es den Schülerinnen und Schülern zudem zu empfehlen, ein Inhaltsverzeichnis anzufertigen (vgl. **Zusatzmaterial 2**, S. 119 ff.), welches eine entsprechende Nummerierung, Seitenangaben und zusammenfassende Überschriften zu den unterschiedlichen Handlungsebenen enthält (vgl. **Arbeitsblatt 3**, S. 28). Dies soll im Wesentlichen der besseren Orientierung der Lernenden im weiteren Verlauf dieser Unterrichtsreihe dienen, zumal die Kapitel selbst lediglich nummeriert sind und somit keine aussagekräftigen Hinweise inhaltlicher Art liefern.

- *Lesen Sie den Roman „Gehen, ging, gegangen“ von Jenny Erpenbeck. Führen Sie während der Lektüre ein Lesetagebuch (DIN-A5-Schreibheft), in dem Sie Ihre Gedanken zu folgenden Aspekten schriftlich festhalten:*

  - *Leseeindrücke (z. B. offene Fragen, Anregungen)*
  - *Figuren*
  - *Themen und Motive*
  - *sprachliche und erzähltechnische Besonderheiten*

  In welcher Weise Sie sich Aufzeichnungen machen, bleibt dabei Ihnen überlassen. So können Sie z. B. den Flüchtling Raschid in Form eines Steckbriefes (Name, Herkunft, Weg nach Deutschland, Lebens-/Fluchtgeschichte usw.) stichwortartig beschreiben. Sie können aber auch kreativ vorgehen, indem Sie die Figur zeichnen, eine Collage anfertigen usw.

- *Legen Sie in Ihrem Lesetagebuch in einem gesonderten Abschnitt zudem ein Inhaltsverzeichnis zum Roman nach folgendem Muster an:*

  - *Kapitel*
  - *zentrale Figur(en)*
  - *Handlung*

- *Versehen Sie parallel auch die Kapitel in Ihrer Textausgabe mit einer kurzen Überschrift, die Ihnen später als Orientierungshilfe dienen soll.*

Sofern die Kursteilnehmer bei der Gestaltung ihrer Lesetagebücher erkennbar viel Zeit investiert haben, ist es denkbar und durchaus legitim, diese als Klausurersatzleistung zu beurteilen und zu bewerten. Dabei sollte neben dem Inhalt (sachliche Richtigkeit, Vollständigkeit usw.) und der Sprache insbesondere auch die Kreativität entsprechend honoriert werden.

[1] Da die häusliche Lektüre einige Zeit beanspruchen wird, kann in der Zwischenzeit mit der Analyse der Figurengestaltung (vgl. Baustein 2, S. 31 ff.) im Unterricht begonnen werden.

1.4 Reflexion der Lektürephase

Bevor die einzelnen Aspekte des Romans im Detail aufgearbeitet werden (vgl. Bausteine 2ff.), sollten die Kursteilnehmer zunächst die Gelegenheit bekommen, ihre Eindrücke – insbesondere ihre Fragen und Anregungen – zu artikulieren. Zu diesem Zweck werden im Folgenden alternative Möglichkeiten aufgezeigt.

1.4.1 Erste Leseeindrücke

Im Rahmen eines lockeren **Literaturgespräches** im Sitzkreis erhalten die Schülerinnen und Schüler die Gelegenheit, neben ihren ersten Eindrücken auch sonstige Beobachtungen, Interpretationsansätze usw. auszutauschen und eventuelle Fragen zu klären. Mithilfe der folgenden Leitfragen kann diese Diskussion initiiert werden:

- *Was kommt Ihnen als Erstes in den Sinn, wenn Sie an den Roman zurückdenken?*
- *Welche Textstelle hat Sie am meisten beeindruckt? Was haben Sie dabei empfunden?*
- *Welche Figuren waren Ihnen sympathisch bzw. unsympathisch? Warum?*
- *Welche Figur wären Sie am liebsten selbst, wenn Sie wählen könnten?*
- *Was ist an diesem Roman aus Ihrer Sicht gut gemacht, was nicht?*

Alternativ zum Unterrichtsgespräch im Plenum kann die Beantwortung dieser und/oder ähnlicher Fragen auch in Partnerarbeit mithilfe eines Buchinterviews erfolgen. Durch diese Vorgehensweise soll insbesondere den ruhigeren Schülerinnen und Schülern ein geeigneter Rahmen geschaffen werden, sich in einer intimeren Atmosphäre zu ihren Leseeindrücken äußern zu können.

Zu diesem Zweck wird die Klasse in zwei Hälften geteilt: Die eine übernimmt in dem Interview zum Roman „Gehen, ging, gegangen“ die Rolle des Interviewers bzw. der Interviewerin, die andere verkörpert die Leserschaft, welche das Werk bereits interessiert zur Kenntnis genommen hat.

Mithilfe der **Arbeitsblätter 4a** und **4b** (S. 29f.) kann das in arbeitsgleicher Gruppenarbeit vorzubereitende Buchinterview initiiert werden:

Gruppe „Interviewer/in“

- *Bereiten Sie sich auf Ihre Rolle als **Interviewer/in** vor, indem Sie ...*
  1. *sich eine geeignete Begrüßung überlegen, um sich Ihrem Gesprächspartner bzw. Ihrer Gesprächspartnerin vorzustellen und den Anlass der Befragung kurz zu erläutern.*
  2. *die aus Ihrer Sicht fünf wichtigsten Fragen aus dem Fragenkatalog auswählen und/oder eigene formulieren.*
  3. *Ihre fünf Fragen jeweils auf einer gesonderten Karteikarte notieren. (Notieren Sie die Antworten des Lesers bzw. der Leserin auf der Rückseite.)*
  4. *eine für Sie sinnvolle Reihenfolge festlegen.*
- *Bereiten Sie die Ergebnisse Ihrer Befragung z. B. mithilfe einer Mindmap für einen Kurzvortrag auf.*

<u>Gruppe „Leser/in“</u>

- *Bereiten Sie sich auf Ihre Rolle als* ***Leser/in*** *vor, indem Sie ...*
  1. *die oben aufgeworfenen Fragen für sich beantworten.*
  2. *sich stichwortartige Notizen hierzu machen.*
- *Verfassen Sie einen kurzen Eintrag für das „Literatur-Forum“, in welchem Sie eine begründete Leseempfehlung aussprechen bzw. vom Kauf dieses Romans abraten.*

Die Ergebnisse der jeweils zweiten Aufgabe werden abschließend vor der Klasse vorgetragen und ausgewertet.

Eine dritte Variante ist das **Stumme Schreibgespräch**. Bei dieser Methode erfolgt die Reflexion der Schülerrezeption in Kleingruppen. Jede Gruppe erhält ein Plakat, in dessen Mitte der Roman „Gehen, ging, gegangen“ stehen sollte, sowie Stifte in unterschiedlichen Farben.

Das stumme Schreibgespräch verläuft in folgenden drei Schritten: Zunächst notieren alle Teilnehmer die aus ihrer Sicht bedeutsamen Eindrücke während der Erstrezeption auf dem Plakat und formulieren gegebenenfalls ihre Fragen an den Roman. In der zweiten Phase erhalten die Schülerinnen und Schüler Gelegenheit, die Beiträge der anderen Gruppenmitglieder zu kommentieren und die aufgeworfenen Fragen zu beantworten, sodass ein gemeinsamer „Text“ entsteht.

Während die bisherigen Phasen still verlaufen sollen, sprechen die Gruppenmitglieder im letzten Schritt über ihre Ergebnisse und bereiten eine kurze Präsentation vor.

Zur Orientierung der Schülerinnen und Schüler kann die Vorgehensweise wie folgt mithilfe einer Folie visualisiert werden:

- *<u>Phase 1:</u> Schreiben Sie die aus Ihrer Sicht wichtigsten Gedanken, Einschätzungen und Fragen zu dem Roman „Gehen, ging, gegangen“ auf das Plakat. Vermeiden Sie es, dabei zu sprechen.*
- *<u>Phase 2:</u> Treten Sie in einen stummen (!) Dialog mit Ihren Gruppenmitgliedern, indem Sie deren Niederschrift auf dem Plakat kommentieren oder befragen.*
- *<u>Phase 3:</u> Diskutieren Sie über Ihre Ergebnisse und bereiten Sie diese für einen Kurzvortrag auf, indem Sie die wesentlichen Beiträge des Schreibgespräches markieren.*

1.4.2 Inhaltssicherung mit Requisiten aus dem Roman

Um den Inhalt von Erpenbecks Roman „Gehen, ging, gegangen“ zu rekonstruieren, bietet es sich an, mit Gegenständen zu arbeiten, die entweder im Verlauf der Handlung direkt vorkommen oder aber symbolischen Charakter (Brille für das anfängliche Nicht-Sehen Richards, Türschloss für die verschlossenen Türen im Asylheim usw.) haben.

Wie viele Requisiten die Lehrkraft im Einzelfall benötigt, hängt von der Kursgröße ab: Wichtig ist, dass für jeweils **3** Schülerinnen und Schüler immer mindestens **1** Gegenstand bereitgestellt wird (s. S. 25).

Mögliche Requisiten[1]

- Uhr (vgl. S. 8)
- Spielzeugfigur (Wasser-)Leiche (vgl. S. 10ff.)
- Zelt/Bild vom Oranienplatz (vgl. S. 15ff.)
- Protest-Banner/Schild „Wir werden sichtbar“ (vgl. S. 19f.)
- Einkaufszettel (vgl. S. 27)
- Brille (vgl. S. 42)
- Fragebogen (vgl. S. 44)
- Türschloss (vgl. S. 50f.)
- Notizbuch (vgl. S. 52)
- Wanderstock (vgl. S. 58ff.)
- Formular Asyl-Erstantrag/Asylgesetz/Aufenthaltsgesetz (vgl. S. 73ff.)
- Grammatik-Buch (vgl. S. 80ff.)
- Koran (vgl. S. 91ff.)
- Spielzeugfigur „Klavier“ (vgl. S. 129ff.)
- warmer Pullover/(Winter-)Jacke (vgl. S. 142f.)
- 5-Euro-Schein (vgl. S. 147)
- Monatskarte (vgl. S. 147f.)
- Straßenkarte/Atlas (vgl. S. 170)
- Umzugskarton/(Plastik-)Beutel (vgl. S. 172ff.)
- Harke (vgl. S. 175)
- Handy (vgl. S. 186ff.)
- Spielzeugfigur „Schlauchboot“ (vgl. S. 203ff.)
- To-do-Liste (vgl. S. 215f.)
- „Zu Verkaufen“-Schild eines Immobilienmaklers (vgl. S. 216ff.)
- Bild/Spielzeugfigur „(schwer) bewaffneter Polizist“ (vgl. S. 220ff.)
- (Zahn-)Arztrechnung (vgl. S. 247f.)
- Aktenordner (vgl. S. 258ff.)
- Dietrich/Brecheisen/Schlüssel (vgl. S. 268ff.)
- Behördenbrief (vgl. S. 278ff.)
- Grillzange (vgl. S. 291ff.)

Der Unterricht ist wie folgt zu organisieren: Alle Gegenstände bzw. Requisiten werden in der Mitte des Raumes auf dem Boden des Klassenraumes auf einem großen Tuch ausgelegt bzw. ansprechend dekoriert. Die Kursteilnehmer bilden einen Sitzkreis um die „Ausstellung“. Für die Erarbeitungsphase finden sich die Lernenden in Gruppen mit jeweils drei Mitgliedern zusammen und bearbeiten gemeinsam die folgenden Arbeitsaufträge, die mündlich erteilt werden können:

- *Wählen Sie in Ihrer Gruppe denjenigen Gegenstand aus, der aus Ihrer Sicht am besten zum Roman „Gehen, ging, gegangen“ passt, und holen Sie ihn an Ihren Sitzplatz.*

- *Bereiten Sie gemeinsam einen Kurzvortrag vor, indem Sie die von Ihnen ausgewählte Requisite in die Romanhandlung einordnen und Ihre Entscheidung begründen.*

Anschließend präsentieren die Arbeitsgruppen reihum ihre Ergebnisse im Sitzkreis, indem sie die ausgewählte Requisite in die Romanhandlung einordnen und die von ihnen getroffene Auswahl begründen. Dabei ist es sinnvoll, als Lehrkraft auf eine möglichst chronologische Abfolge der Kurzvorträge zu achten, damit an dieser Stelle der Handlungsverlauf rekonstruiert und somit der Inhalt des Romans gesichert wird.

[1] Die Requisiten werden chronologisch aufgeführt, d.h. in der Reihenfolge, in der sie im Handlungsverlauf erstmals (direkt oder indirekt) auftreten.

Meinungstheater: Unterschiedliche Positionen zur Flüchtlingskrise kennenlernen

Bei Ihrem ersten Kontakt mit Jenny Erpenbecks Roman „Gehen, ging, gegangen" sollen Sie die unterschiedlichen Positionen der Figuren zur gegenwärtigen Flüchtlingskrise mithilfe ausgewählter Zitate herausarbeiten, um bereits zu diesem frühen Zeitpunkt der Bearbeitung den Grundkonflikt des Romans zu identifizieren.

METHODE: Das Meinungstheater – ein szenisches Verfahren der Texterschließung

Das **Meinungstheater** ist eine Methode des szenischen Lesens, bei der es speziell darum geht, die Haltung einer literarischen Figur zu einem bestimmten Thema herauszuarbeiten.

Zu diesem Zweck werden exemplarisch einige prägnante Textstellen aus dem Text ausgewählt, anhand derer die jeweiligen Positionen deutlich werden. Jeder Spieler erhält eines der Zitate, welches er szenisch vortragen soll. Beim Meinungstheater können mehrere Runden gespielt werden, die in der Durchführung variieren und dementsprechend vom Spielleiter angezeigt und kurz erläutert werden, z. B.:

Runde 1: Die Spieler lesen ihr Zitat reihum szenisch vor.
Runde 2: Die Spieler tragen ihren Part jeweils frei vor und können bei Bedarf Ergänzungen vornehmen.
Runde 3: Wie Runde 2, jedoch unterbricht der Spielleiter durch „Stopp"-Ruf, woraufhin die Spieler in ihrer aktuellen Position verharren („Freezing"). Die Zuschauer beschreiben und interpretieren das hierdurch entstehende Standbild.
Runde 4: Die Spieler werden aufgefordert, miteinander zu diskutieren bzw. zu interagieren.

■ *Ihre Gruppe soll die Haltung der Figur mit der Nummer __________ vertreten.*
Bereiten Sie sich gemeinsam auf Ihre Rolle vor, indem Sie ...

1. *Ihr Zitat lesen und sich mithilfe folgender Leitfragen in diese Figur einfühlen:*
   - *Wie stellen Sie sich die Figur vor (Geschlecht, Alter usw.)?*
   - *Was fühlt diese Figur (Ärger, Frust, Sehnsucht, Hoffnung usw.)?*
2. *überlegen, wie Sie das zu transportierende Gefühl durch Ihre Sprache (Lautstärke, Betonung, Sprechpausen usw.) und Körpersprache (Mimik, Gestik, Körperhaltung) besser vermitteln können.*
3. *Ihren Rollentext mehrmals proben.*
4. *festlegen, wer beim Meinungstheater diese Rolle spielen wird.*

Best.-Nr. 022724

Meinungstheater: Regieanweisungen für die Lehrkraft

SPIELANLEITUNG: Das Meinungstheater – ein szenisches Verfahren der Texterschließung

Das **Meinungstheater** ist eine Methode des szenischen Lesens, bei der es speziell darum geht, die Haltung einer literarischen Figur zu einem bestimmten Thema herauszuarbeiten.

Zu diesem Zweck werden exemplarisch einige prägnante Textstellen aus dem Text ausgewählt, anhand derer die jeweiligen Positionen deutlich werden. Jeder Spieler erhält eines der Zitate, welches er szenisch vortragen soll. Beim Meinungstheater können mehrere Runden gespielt werden, die in der Durchführung variieren und dementsprechend vom Spielleiter angezeigt und kurz erläutert werden, z. B.:

Runde 1: Die Spieler lesen ihr Zitat reihum szenisch vor.
Runde 2: Die Spieler tragen ihren Part jeweils frei vor und können bei Bedarf Ergänzungen vornehmen.
Runde 3: Wie Runde 2, jedoch unterbricht der Spielleiter durch „Stopp"-Ruf, woraufhin die Spieler in ihrer aktuellen Position verharren („Freezing"). Die Zuschauer beschreiben und interpretieren das hierdurch entstehende Standbild.
Runde 4: Die Spieler werden aufgefordert, miteinander zu diskutieren bzw. zu interagieren.

Trennen Sie den folgenden Abschnitt ab und schneiden Sie ihn in entsprechende Papierstreifen, um sie den Spielern auszuhändigen.

1. „Die Männer sind bei uns nur provisorisch untergebracht." (S. 49)

2. „Wir sind, weil sonst niemand dazu bereit war, in die Bresche gesprungen." (S. 50)

3. „Warum eigentlich wird den Männern [...] das Recht, arbeiten zu gehen, verweigert? Warum werden sie hier eigentlich nicht [...] als Kriegsopfer versorgt?" (S. 73)

4. „Ich hab keine Ahnung, ich bin hier nur der Sicherheitsdienst." (S. 85)

5. „Ach, hier im Altersheim sind Afrikaner untergebracht? Das wusste ich gar nicht." (S. 101)

6. „Aber möglicherweise geht es ihnen dort sogar besser [...] und ist der Umzug ein Zeichen dafür, dass sie jetzt akzeptiert werden sollen. Immerhin ist das in Spandau doch [...] ein richtiges Asylbewerberheim." (S. 173)

7. „Die Afrikaner müssen ihre Probleme in Afrika lösen" (S. 214)

8. „Wir täten den Männern, wenn wir sie aufnehmen würden, keinen Gefallen, denn hier in der Nachbarschaft sind zu viele Nazis." (S. 283)

9. „Einer könnte vielleicht hier wohnen, aber das lohnt sich ja nicht – es gibt doch so viele von denen." (S. 283)

Best.-Nr. 022724

Ein Lesetagebuch führen: Notizen während der Lektürephase anfertigen

In den nächsten Wochen sollen Sie Jenny Erpenbecks Roman „Gehen, gingen, gegangen“ lesen. Da das Werk insgesamt knapp 300 Seiten mit 55 Kapiteln umfasst, bietet es sich an, sich begleitend zur Lektüre einige Notizen zu machen.

Ihr auf diese Weise entstehendes Lesetagebuch soll Ihnen dabei helfen, sich im weiteren Verlauf dieser Unterrichtsreihe leichter orientieren zu können.

- *Lesen Sie den Roman „Gehen, ging, gegangen“ von Jenny Erpenbeck. Führen Sie während der Lektüre ein Lesetagebuch (DIN-A5-Schreibheft), in dem Sie Ihre Gedanken zu folgenden Aspekten schriftlich festhalten:*

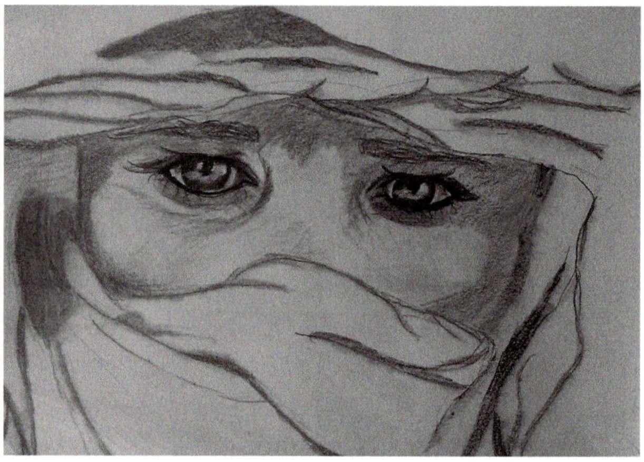

  - *Leseeindrücke (z. B. offene Fragen, Anregungen)*
  - *Figuren*
  - *Themen und Motive*
  - *sprachliche und erzähltechnische Besonderheiten*

  In welcher Weise Sie sich Aufzeichnungen machen, bleibt dabei Ihnen überlassen. So können Sie z. B. den Flüchtling Raschid in Form eines Steckbriefes (Name, Herkunft, Weg nach Deutschland, Lebens-/Fluchtgeschichte usw.) stichwortartig beschreiben. Sie können aber auch kreativ vorgehen, indem Sie die Figur zeichnen, eine Collage anfertigen usw.

- *Legen Sie in Ihrem Lesetagebuch in einem gesonderten Abschnitt zudem ein Inhaltsverzeichnis zum Roman nach folgendem Muster an:*

Kapitel	zentrale Figur(en)	Handlung
1 (S. 8 – 15)	Richard	Richard, kürzlich emeritierter Professor für Alte Kulturen, sinniert darüber, was er jetzt im Ruhestand mit der vielen Freizeit anfangen soll. Er hat das Gefühl, aufpassen zu müssen, „dass er nicht irre wird, wenn er jetzt ganze Tage allein ist und mit niemandem spricht“ (S. 14).
2 (S. 15 – 20)	...	...

- *Versehen Sie parallel auch die Kapitel in Ihrer Textausgabe mit einer kurzen Überschrift, die Ihnen später als Orientierungshilfe dienen soll.*

Ein Buchinterview führen: Gruppe „Interviewer/in"

In der heutigen Stunde wollen wir eine Leserbefragung zu Jenny Erpenbecks Roman „Gehen, gingen, gegangen" durchführen, bei der möglichst viele von Ihnen die Gelegenheit erhalten sollen, sich zu den ersten Eindrücken nach der Lektüre zu äußern.

Rollenkarte

Interviewer/in

Sie sind der Interviewer/die Interviewerin und möchten mit einigen gezielten Fragen die Leseeindrücke Ihres Gesprächspartners zu Jenny Erpenbecks Roman „Gehen, gingen, gegangen" ermitteln. Da auch der Verlag sehr an den Ergebnissen Ihrer Leserbefragung interessiert ist, planen Sie außerdem, diese anschließend in Form eines Kurzvortrags zu präsentieren.

Im Rahmen Ihrer Vorbereitungen haben Sie sich schon einmal Gedanken gemacht, welche Fragen Sie dem geneigten Leser stellen könnten:

- Was kommt Ihnen als Erstes in den Sinn, wenn Sie an den Roman zurückdenken?
- Fiel Ihnen das Lesen schwer oder war es ein Genuss? Warum?
- Welche Textstelle hat Sie am meisten beeindruckt?
- Was haben Sie dabei empfunden?
- Welche Figuren waren Ihnen sympathisch bzw. unsympathisch? Warum?
- Welche Figur wären Sie am liebsten selbst, wenn Sie wählen könnten?
- Können Sie die Haltungen von Richard und seinen Freunden gegenüber Flüchtlingen nachvollziehen und/oder gutheißen?
- Was ist an diesem Roman aus Ihrer Sicht gut gemacht, was nicht?
- Was würden Sie die Autorin fragen oder ihr sagen, wenn Sie ihr begegneten?
- Hat Sie dieser Roman im Hinblick auf Ihr Wissen, Ihre Lebenseinstellung und/oder Ihr Selbstbild persönlich bereichert?

■ *Bereiten Sie sich auf Ihre Rolle als **Interviewer/in** vor, indem Sie ...*

1. *sich eine geeignete Begrüßung überlegen, um sich Ihrem Gesprächspartner bzw. Ihrer Gesprächspartnerin vorzustellen und den Anlass der Befragung kurz zu erläutern.*
2. *die aus Ihrer Sicht fünf wichtigsten Fragen aus dem Fragenkatalog auswählen und/ oder eigene formulieren.*
3. *Ihre fünf Fragen jeweils auf einer gesonderten Karteikarte notieren. (Notieren Sie die Antworten des Lesers auf der Rückseite.)*
4. *eine für Sie sinnvolle Reihenfolge festlegen.*

■ *Bereiten Sie die Ergebnisse Ihrer Befragung z. B. mithilfe einer Mindmap für einen Kurzvortrag auf.*

Best.-Nr. 022724

Ein Buchinterview führen: Gruppe „Leser/in“

In der heutigen Stunde wollen wir eine Leserbefragung zu Jenny Erpenbecks Roman „Gehen, ging, gegangen“ durchführen, bei der möglichst viele von Ihnen die Gelegenheit erhalten sollen, sich zu den ersten Eindrücken nach der Lektüre zu äußern.

Rollenkarte

Leser/in

Sie sind der/die interessierte Leser/in und werden in Kürze zu dem von Ihnen gelesenen Roman „Gehen, ging, gegangen“ interviewt. Das ist für Sie kein Problem, denn Literatur ist Ihre Leidenschaft, weshalb Sie über das Gelesene ohnehin stets intensiv nachdenken und sich zudem gerne mit Gleichgesinnten im Literatur-Forum darüber austauschen.

Folgende Fragen beschäftigen Sie nach der Lektüre immer am meisten:

- Was kommt mir als Erstes in den Sinn, wenn ich an den Roman zurückdenke?
- Fiel mir das Lesen schwer oder war es ein Genuss? Warum?
- Welche Textstelle hat mich am meisten beeindruckt?
- Was habe ich dabei empfunden?
- Welche Figuren waren mir sympathisch bzw. unsympathisch? Warum?
- Welche Figur wäre ich am liebsten selbst, wenn ich wählen könnte?
- Kann ich die Haltungen von Richard und seinen Freunden gegenüber Flüchtlingen nachvollziehen und/oder gutheißen?
- Was ist an diesem Roman aus meiner Sicht gut gemacht, was nicht?
- Was würde ich die Autorin fragen oder ihr sagen, wenn ich ihr begegnete?
- Hat mich dieser Roman im Hinblick auf mein Wissen, meine Lebenseinstellung und/oder mein Selbstbild persönlich bereichert?

- *Bereiten Sie sich auf Ihre Rolle als **Leser/in** vor, indem Sie ...*
  1. *die oben aufgeworfenen Fragen für sich beantworten.*
  2. *sich stichwortartige Notizen hierzu machen.*
- *Verfassen Sie einen kurzen Eintrag für das „Literatur-Forum“, in welchem Sie eine begründete Leseempfehlung aussprechen bzw. vom Kauf dieses Romans abraten.*

Tipp:
Ihr Beitrag könnte z. B. folgendermaßen beginnen: „Die Lektüre des Romans ‚Gehen, ging, gegangen‘ hat sich (sehr/nur bedingt/nicht) gelohnt, weil ...“

Baustein 2

Die Figurenkonstellation

In diesem Baustein soll die Figurenkonstellation erarbeitet werden. Zu diesem Zweck werden zunächst mit Richard und den Flüchtlingen die Protagonisten näher betrachtet (vgl. Abschnitt 2.1, S. 31 ff.). Ihnen werden im sich anschließenden Abschnitt 2.2 (S. 40ff.) die Antagonisten gegenübergestellt.

2.1 Die Protagonisten

2.1.1 Die zentrale Figur Richard

Gleich zu Beginn des Romans erhält der Leser einen umfassenden Einblick in das Innenleben bzw. die Psyche des Protagonisten. So erlebt der Rezipient den erst kürzlich in den Ruhestand versetzten Richard, der somit nun (Frei-)Zeit im Überfluss hat, als ein mit seinem Schicksal hadernder und nach neuen Herausforderungen Suchender (vgl. S. 8), der sein Leben neu sortieren will bzw. muss.

Neben seiner gegenwärtigen Lebenssituation zeichnen Richard noch weitere Eigenschaften aus, die seine im weiteren Verlauf der Handlung erkennbare Motivation, sich für die afrikanischen Flüchtlinge vom Oranienplatz zu engagieren, begünstigen und ihn für die Ausübung seiner Funktion als Medium und Sprachrohr des Erzählers, in dem alle wesentlichen Ereignisse gebündelt, reflektiert und gespiegelt werden, prädestinieren:

Zunächst einmal wird den Flüchtlingen bewusst eine männliche Figur an die Seite gestellt, sodass etwaige erotische Nebenaspekte ausgeblendet werden und sich stattdessen eine rein platonische Beziehung entwickeln kann. Als Pensionär gehört er zudem zum älteren Semester, ist somit ebenso aus der Zeit herausgefallen wie die Flüchtlinge (vgl. S. 44) und befindet sich, wenn auch aus anderen Gründen, in einer ähnlich unsicheren Situation. Verwitwet, kinderlos (vgl. S. 295 ff.) und von seiner Geliebten verlassen (vgl. S. 9) ist Richard so einsam wie die Flüchtlinge, die Familie und Freunde in ihrer Heimat haben zurücklassen müssen.

Richard ist in der DDR aufgewachsen und hat die Wende miterlebt. Noch in der Gegenwart löst die wiedervereinigte Stadt Berlin Unbehagen in ihm aus, denn „seit die Mauer weg ist, kennt er sich dort nicht mehr aus. Seit die Mauer weg ist, ist die Stadt doppelt so groß" (S. 35). Zu guter Letzt sind es somit seine Grenzerfahrungen zwischen Ost und West (vgl. S. 22 f.), die ihn mit den Flüchtlingen verbinden: „Es ist noch gar nicht so lange her [...], da war die Geschichte der Auswanderung und der Suche nach Glück eine deutsche Geschichte." (S. 189)

Als Altphilologe ist der emeritierte Universitätsprofessor zudem Spezialist für alte Sprachen und Kulturen und schon berufsbedingt an der Beantwortung offener Fragen zur Flüchtlingsthematik interessiert, die er zur Vorbereitung seines selbst erklärten Forschungsprojektes akribisch notiert (vgl. S. 44 f.). Richard ist folglich eine Figur, die zum einen zuhört und Empathie zeigt, zum anderen aber auch in der Lage und bereit ist, sich in die jeweiligen (kulturellen) Hintergründe und Problemfelder der Flüchtlinge einzuarbeiten.

Richard fungiert in diesem Roman folglich als Doppelfigur: halb Sinn suchendes Individuum, halb Symbolfigur, „ein Wanderer zwischen verschiedenen Welten, Scharnier und Schnittstelle zwischen zwei Generationen, Einheimischen und Flüchtlingen, Afrika und Europa, Antike und Gegenwart, Literatur und banaler Alltagswelt und zwischen Mythos und Realität“[1].

Die Autorin selbst fasst die konzeptionelle Gestaltung ihrer Hauptfigur in einem Interview folgendermaßen zusammen: „Richard ist Wissenschaftler, das heißt, er ist von Berufs wegen neugierig – aber er wahrt auch die Distanz des Beobachters. Und wie jeder DDR-Bürger weiß er, wie es sich angefühlt hat, wenn man nicht zur sogenannten großen, weiten Welt gehörte. Bei der Wende dann ist ja jeder DDR-Bürger durch die Erfahrung der Fremdheit hindurchgegangen, und zwar unabhängig davon, ob mit Begeisterung oder Betroffenheit. Das ist ein ungeheurer Erfahrungsvorsprung, der Richard bei seiner Begegnung mit den Flüchtlingen zugutekommt, sozusagen ein objektiver Anknüpfungspunkt für Gespräche über Fremdheit.“[2]

Insbesondere seine Fähigkeit des Zuhören-Könnens bildet letztlich die Grundlage dafür, dass sich Richard im Verlauf der Handlung zunehmend vom reinen Beobachter des Fremden, als den Erpenbeck ihre Figur bezeichnet, zum Entdecker entwickelt, der nicht bloß eine Aufgabe zur eigenen Zerstreuung im Ruhestand gefunden hat, sondern sich vielmehr neue geistige Horizonte erschließt, somit einen Lernprozess durchläuft, und schließlich den Schritt hin zum Handeln macht.

Denn „Zuhören bedeutet, dass man sich mit Respekt begegnet“[3], was im weiteren Romanverlauf dazu führt, dass Richard zur Vertrauensperson der Flüchtlinge avanciert und umgekehrt er diese als seine Schützlinge betrachtet, für die er sich politisch engagiert, um dem selbst empfundenen, den Männern widerfahrenen Unrecht entgegenzuwirken.

Um sich der zentralen Figur dieses Romans anzunähern, sollen die Lernenden in Kleingruppen der berechtigten Frage nachgehen, ob Richard eher als Individuum (Charakter) mit einem reich ausgestatteten Innenleben gezeichnet wird oder vielmehr funktional als schematisierte Figur (Typisierung) konzipiert ist (vgl. **Arbeitsblatt 5**, S. 43).

- *Charakterisieren Sie zunächst die Figur Richard (Biografie, Eigenschaften und Verhaltensweisen) mithilfe folgender Textstellen:*
  S. 8f., S. 11, S. 14, S. 22f., S. 35, S. 43–45, S. 207f. und S. 295–297.
- *Lesen Sie anschließend die Informationen zur Gestaltung literarischer Figuren und setzen Sie sich mit der Frage auseinander, welchem Gestaltungskonzept die Hauptfigur Richard zuzuordnen ist.*
- *Identifizieren Sie in dem Roman „Gehen, ging, gegangen“ Typen.*

Vor der eigentlichen literarischen Erörterung (vgl. zweite Aufgabe) bietet es sich an, die angegebenen Textstellen zunächst inhaltlich auszuwerten und dieses Zwischenergebnis an der Tafel zu sammeln:

[1] Wendland, Hans-Georg (a): „Gehen, ging, gegangen“ von Jenny Erpenbeck. Inhaltlicher Überblick und Analyse der Erzählstruktur. Norderstedt 2016, S. 7

[2] Erpenbeck, Jenny. Zitiert nach: Frey, Thomas: a. a. O.

[3] Erpenbeck, Jenny. Zitiert nach: Verlagsgruppe Random House (Hrsg.): 3 Fragen an Jenny Erpenbeck. Interview mit der Autorin. Albrecht Knaus Verlag: München 2015. Zitiert nach: www.randomhouse.de/Interview-mit-Jenny-Erpenbeck/aid63569.rhd (02.01.2018)

Charakterisierung der zentralen Figur Richard

Biografie
- emeritierter Altphilologe und Universitätsprofessor (vgl. S. 8f. und S. 11)
- verwitwet, kinderlos, von seiner Geliebten verlassen (vgl. S. 9, S. 22f. und S. 295ff.)

Eigenschaften und Verhaltensweisen
- unzufrieden, deprimiert: erlebt seine Pensionierung als Bruch mit seinem erfüllenden und erfolgreichen Berufsleben, steht an einem Scheideweg (vgl. S. 8f. und S. 14)
- ist in der DDR aufgewachsen, verfügt daher über Grenzerfahrungen zwischen Ost und West und fühlt sich im wiedervereinigten Berlin fremd (vgl. S. 35)
- sucht eine neue Herausforderung (vgl. S. 8f. und S. 14)
- plant sein „Forschungsprojekt Flüchtlinge“ akribisch (vgl. S. 44f.)
- stoisch: lässt sich von den Äußerungen seiner Freunde scheinbar nicht beeindrucken (vgl. S. 207f.)

Richard befindet sich in einer ähnlich unsicheren Lebenssituation wie die Flüchtlinge.
→ **Figur, in der die Ereignisse reflektiert und gespiegelt werden**

Im Hinblick auf die literarische Erörterung in der zweiten Aufgabe des **Arbeitsblattes 5** (S. 43), welches von den Kursteilnehmern als vorbereitende Hausaufgabe bearbeitet werden kann, ist zur konzeptionellen Gestaltung der zentralen Figur zusammenfassend Folgendes anzuführen:[1]

Argumente, die für eine **Charakterzeichnung** der Figur sprechen
- Richard entwickelt sich im Verlauf der Handlung, indem er seine bloße Beobachterrolle als Wissenschaftler aufgibt und sich persönlich für die afrikanischen Flüchtlinge engagiert.
- Die Figur nimmt durch ihre eigene Biografie (s. o.) eine besondere Rolle innerhalb der Romanhandlung ein.

Argumente, die für eine **Typisierung** dieser Figur sprechen
- Richard, der nicht einmal einen Nachnamen hat, weist nur wenige individuelle Eigenschaften auf, sondern erfüllt letztlich eine bestimmte Funktion: In dieser Figur werden die wesentlichen Geschehnisse reflektiert und gespiegelt.
- Es wird ihm keine charakteristische Sprache zugewiesen, vielmehr gebraucht die Figur ausnahmslos Standardsprache, die ihn als typischen Repräsentanten eines westeuropäischen Bildungsbürgers ausweist.

Da Erpenbeck durch ihre Äußerungen in den Interviews (s. S. 32) den für den Leser erkennbaren Entwicklungsprozess und das hieraus resultierende politische Engagement Richards hervorhebt, liegt es nahe, dass die Autorin ihre Figur eher als Charakter und weniger als Typ verstanden wissen will.

Bevor im Unterricht die dritte Aufgabe (vgl. **Arbeitsblatt 5**, S. 43) thematisiert wird, sollte mithilfe der folgenden Leitfragen zunächst das obige Tafelbild (vgl. Fazit) vervollständigt werden:

- *Vergleichen Sie die Charakterzeichnung Richards mit der Darstellung der Flüchtlingsfiguren. Was fällt Ihnen auf? Welche Funktion erfüllt die zentrale Romanfigur demzufolge?*

[1] Vgl. Gigl, Claus: Abiturwissen Deutsch. Prosa, Drama, Lyrik. Klett Verlag: Stuttgart 2002, S. 51

Bei den übrigen Figuren handelt es sich überwiegend um Typisierungen (vgl. dritte Aufgabe, **Arbeitsblatt 5**, S. 43). Exemplarisch soll an dieser Stelle lediglich auf Richards „alte Freunde“ eingegangen werden, deren ausschließliche Funktion es ist, Klischees und Stereotypen zu verkörpern, wenn es um die Beurteilung von Flüchtlingen und der Verhältnisse in ihren Herkunftsländern geht. Sie bilden einen Querschnitt der Bevölkerung, die eine überwiegend ablehnende Haltung gegenüber Flüchtlingen in Deutschland einnimmt, und geben letztlich dem „Volksmund“ (S. 193) eine Gestalt (vgl. Abschnitt 2.2, S. 40ff.).

Besonders deutlich wird dieses klischeehafte Denken bei Monika und Jörg (vgl. S. 207f.), welche Richard von ihrem letzten Italienurlaub berichten: Ein schönes Erlebnis reiht sich an das andere, wären da nur nicht die vielen Afrikaner gewesen, die sich überall störend ins Bild drängen und die positiven Eindrücke trüben. Auf ihrer Fahrt durch die Toskana „stehen da schwarze Frauen, Afrikanerinnen!, am Straßenrand und bieten sich [vorbeifahrenden Männern] an“ (S. 207), was das Paar als „irgendwie unheimlich“ (S. 207) empfindet.

Aufgrund dieser vermeintlich zweifelhaften Begegnungen in Italien rät Jörg seinem Freund Richard, im Umgang mit seinen afrikanischen Schützlingen gut auf sich aufzupassen, denn „die schleppen oft Krankheiten ein, Hepatitis, Typhus und Aids. Hab ich zumindest gehört“ (S. 207).

Insbesondere die letzte Äußerung zeigt anschaulich, dass die Grenzen zwischen Fakten und Fiktion in Monikas und Jörgs Bericht verwischen. Sie vermengen Gehörtes, Gesehenes, tatsächlich Geschehenes und aus zweiter Hand Übernommenes ununterscheidbar zu einem Einheitsbrei und geben diese vermeintliche Wahrheit unkritisch weiter, während Richard die Urlaubsfotos betrachtet und – wie es seine Art ist – zu diesem Thema lieber schweigt.

Dass der scheinbar gelassene und völlig unbeeindruckte Richard offenbar doch nicht ganz unempfänglich für eine derartige Beeinflussung seiner „alten Freunde“ ist, wird im weiteren Verlauf der Romanhandlung deutlich: So ist es zu guter Letzt ausgerechnet er, der das i-Tüpfelchen setzt, als er ernsthaft darüber nachdenkt, ob er Osarobo zum Abschied ein Rollklavier schenken soll, damit er „Geld verdienen kann auf der Straße“ (S. 252).

Im Sinne einer Vertiefung können fakultativ die Einstellungen speziell dieser Freunde Richards von den Schülerinnen und Schülern wahlweise in Einzel- oder Partnerarbeit oder als vertiefende Hausaufgabe untersucht werden:

- *Weisen Sie die Typisierung der übrigen Figuren des Romans nach, indem Sie exemplarisch Monikas und Jörgs Haltung gegenüber Flüchtlingen (vgl. S. 207f.) erläutern und hieraus die Funktion dieser Figuren schlussfolgern.*

2.1.2 Apoll, Tristan, Blitzeschleuderer & Co.: Die Gruppe der Flüchtlinge

Um sich den weiteren Protagonisten und deren Funktion im Roman anzunähern, sollen die Schülerinnen und Schüler in einem ersten Schritt einen Steckbrief zu einer ausgewählten Flüchtlingsfigur des Romans erstellen. Im Einzelnen sind in arbeitsteiliger Gruppenarbeit folgende Figuren zu untersuchen:

- „Apoll“
- Awad („Tristan“)
- Raschid („der Blitzeschleuderer“)
- Osarobo („der Klavierspieler“)
- Karon Anubo („der Dünne“)
- Rufu („der schwarze Mond von Wismar“)

Im Sinne einer besseren Vergleichbarkeit der Kurz-Charakterisierungen wird daher die folgende Struktur vorgegeben:

- *Erstellen Sie für Ihre Figur einen Steckbrief nach folgendem Muster:*
  - *Name*
  - *Herkunft*
  - *Sprache(n)*
  - *Beruf/Qualifikation(en)*
  - *Lebens-/Fluchtgeschichte*

  Notieren Sie zudem die verwendeten Textstellen.
- *Gestalten Sie ein Wandplakat mit Ihren Ergebnissen.*

Die Steckbriefe können folgende Ergebnisse aufweisen:

Name:	**„Apoll“** (S. 57)
Herkunft:	Niger (vgl. S. 58); gehört zur Minderheit der Tuareg (vgl. S. 57 ff. und S. 186 ff.)
Sprache(n):	Tamashek (Muttersprache), aber auch Hausa, Arabisch, Französisch, Italienisch und Englisch; lernt jetzt Deutsch (vgl. S. 59)
Beruf/ Qualifikation(en):	Sklavenarbeit als Kamel-, Esel- bzw. Ziegenhirt (vgl. S. 58)
Lebens-/ Fluchtgeschichte:	hat keine Eltern bzw. sind unbekannt (vgl. S. 58); zieht bereits als 10-Jähriger mit den Kamelhändlern durch die Wüste nach Libyen (vgl. S. 159); hat in Italien nach seiner Flucht 6 Monate auf der Straße gelebt (vgl. S. 180)

Name:	**Awad** („Tristan“)
Herkunft:	Ghana (vgl. S. 65)
Sprache(n):	gebrochenes Englisch (vgl. S. 63)
Beruf/ Qualifikation(en):	Automechaniker (vgl. S. 66)
Lebens-/ Fluchtgeschichte:	Mutter stirbt bei seiner Geburt, er wächst bei der Großmutter auf (vgl. S. 65); er kommt mit 7 Jahren nach Libyen zu seinem Vater (vgl. S. 65), der dann von Gaddafi-Soldaten oder Rebellen getötet wird (vgl. S. 66); wird vertrieben und gelangt über die Mittelmeerroute nach Italien (vgl. S. 68 f.)

Name:	**Raschid** („der Blitzeschleuderer“)
Herkunft:	Kaduna, Stadt im Norden Nigerias (vgl. S. 52 und S. 97); stammt aus dem muslimischen Volk der Yoruba (vgl. S. 52)
Sprache(n):	Englisch, Hausa und auch etwas Italienisch (vgl. S. 94)
Beruf/ Qualifikation(en):	Schlosser (vgl. S. 94 und S. 201), hat eigene Werkstatt betrieben (vgl. S. 98); kann zudem Bagger fahren, Fahrerlaubnis wird hier jedoch nicht anerkannt (vgl. S. 169)
Lebens-/ Fluchtgeschichte:	wird bei einem Überfall der Al-Qaida von seiner Frau getrennt (vgl. S. 96 ff. und S. 202 ff.); verliert seine beiden Kinder während der Überfahrt, als das Boot kentert (vgl. S. 204); überlebt knapp, obwohl er nicht schwimmen kann (vgl. S. 53 und S. 204)

Name:	**Osarobo** („der Klavierspieler")
Herkunft:	Niger, später Libyen (vgl. S. 107)
Sprache(n):	Hausa und Tebu-Tebu (Muttersprache), aber auch Englisch und Italienisch (vgl. S. 108)
Beruf/ Qualifikation(en):	–
Lebens-/ Fluchtgeschichte:	muss miterleben, wie sein Vater erschlagen wird und auch alle seine Freunde sterben (vgl. S. 107); flüchtet vermutlich über die Mittelmeerroute (vgl. S. 108); hat keine Zukunftsperspektive, glaubt jedoch daran, dass er von Gott gerettet worden sei, da dieser noch Wichtiges mit ihm vorhabe (vgl. S. 109)

Name:	**Karon Anubo** („der Dünne")
Herkunft:	Ghana
Sprache(n):	Englisch (vgl. S. 117)
Beruf/ Qualifikation(en):	Gelegenheitsjobs als Farmarbeiter, Kioskbetreiber und fliegender Händler (vgl. S. 117)
Lebens-/ Fluchtgeschichte:	wird mit 8 Jahren von den Eltern verlassen, wächst bei der Stiefmutter auf (vgl. S. 117); muss als ältester Sohn die Familie ernähren (vgl. S. 119 und S. 213); die berufliche Perspektivlosigkeit in Ghana zwingt ihn daher zur Flucht nach Europa (vgl. S. 117 ff. und S. 120 f.); bezahlt von seinem letzten Geld einen Schlepper für seine Fahrt nach Libyen (vgl. S. 123); überlebt die Überfahrt im Boot nur durch ein Wunder (vgl. S. 276); gelangt auf Umwegen schließlich nach Deutschland (vgl. S. 123 f.)

Name:	**Rufu** („der schwarze Mond von Wismar")
Herkunft:	Burkina Faso (S. 140)
Sprache(n):	Englisch, Italienisch (vgl. S. 139 f.)
Beruf/ Qualifikation(en):	–
Lebens-/ Fluchtgeschichte:	ist schwer traumatisiert, in psychiatrischer Behandlung (vgl. S. 226) und sehr schweigsam; daher kaum Angaben zu seiner Vergangenheit, ist vermutlich über Marokko und die spanische Enklave Melilla nach Europa gekommen (vgl. S. 166)

Alternativ zur bloßen Präsentation der Plakate (z. B. mithilfe der Marktplatzmethode) können die Gruppen dazu angehalten werden, die jeweilige Figur szenisch darzustellen. Um sich auf ihre Rolle vorzubereiten, erhalten die Kleingruppen den folgenden Zusatzauftrag:

- *Der Roman soll verfilmt werden. Geplant ist dabei, dass sich die Figuren dem Publikum in der Eingangssequenz vorstellen, indem sie ihren Namen nennen und kurz ihre Lebens- bzw. Fluchtgeschichte erzählen.*
  Bereiten Sie sich in der Gruppe auf Ihre Rolle als ______________________
  vor, indem Sie …

- *ein kurzes Statement formulieren, mit dem sich diese Figur dem Publikum vorstellt.*
- *sich überlegen, in welcher Weise und wie detailliert die Figur ihre Lebens- bzw. Fluchtgeschichte erzählt.*
- *auch darüber nachdenken, wie sich diese Figur verhalten wird (Körpersprache, sprachlicher Ausdruck usw.).*
- *festlegen, wer diese Figur spielen wird.*

Mithilfe dieses Tableaus soll den Kursteilnehmern bewusst werden, dass die Flüchtlingsfiguren letztlich typisiert sind, auch wenn die dargestellten Fluchterfahrungen individueller Natur sind:[1] Ausnahmslos alle Flüchtlinge erfüllen im Roman dieselbe Funktion bzw. es wird ihnen dieselbe Rolle zugeschrieben, nämlich die der Opfer, denen nicht nur im jeweiligen Herkunftsland übel mitgespielt worden ist, sondern die auch hier in Deutschland grundlos „wie Verbrecher" (S. 225) behandelt werden (vgl. Abschnitt 2.2, S. 40 ff.).

Mithilfe der folgenden Leitfragen können die bisherigen Arbeitsergebnisse ausgewertet und reflektiert werden:

- *Werden dem Leser im Roman noch weitere Informationen zu den Flüchtlingsfiguren gegeben? Wenn ja, welche? Sind die Flüchtlinge eher Charaktere oder Typen? Welche Funktion erfüllen diese Figuren im Roman? Was soll der Leser von den im Roman dargestellten Flüchtlingen möglicherweise lernen?*

Um die eigenen Vermutungen insbesondere zur letzten Frage zu verifizieren bzw. zu revidieren, kann folgende Folie mit einem Auszug aus einem Interview mit Jenny Erpenbeck[2] aufgelegt werden:

Zur Intention der Autorin
„Frage: Was können wir von den Flüchtlingen lernen?
Antwort: Bescheidenheit, Durchhaltevermögen. Nachdenken darüber, was in einem Menschenleben das wirklich Wichtige ist."

Jenny Erpenbeck im Interview
In: Focus Online vom 2. September 2015

Der zweite Schritt ist fakultativ, denn er dient letztlich der näheren Beweisführung, dass ...

- die Flüchtlingsfiguren als unschuldige Opfer dargestellt werden und
- ihnen eine Vorbildfunktion beigemessen wird; der Leser soll sich an den literarischen Figuren orientieren und von ihnen lernen.

Es stellt insbesondere für Lernschwächere zugleich eine weitere Übung dar, Textauszüge werkimmanent zu untersuchen. Zu diesem Zweck werden die drei Hauptfiguren innerhalb der Gruppe der Flüchtlinge ausgewählt, an denen der von der Autorin intendierte Bildungsauftrag besonders deutlich wird und die daher näher beschrieben werden:

„Apoll"

An dem jungen Mann „mit wilden Locken" (S. 56), der aussieht, wie er „sich Apoll immer vorgestellt hat" (S. 57), beeindruckt Richard in seiner Eigenschaft als Altphilologe zunächst einmal,

[1] Vgl. Magenau, Jörg: Ein Stückchen Acker in Ghana. In: Süddeutsche Zeitung vom 30. August 2015. Zitiert nach: www.sueddeutsche.de/kultur/longlist-zum-deutschen-buchpreis-ein-stueckchen-acker-in-ghana-1.2627330 (26.07.2017)
[2] Erpenbeck, Jenny. Zitiert nach: Frey, Thomas: a. a. O.

dass er neben seiner Muttersprache Tomashek auch Hausa, Englisch, Arabisch, Französisch und Italienisch spricht (vgl. S. 57 und S. 59) und nun ambitioniert Deutsch lernt, da er nun einmal hier ist (vgl. S. 56), womit er ein deutliches Zeichen der Bereitschaft zur Integration setzt.

Geradezu fasziniert ist Richard von der Tatsache, dass Apoll ein Tuareg ist und es somit gewohnt ist, durch die Wüste zu ziehen und jeden Tag aufs Neue eine „Hütte [...] aus Schilf, Palmblättern, Lederhäuten, geflochtenen Matten und Stöcken" (S. 60) zu bauen, bevor er am nächsten Tag weiterzieht. Auf seinen Wanderungen mit anderen Tuareg hat Apoll von Kindheit an gelernt, den Weg durch die Wüste ohne Orientierungshilfe zu finden (vgl. S. 159f.).

An dieser Lebensweise manifestieren sich somit Durchhaltevermögen und Bescheidenheit[1] des jungen Tuareg, der seine Eltern bereits als Kind verloren (vgl. S. 58) und sein Leben lang als Sklave gearbeitet hat, in besonderer Weise. Zudem werden auch vorbildhafte Tugenden wie Eigenständigkeit, Unabhängigkeit und Courage bei diesem jungen Afrikaner deutlich, der sein Schicksal selbst in die Hand nimmt: Da Apoll als Tuareg in seiner Heimat einer verfolgten ethnischen Minderheit angehört, macht er sich auf nach Europa, um sein Leben zu retten, wobei er es klaglos in Kauf nimmt, „in Italien [...] sechs Monate auf der Straße" (S. 180) leben zu müssen.

Awad („Tristan")

Während sich Apoll Richard gegenüber nur widerstrebend öffnet und sich anfangs „wie ein bockiges Pferd" (S. 56) verhält, kommt Awad gleich bei ihrer ersten Begegnung auf ihn zu und lädt ihn zu einem Gespräch ein. Auch er signalisiert somit seine Bereitschaft, in der Fremde eine neue Heimat finden und sich integrieren zu wollen, und ist überzeugt, „nichts verbergen" zu dürfen, „wenn [er] irgendwo ankommen wolle" (S. 63).

Wie groß dabei die Überwindung für Awad sein muss, sich Richard mitzuteilen, wird zunächst nur indirekt daran deutlich, dass er sich „einer Sprache, in der weder der eine [...] noch der andre" (S. 63) von beiden zu Hause ist, bedienen muss. Zudem ist für den Leser im weiteren Verlauf des Gesprächs schnell zu erkennen, dass dieser junge Afrikaner von dem Erlebten schwer traumatisiert ist: „Der Krieg zerstört alles [...]: die Familie, die Freunde, den Ort, an dem man gelebt hat, die Arbeit, den Alltag. Wenn man ein Fremder wird [...], hat man keine Wahl mehr. [...] Ich kann mich selbst nicht mehr sehen [...]. Ich habe kein Bild mehr von mir." (S. 69) Er kommt sich vor, als habe er nicht nur alle Angehörigen und seinen gesamten Besitz, sondern auch seine „Seele" (S. 70) verloren, und ist sich selbst fremd: „I don't know where my mind is." (S. 70)

Betroffen registriert Richard die Leidensfähigkeit dieses jungen Mannes, der ohne Mutter hat aufwachsen müssen, seine Familie verliert, auf seiner Flucht über die Mittelmeerroute dem Tode nur knapp entkommt, nach weiteren Irrwegen irgendwann auf Sizilien auf der Straße schläft und aus der Not heraus schließlich zum Dieb und Tagelöhner wird (vgl. S. 69f.), und Awads Genügsamkeit sowie Dankbarkeit, in Berlin zum ersten Mal nach langer Zeit endlich wieder einen Schlafplatz zu haben und etwas zu essen zu bekommen (vgl. S. 72).

Raschid („der Blitzeschleuderer")

Auch im Falle von Raschid wird eine Flüchtlingsfigur gezeichnet, die zwar vom Äußeren her das Bild eines massigen und mächtigen Kerls vermittelt (vgl. S. 52), im Wesen gutmütig ist und sich von Beginn an kontaktfreudig gibt. So lernt Richard ihn als scheinbar tiefenentspannten Mann kennen, der es sich vor dem Fernseher gemütlich macht und ihm freundlich zunickt. Auch seiner Bitte um ein Gespräch kommt Raschid mit seiner im weiteren Verlauf der Handlung noch häufig verwendeten Standardformel „No problem" (S. 52) sofort nach.

[1] Vgl. Erpenbeck, Jenny. Zitiert nach: Frey, Thomas: a. a. O.

Geduldig erläutert er Richard „die fünf Säulen des Islam“ (S. 92) und bringt dabei sein Unverständnis darüber zum Ausdruck, dass angeblich gläubige Muslime morden würden, denn „[w]er tötet, ist kein Muslim“ (S. 92). Zudem wird deutlich, dass das Volk der Yoruba, dem Raschid angehört, außergewöhnlich gastfreundlich ist, wenn er Richard von dem Fest „Eid Mubarak“ (S. 91) erzählt, welches Raschids Familie jedes Jahr am Ende des Fastenmonats Ramadan mit ihren muslimischen Nachbarn feiert.

Darüber hinaus offenbart sich Raschid als ausgesprochener Familienmensch (vgl. S. 174), weshalb es den Leser an späterer Stelle nicht verwundert, dass Raschid bei Richard zu Hause Weihnachten feiert (vgl. S. 199 ff.) und erfreut feststellt, dass mit Caspar einer der Heiligen Drei Könige eine schwarze Hautfarbe hat wie er selbst (vgl. S. 200). Richard ist erstaunt, von ihm zu erfahren, dass im Islam insbesondere der Mutter innerhalb der Familie eine besondere Rolle zuzukommen scheint: „Das Paradies liegt unter den Füßen der Mutter“ (S. 98), ist Raschid überzeugt.

Bei all den positiven Charaktereigenschaften, die den Flüchtlingsfiguren zugeschrieben werden, fällt es offenbar nicht ins Gewicht, dass Raschid auch eine ungestüme Seite in sich trägt, die Richard bei seiner zweiten Begegnung erkennen muss, wenn ein sichtbar aufgebrachter Raschid wie ein Rasender „blindlings [...] an ihm vorbei Richtung Treppe [stürmt]“ (S. 84) und einen Stuhl demoliert (vgl. S. 85). Immerhin scheint es einen berechtigten Grund für Raschids Zorn zu geben, denn anscheinend ist „irgendetwas [...] im Gange“ (S. 85).[1]

Um das dem Leser vermittelte Bild der Flüchtlinge als ausschließlich positiv gezeichnete Figuren nicht zu zerstören, werden Raschids Tobsuchtsanfälle auch im weiteren Romanverlauf durch den Erzähler dadurch legitimiert, dass sie immer nur dann auftreten, wenn der zum Sprecher der Flüchtlingsgruppe avancierte Afrikaner (vgl. S. 52) das Gefühl hat, dass Vertreter deutscher Institutionen die Kontrolle über das Leben der Flüchtlinge übernehmen bzw. ihnen Unrecht widerfährt (vgl. Abschnitt 2.2, S. 40 ff.). Eine ähnliche Verfahrensweise ist zudem bei Osarobo zu beobachten, den Richard gegen Ende des Romans zu Recht verdächtigen muss, ihn bestohlen zu haben. Richards nicht ganz unberechtigte Zweifel an Osarobos Unschuld werden zwar mehrfach angedeutet, allerdings wird diese Spur ganz bewusst nicht weiterverfolgt (vgl. S. 268 ff.).

Diese verklärende Darstellung der Flüchtlingsfiguren im Roman ist zugleich ein zentraler Aspekt der durchaus kontroversen Rezeption in der Literaturkritik (vgl. Baustein 5, S. 89 ff.): „Vieles ist falsch an diesem Buch, unter den jungen Männern, den Flüchtlingen: kein einziger Antisemit, kein einziger Gewalttäter, keiner, der übergriffig wird, vielleicht einer, der stiehlt. Sie sind alle nett und verloren, traurig und traumatisiert, manchmal ein bisschen aggressiv und übermütig. Sie sind Platzhalter in einem Lehrstück über die Welt, wie sie sein könnte.“[2]

Für diese Vertiefungsphase wird der Kurs in drei Gruppen aufgeteilt, innerhalb derer die Schülerinnen und Schüler ihren jeweiligen Arbeitsauftrag in Einzelarbeit bearbeiten:

- *Sie sind zuständig für den Flüchtling ____________________. Überprüfen Sie anhand der angegebenen Textstellen, ob die Figur die von der Autorin intendierte Vorbildfunktion tatsächlich erfüllt. Gehen Sie gegebenenfalls auch darauf ein, was der Leser konkret von dieser Figur lernen kann.*
  „Apoll“: S. 56 – 60, S. 159 f. und S. 180; Awad („Tristan“): S. 65 – 72;
  Raschid („der Blitzeschleuderer“): S. 52 und S. 91 – 98

1 Da Richard mit dem im Treppenhaus flackernden Licht (vgl. S. 84 f.) den zornigen, Blitze schleudernden Zeus auf dem Gipfel des griechischen Olymps assoziiert, nennt er Raschid von nun an „den Blitzeschleuderer“.

2 Lühmann, Hannah: Ein Roman als Crashkurs in Flüchtlingskunde. In: Die Welt vom 31. August 2015. Zitiert nach: www.welt.de/kultur/literarischewelt/article145830887/Ein-Roman-als-Crashkurs-in-Fluechtlingskunde.html (26.07.2017)

2.2 Die Antagonisten

Im vorigen Abschnitt wurde bereits darauf hingewiesen, dass in der Figur Richard das Geschehen reflektiert und gespiegelt wird (vgl. Abschnitt 2.1, S. 31 ff.). Im Umgang mit anderen Figuren erlebt er im Verlauf der Handlung manchen Erfolg, muss jedoch auch Rückschläge und Enttäuschungen hinnehmen und verarbeiten. Allerdings begegnet er hier keinen traditionellen Gegenspielern bzw. Antagonisten, die seine unermüdlichen Bemühungen, die Flüchtlinge zu unterstützen und ihnen zu einem Bleiberecht zu verhelfen, gezielt vereiteln. Stattdessen sieht er sich immer wieder mit verschiedensten widrigen Umständen und Verhältnissen konfrontiert, weshalb bei der folgenden Analyse der Figurenkonstellation der Figurenbegriff weiter zu fassen ist:

Vor diesem Hintergrund ist Richards ärgster Widersacher **„das eherne Gesetz“** (S. 193), welches eigentlich ein Dschungel von Gesetzen, Verordnungen usw. darstellt und von den deutschen Behörden in bürokratischer Manier umgesetzt wird, sodass es für den Leser ans Absurde grenzt: „Warum zahlen die Männer eigentlich für eine Monatskarte den vollen Preis? Weil sie keine Leistungen nach dem Asylbewerbergesetz erhalten. Weil sie bis jetzt nicht einmal Asylbewerber sein dürfen? Genau. Deswegen bekommen sie ja auch 357 Euro – und nicht nur 300“ (S. 147).

Dieses „eherne, deutsche Gesetz“ (S. 194) wird zu einem personifizierten, menschenfressenden Moloch stilisiert,[1] der gnadenlos zuschlägt, „zum Abendbrot Hand, Knie, Nase, Mund, Füße, Augen, Gehirn, Rippe, Herz oder Zähne“ (S. 194) frisst[2] und an dem Richard und die Flüchtlinge unweigerlich scheitern müssen. So stellt dann auch der Anwalt, den Richard mit Ithemba aufsucht, um sich rechtlich beraten zu lassen und die Möglichkeiten eines Bleiberechts auszuloten, abschließend fest: „Ein deutsches Kind [...] wäre das einzige, was wirklich hilft! Ein deutsches Kind!“ (S. 259)

Der junge Tuareg Apoll hat sogar eine deutsche Freundin, will sie jedoch nicht heiraten, weil sie denken könnte, dass er diesen Schritt nur der Aufenthaltsberechtigung wegen gehen wolle (vgl. S. 294). Er will kein rechtliches Schlupfloch ausnutzen, sondern bleibt integer und hat klare Vorstellungen von den aus seiner Sicht erforderlichen Rahmenbedingungen, um sesshaft zu werden: „Es muss eine Ordnung geben. Erst muss ich Arbeit haben, dann eine Wohnung, dann ich heiraten und Kinder bekommen.“ (S. 295) Da er es als Nomade gewohnt ist, von Ort zu Ort zu ziehen, ist er – anders als die anderen, unter dieser ungewissen Situation leidenden Flüchtlinge – entsprechend entspannt und nicht darauf angewiesen, ausgerechnet in Deutschland eine neue Heimat zu finden. „Wenn ich gehen muss, kann ich gehen [...]. Ich habe keine Familie zu ernähren. Ich bin frei: Ich habe in Italien schon einmal sechs Monate auf der Straße gelebt.“ (S. 180)

Richard muss frustriert erkennen, dass im Fall seiner Schützlinge weder „Engpassberufe“ (S. 261) noch „der Paragraph 23“[3] (S. 262) als Ausnahmeregelungen greifen, denn die Flüchtlinge „vom Oranienplatz haben noch nicht einmal eine Duldung“, welche wiederum lediglich „eine A u s s e t z u n g d e r A b s c h i e b u n g“ und somit noch lange „kein Aufenthaltsstatus“ (S. 262) ist. Infolge der eigenen Ohnmacht gegenüber der deutschen Bürokratie hat Richard auch „plötzlich das Gefühl, dass dieser Anwaltsbesuch seine Kräfte übersteigt“ (S. 263).

---

1 Vgl. Wendland, Hans-Georg (b): „Gehen, ging, gegangen“ von Jenny Erpenbeck. Thematische Schwerpunkte, Figurenkonstellation, zentrales Motiv und Symbol. Norderstedt 2016, S. 8

2 Der Leser fühlt sich an den menschenfressenden Zyklopen des Odysseus erinnert. Näheres zur Intertextualität vgl. Baustein 4 (S. 72 ff.).

3 Der Erzähler gibt das, was Richard über diese Ausnahmeregelung im Internet recherchiert hat, wie folgt wieder: „[W]enn ein Land, eine Regierung, ein Bürgermeister nur wolle, die europäischen Regelungen ausgesetzt werden dürften und jemand, der um Asyl ansuche, [könne] einfach als Mensch akzeptiert werden [...], auch in einem Land, das nach den gesetzlichen Regelungen eigentlich nicht zuständig sei.“ (S. 262)

Neben dem „ehernen Gesetz“ stellt die öffentliche Meinung einen weiteren gewichtigen Gegenspieler von Richard und seinen Schützlingen dar. Der **„Volksmund“** (S. 193), wie der Erzähler diese bezeichnet, meldet sich vielfach und ganz unverhohlen in den verschiedenen Internetforen zu Wort: „Denn diese Kerle, diese übergeschnappten Neger sagen, sie würden das Geld nicht nehmen als Preis für die Übersiedlung in eine andere Stadt, würden dankend verzichten auf zwei- oder dreimal 300 Euro. Wollen das Geld einfach so in den Wind schreiben, die haben's wohl dicke, Drogenhändler sind das doch alle, afrikanische Mafia.“ (S.193) Dem Volksmund zufolge handelt es sich bei den Flüchtlingen vom Oranienplatz folglich um „Kriminelle, Rechtsbrecher“ (S. 193), denen das Handwerk zu legen ist und vor denen sich der Staat bzw. die Bevölkerung schützen muss.

In die gleiche Kerbe schlägt auch **„die Politik in Berlin“** (S. 194), eine nicht näher ausdifferenzierte, jedoch mit dem Volksmund offenbar verbrüderte Kollektivfigur, die von „Querulanten, die sich zusammengerottet haben, nur um Ärger zu machen“ (S. 194), spricht und eindringlich vor einem „Präzedenzfall“ warnt, denn „sonst sitzen drei Tage später schon die nächsten 200 Figuren da auf dem Platz“ (S. 194). Entsprechend hart greift auch die Polizei – buchstäblich exekutive Gewalt des Rechtsstaates – durch, weshalb Richard berechtigterweise kritisch hinterfragt, „ob tatsächlich 40 schwerbewaffnete Männer notwendig sind, um 12 afrikanische Flüchtlinge aus so einem Heim zu tragen“ (S. 220).

Zu guter Letzt bilden auch die **Medien** eine negative Kontrastfigur und fungieren innerhalb der Figurenkonstellation dieses Romans als Gegenspieler von Richard und den Flüchtlingen: So tauchen Medienvertreter an den Brennpunkten des Geschehens auf, um das Bedürfnis nach Sensation ihrer Leserschaft zu befriedigen. Exemplarisch seien an dieser Stelle die „junge Frau mit einem Mikrofon in der Hand“ (S. 18) und der hinter ihr postierte „Hüne mit Kamera auf der Schulter“ (S. 18) angeführt, welche eine Story wittern und enttäuscht sind, wenn bis zum Redaktionsschluss „nichts Besondres passiert“, denn „dann krieg ich die Story nicht unter. [...] [Dann] kann ich keine Geschichte draus machen“ (S. 18).

Sofern aber doch etwas passiert, wenn etwa die „Flüchtlinge der Oranienplatz-Gruppe zum Protest gegen ihre Ausweisung aus Berlin [...] die oberste Etage ihres Hauses“ (S. 230) besetzen, lässt es sich „eine der größten deutschen Zeitungen“ (S. 232) des Landes nicht nehmen, die Flüchtlinge als arbeitsunwillige Schmarotzer ohne jegliches Gespür für gutes Benehmen zu verfemen: *„Kaum in Deutschland, pinkelt der als ALLERERSTES vom Dach! [...] Haben Sie die Herrschaften der ‚Flüchtlingsszene‘ [...] schon jemals irgendwo geregelt arbeiten oder Werte schaffen gesehen? Ich jedenfalls nicht.“* (S. 233) Angesichts dieser Polemik ist Richard erschüttert: „Ihnen das Arbeiten zu verbieten und ihnen gleichzeitig Untätigkeit vorzuwerfen, ist [...] rein gedanklich eine gewagte Konstruktion.“ (S. 233)[1]

Trotz aller möglichen Sprachbarrieren spüren die Flüchtlinge sehr wohl den Gegenwind, der ihnen von allen Seiten entgegenweht. So stellt Raschid bereits zu einem recht frühen Zeitpunkt treffend fest: „Die wollen uns hier wirklich nicht haben [...]. Sie wollen uns hier wirklich nicht“ (S. 181).

Mithilfe des **Arbeitsblattes 6** (S. 44 f.) sollen sich die Kursteilnehmer diesem Lerngegenstand in Partnerarbeit nähern:

- *Benennen Sie die Gegenspieler von Richard und seinen Schützlingen und erläutern Sie, woran dies jeweils deutlich wird.*

1 Auf die Darstellung von Möglichkeiten, wie die Lehrkraft Textstellen wie diese für einen Exkurs zum Thema „Medienkritik“ nutzen kann, wird an dieser Stelle bewusst verzichtet und stattdessen auf das Unterrichtsmodell „Medienwelten“ (ISBN 978-3-14-**022686**-8) der EinFach Deutsch-Reihe verwiesen.

■ *Beziehen Sie die übrige Romanhandlung in Ihre Überlegungen ein und ergänzen Sie die Gruppe der Antagonisten entsprechend. Notieren Sie zudem die Textstellen, welche dies belegen.*

Die Ergebnisse dieser Einzelarbeit können im Unterrichtsgespräch verglichen und an der Tafel im Sinne einer Zusammenfassung gesammelt werden:

Die Antagonisten von Richard und den Flüchtlingen

1. „das eherne Gesetz“ (S. 193)
   - unübersichtlicher Dschungel von Gesetzen, Verordnungen usw.
   - Personifikation: menschenfressender Moloch, der „zum Abendbrot Hand, Knie, Nase, Mund, Füße, Augen, Gehirn, Rippe, Herz oder Zähne“ (S. 194) frisst
   - gnadenlos, lässt keine Ausnahmeregelungen („Engpassberufe“, S. 261; „Paragraph 23“, S. 262) zu
2. „der Volksmund“ (S. 193)
   - meldet sich mit unverhohlener Ablehnung in den Internetforen zu Wort
     – „diese übergeschnappten Neger [...], Drogenhändler sind das doch alle, afrikanische Mafia“ (S. 193)
     – *„Kriminelle, Rechtsbrecher“* (S. 193)
3. „die Politik in Berlin“ (S. 194)
   - hält die Flüchtlinge für „Querulanten, die sich zusammengerottet haben, nur um Ärger zu machen“ (S. 194)
   - warnt vor einem „Präzedenzfall“, denn „sonst sitzen drei Tage später schon die nächsten 200 Figuren da auf dem Platz“ (S. 194)
4. die Polizei als exekutive Gewalt (vgl. S. 220)
   - greift hart durch und setzt „40 schwerbewaffnete Männer [ein], um 12 afrikanische Flüchtlinge aus so einem Heim zu tragen“ (S. 220)
5. die Medien (vgl. S. 18)
   - wittern eine sensationelle „Story“ (S. 18)
   - wären enttäuscht, wenn bis zum Redaktionsschluss „nichts Besondres passiert“, denn dann „kann ich keine Geschichte draus machen“ (S. 18)

nicht durchgängig traditionelle Gegenspieler bzw. Figuren im engen Sinne,
sondern vornehmlich widrige Umstände und Verhältnisse
(→ hier: weiter gefasster Figurenbegriff)

Um diesen Lernabschnitt abzurunden, sollte abschließend im Unterrichtsgespräch diskutiert werden, wie die Schülerinnen und Schüler die Figuren bewerten:

■ *Wie bewerten Sie die Einstellungen und Verhaltensweisen der Figuren den Flüchtlingen gegenüber?*

In diesem Zusammenhang bietet sich zudem ein Rückgriff auf die zu Beginn der Unterrichtseinheit im Rahmen des Meinungstheaters bereits behandelten Zitate an (vgl. Abschnitt 1.1.2, S. 17 ff.).

Figurengestaltung: Die zentrale Figur Richard

Im Zentrum von Jenny Erpenbecks Roman steht Richard, dessen Eigenschaften im Folgenden genauer untersucht werden sollen.

Konzepte zur Gestaltung literarischer Figuren	
Charaktere	**Typen**
• weisen individuelle Charaktereigenschaften auf • haben häufig eine besondere Rolle (Held/Heldin) • haben eine eigene Biografie • sprechen eine charakteristische Sprache • haben oft einen aussagekräftigen Namen (ggf. sprechender Name) • entwickeln sich ggf. im Verlauf der Handlung	• zeigen wenig oder keine individuellen Eigenschaften, sondern haben lediglich eine bestimmte Funktion • haben wenig Anteil an der Fortführung der Handlung • haben keine individuelle Biografie • sprechen eine funktionelle Sprache • haben selten aussagekräftige Namen (haben ggf. sogar keinen Namen) • entwickeln sich im Verlauf der Handlung nicht

in Anlehnung an: Gigl, Claus: Abiturwissen Deutsch. Prosa, Drama, Lyrik. Klett Verlag: Stuttgart 2002, S. 51

- *Charakterisieren Sie zunächst die Figur Richard (Biografie, Eigenschaften und Verhaltensweisen) mithilfe folgender Textstellen:*
  S. 8f., S. 11, S. 14, S. 22f., S. 35, S. 43–45, S. 207f. und S. 295–297.
- *Lesen Sie anschließend die Informationen zur Gestaltung literarischer Figuren und setzen Sie sich mit der Frage auseinander, welchem Gestaltungskonzept die Hauptfigur Richard zuzuordnen ist.*
- *Identifizieren Sie in dem Roman „Gehen, ging, gegangen" Typen.*

Best.-Nr. 022724

Figurenkonstellation: Die Antagonisten

Mithilfe des folgenden Textauszuges sollen Sie die Antagonisten von Richard und seinen Schützlingen identifizieren und charakterisieren.

Richard erinnert sich, als er zwei Tage vor Weihnachten die Zeitung aufschlägt, daran, dass in der sogenannten *Vereinbarung* auch gestanden hat, es solle über die Fälle derjenigen, die in Unkenntnis der europäischen Gesetze zuerst irgendwo anders in Deutschland einen Asylantrag gestellt hätten, dennoch in Berlin entschieden werden. Damit die Gruppe als solche in Berlin bleiben könne.
Nach Möglichkeit, hieß es.
Und natürlich nur: wenn das Gesetz es erlaubt.
Das eherne[1].
Das Gesetz erlaubt es dann aber leider doch nicht. Das Gesetz erhebt sich, zwei Tage vor Weihnachten, mit knirschenden Knochen. Richard liest in der Zeitung: Anfang des Jahres sollen die ersten Männer, die asylrechtlich nach Magdeburg oder in ein Containerwohnheim am Rande von Hamburg oder in ein bayrisches Bergdorf gehören, dorthin zurückkehren.
Selbst Richard, der erst seit wenigen Wochen mit diesem Gesetz bekannt ist, weiß, was das bedeutet. Es bedeutet, dass der oder jener der Männer nach Magdeburg, Hamburg oder in das bayrische Bergdorf zurückkehren soll, um dann kurz darauf dort zu erfahren, dass er, weil über Italien eingereist, nur in Italien leben und arbeiten darf. Zwei oder drei Monate höchstens, so schätzt Richard, bis die Fingerabdrücke von Amsel, Drossel, Fink oder Star gefunden und analysiert sind. Noch zwei oder drei Monate lang dürfte so einer in Magdeburg oder im bayrischen Bergdorf oder im Containerwohnheim am Rande von Hamburg als Einzelner ein legaler Asylbewerber sein, mit einem Salär von 300 Euro pro Monat, müsste dann aber für immer und unumkehrbar nach Italien zurück.
Die Buben und Mädels einsammeln und ab dahin, woher sie gekommen sind, schreibt in den Internetforen der Volksmund.
Macht es denn wirklich einen so großen Unterschied, ob einer der Flüchtlinge diese zwei oder drei Monate, in denen sein Fall – der eigentlich ja gar kein Fall, sondern ein Leben ist – untersucht wird, fern von seinen Freunden irgendwo in einem Heim verbringt oder hier in Berlin mit den andern?
Anscheinend.
Denn diese Kerle, diese übergeschnappten Neger sagen, sie würden das Geld nicht nehmen als Preis für die Übersiedlung in eine andere Stadt, würden dankend verzichten auf zwei- oder dreimal 300 Euro. Wollen das Geld einfach so in den Wind schreiben, die haben's wohl dicke, Drogenhändler sind das doch alle, afrikanische Mafia.
Anscheinend macht es tatsächlich einen Unterschied, ob die Gruppe zusammen bleibt, hier in Berlin, oder ob sie nach der ersten Zerteilung in die drei großen Gruppen nun allmählich immer weiter zerteilt wird. Denn warum sonst wäre das eherne Gesetz aus seinem Schlaf geweckt worden von den Ämtern?
Anscheinend macht es einen Unterschied.
[...] Die Männer sagen tatsächlich, sie blieben lieber ohne das Geld und, wenn es sein muss, auch illegal, in Berlin. Aber als Gruppe.
Kriminelle, Rechtsbrecher, schreibt die Nation in den Internetforen. [...]
Querulanten, die sich zusammengerottet haben, nur um Ärger zu machen, sagt die Politik in Berlin. Die Politik sagt auch: Ausnahmen gibt's nicht. Sagt: Bloß keinen Präzedenzfall – sonst sitzen drei Tage später schon die nächsten 200 Figuren da auf dem Platz.
Alle vier Jahre wird der Bürgermeister gewählt in Berlin.
Aber wir wollen doch hier keine Lösung für uns allein, sagt Raschid, sondern für sämtliche Flüchtlinge in Europa. Deswegen hieß unser Camp auf dem Platz ja *Protestcamp*. Das Gesetz kann so, wie es ist, nicht bleiben.
Aber da reißt nun das Gesetz sein Maul weit, weit auf und lacht, ohne beim Lachen einen Laut von sich zu geben.
Nachdem es lange genug sein unheimliches Lachen gelacht hat, also nach reiflicher Prüfung aller Möglichkeiten, spricht das eherne, deutsche Gesetz:
Der einzige stichhaltige Grund für die Verlegung eines Falles in ein anderes Bundesland, also zum Beispiel Berlin, sei die Zusammenführung einer Familie.
Eine Familie aber hat ja hier leider kein einziger von diesen Männern, du liebes, schönes Gesetz. Nur ein paar Freunde.
Freunde sind aber nun einmal keine Familie, antwortet das Gesetz und beginnt, mit den Zähnen zu mahlen.
Liebes Gesetz, was hast du vor? Was soll werden?
Was schon.
Das Gesetz frisst heute zum Abendbrot Hand, Knie, Nase, Mund, Füße, Augen, Gehirn, Rippen, Herz oder Zähne. Egal.

Erpenbeck, Jenny: Gehen, ging, gegangen. Klett Verlag: Stuttgart 2017, S. 192 ff.

[1] **ehern** = unbeugsam, unerschütterlich, felsenfest

- *Benennen Sie die Gegenspieler von Richard und seinen Schützlingen und erläutern Sie, woran dies jeweils deutlich wird.*
- *Beziehen Sie die übrige Romanhandlung in Ihre Überlegungen ein und ergänzen Sie die Gruppe der Antagonisten entsprechend. Notieren Sie zudem die Textstellen, welche dies belegen.*

Best.-Nr. 022724

Baustein 3

Die Flüchtlingsproblematik als zentrales Thema des Romans

Dieser Baustein ist der Flüchtlingsproblematik als zentralem Thema des Romans „Gehen, ging, gegangen“ gewidmet. In einem ersten Schritt soll zunächst den im Werk dargestellten menschlichen Grunderfahrungen näher auf den Grund gegangen werden (vgl. Abschnitt 3.1, S. 46 ff.), indem die Leidensgeschichte der Flüchtlinge nachvollzogen wird: Diese beginnt mit der Flucht und/oder Vertreibung aus ihren jeweiligen Herkunftsländern und dem damit verbundenen Verlust der Heimat und endet – zumindest vorläufig – in einem dauerhaften Fremdheitsgefühl.

Letzteres resultiert nicht zuletzt auch aus dem Aufeinandertreffen verschiedener Kulturen in Deutschland (vgl. Abschnitt 3.2, S. 52 ff.) und den verschiedensten Hemmnissen im Alltag (vgl. Abschnitt 3.3, S. 59 ff.), welche ein mögliches Ankommen in einer neuen Heimat bzw. Zur-Ruhe-Kommen der traumatisierten Flüchtlinge verhindert.

3.1 Die Darstellung menschlicher Grunderfahrungen

3.1.1 Krieg, Flucht und Vertreibung

Flucht und Vertreibung zählen zu den menschlichen Grunderfahrungen, die es gibt, seitdem es Menschen gibt,[1] und die infolgedessen auch zu den ältesten Stoffen der Literatur zählen. Häufig tritt das Motiv der Flucht und Vertreibung in Kombination mit dem Leben im Krieg und/oder Exil auf, wie etwa in Homers „Odyssee“, der Lieblingsdichtung Richards, welche er vielfach bemüht, um Analogien auszumachen (vgl. Abschnitt 4.4, S. 82 ff.).

Als **Flüchtlinge** werden dabei Menschen bezeichnet, „die als Folge der Ereignisse [...] gezwungen sind, ihren Wohnsitz mit Rücksicht auf Gefahr für ihr Leben und Freiheit zu verlassen“[2]. In Abgrenzung dazu werden unter **Vertriebenen** Menschen verstanden, welche „mit Gewalt oder sonstigen Zwangsmitteln aus ihrer Heimat entfernt werden, gleichgültig, ob dem eine völkerrechtliche Übereinkunft zugrunde liegt oder nicht“[3]. In der Praxis sind die Grenzen zwischen Flucht und Vertreibung allerdings verwischt. Auch bei den Figuren in Jenny Erpenbecks Roman „Gehen, ging, gegangen“ handelt es sich sowohl um Flüchtlinge als auch um Vertriebene, dennoch wird durchweg von „den Flüchtlingen“ gesprochen.

Die Gründe, weshalb Menschen ihre Heimat verlassen, sind dabei vielfältig: So führen etwa (Bürger-)Kriege, wirtschaftliche Not, fehlende Lebensperspektiven und Verfolgung aufgrund politischer, religiöser oder rassistischer Ansichten zu Fluchtbewegungen, aber auch Missernten, Umweltkatastrophen sowie verheerende Eingriffe in die Natur, wie etwa Flussbegradigungen oder Staudämme.[4]

---

1 Vgl. Neumayer, Ingo: Flüchtlinge. In: Westdeutscher Rundfunk (Hrsg.): Planet Wissen. Köln 2017. Zitiert nach: www.planet-wissen.de/geschichte/menschenrechte/fluechtlinge/index.html (31.12.2017)

2 Delvaux de Fenffe, Gregor: Flucht und Vertreibung. Deutsche Geschichte. In: Westdeutscher Rundfunk (Hrsg.): Planet Wissen. Köln 2017. Zitiert nach: www.planet-wissen.de/geschichte/deutsche_geschichte/flucht_und_vertreibung/index.html (31.12.2017)

3 Ebd.

4 Vgl. Neumayer, Ingo: a. a. O.

Da die westlichen Industrienationen zurzeit die größte Sicherheit und den meisten Wohlstand verheißen, bilden die Staaten der Europäischen Union die bevorzugten Ziele von Millionen Flüchtlingen aus ärmeren und konfliktbeladenen Regionen, vornehmlich aus Afrika und Asien. Um Europa zu erreichen, nehmen die Flüchtlinge große Strapazen und hohe finanzielle Belastungen in Kauf und riskieren auf dem Fluchtweg auch ihr Leben, wie etwa bei der sogenannten Mittelmeerroute – selbst auf die Gefahr hin, dass sie nicht als Asyl suchende Flüchtlinge anerkannt und zurück in ihre Heimat abgeschoben werden.

Im Roman findet sich ein ähnlich breites Spektrum im Hinblick auf die Gründe für das Verlassen der Heimat und die jeweilige Fluchtgeschichte, wobei Karon Anubo als Wirtschaftsflüchtling und der aus Tripolis vertriebene Ghanaer Awad die beiden Pole bilden, die im Folgenden näher untersucht werden sollen.

Als ältester Sohn der Familie ist es Karon Anubos („der Dünne") Pflicht, die Familie zu ernähren (vgl. S. 119 und S. 213). Da er in seiner Heimat in Ghana beruflich keine Perspektive hat (vgl. S. 117 ff. und S. 120 f.), zwingt ihn letztlich die finanzielle Not zur Flucht nach Europa. Mit seinem letzten Geld bezahlt er einen Schlepper für die Überfahrt nach Libyen (vgl. S. 123). Die Bootsfahrt überlebt er nach eigener Aussage nur durch ein „Wunder" (S. 276). Auf Umwegen gelangt Karon schließlich nach Deutschland (vgl. S. 123 f.).

Da Karon jeden Monat nahezu alles, was er an staatlichen Zuwendungen erhält, zu seiner Familie nach Ghana schickt (vgl. S. 213), ist seine Verzweiflung angesichts der drohenden Abschiebung aus Deutschland entsprechend groß: „Wo soll ich in Italien eine Arbeit finden? Wie soll ich meine Mutter und meine Geschwister ernähren?" (S. 214) Und obwohl Richard um eine Problemlösung bemüht ist, indem er ernsthaft erwägt, ein Grundstück in Ghana für Karons Familie zu kaufen, bleibt der Wirtschaftsflüchtling still und ernst, sodass Richard erkennen muss, dass „Karons Sorgen ihn schon so aufgefressen haben, dass er sogar Angst davor hat, zu hoffen" (S. 217).

Im Gegensatz zu Karon, der aus wirtschaftlichen Gründen aus Afrika flüchtet, wird Awad („Tristan") aus seiner neu gewonnenen Heimat in Libyen vertrieben: Da seine Mutter bereits bei seiner Geburt stirbt, wächst der Ghanaer Awad zunächst bei seiner Großmutter auf (vgl. S. 65). Im Alter von 7 Jahren holt ihn sein Vater „zu sich nach Libyen" (S. 65), wo dieser „in Tripoli als Fahrer für eine Ölcompany" (S. 65) arbeitet.

Auch Awad schlägt in diesem Land Wurzeln (vgl. S. 65 f. und S. 68). Er geht zur Schule, findet Freunde, arbeitet später als Automechaniker und hat laut eigener Aussage „ein gutes Leben" (S. 66), bis er plötzlich „[a]n diesem Tag [...] den Krieg" (S. 67) sehen muss, der einen radikalen Schnitt in seinem Leben darstellt und dieses in seinen Grundfesten erschüttert.

Sein Vater wird von Gaddafi-Soldaten oder Rebellen getötet (vgl. S. 68), ihm wird sein gesamter Besitz, „Geld, Uhren, Telefone, sogar die Socken" (S. 67), abgenommen, er wird geschlagen und schließlich mit vielen anderen gewaltsam „zum Hafen [...] auf ein Boot" (S. 68) getrieben. „Wir wussten nicht, wohin das Boot fährt. [...] Erst später wurde uns klar: nach Italien" (S. 68). Ein Entkommen ist dabei für Awad und seine Leidensgenossen zwecklos, denn „[w]er zurückzuschwimmen versucht, wird erschossen" (S. 68).

Um die Kursteilnehmer an die Fluchtgeschichten der Figuren als Lerngegenstand heranzuführen, wird im ersten Schritt eine in diesem Zusammenhang zentrale Äußerung Richards als Ausgangspunkt genommen, die zunächst als stummer Impuls an die Tafel geschrieben wird:

> „Es ist noch gar nicht so lange her, denkt Richard, da war die Geschichte der Auswanderung und der Suche nach Glück eine deutsche Geschichte." (S. 189)

Mithilfe der folgenden Leitfragen kann die Bedeutung dieser sprachlichen Äußerung im Unterrichtsgespräch herausgearbeitet werden:

- *Auf welche Ereignisse in der jüngeren deutschen Geschichte spielt Richard mit dieser Äußerung an?*
  Worin besteht der Unterschied zwischen Flucht und Vertreibung?

Die Schülerinnen und Schüler sollen dabei herausarbeiten, dass Richard hier im Wesentlichen auf folgende zwei Ereignisse anspielt:

- ab 12. Januar 1945
  Vertreibung der Deutschen aus Pommern, Schlesien, Ostpreußen und dem Sudetenland durch die Siegermächte
- ab 1950er-Jahre
  Flucht aus der DDR

Im Anschluss hieran wird der etwa 4,5-minütige dokumentarische Beitrag „Flucht und Vertreibung“ aus der ZDF-Reihe „Momente der Geschichte“ gezeigt, der im Internet unter folgenden Links abrufbar ist:

https://momentedergeschichte.zdf.de/clip/831 **oder** www.focus.de/wissen/videos/1945-flucht-und-vertreibung_id_5294505.html (06.03.2018)

Die hier thematisierte Flucht und Vertreibung aus dem besiegten und von den Siegermächten aufgeteilten Deutschen Reich – konkret aus Pommern, Schlesien, Ostpreußen und dem Sudetenland – spiegelt zugleich Richards Kindheitserfahrungen wider:

„Er selbst war bei der Übersiedlung seiner Familie von Schlesien nach Deutschland noch ein Säugling gewesen und wäre im Tumult der Abreise beinahe von seiner Mutter getrennt worden, hätte ihn nicht auf dem überfüllten Bahnsteig ein russischer Soldat seiner Mutter über die Köpfe vieler anderer Aussiedler hinweg noch ins Zugabteil hineingereicht. Diese Geschichte war ihm von seiner Mutter so oft erzählt worden, dass er sie beinahe für seine eigene Erinnerung hielt. *Kriegswirren* hatte sie das genannt.“ (S. 22)

Unter ähnlich dramatischen Umständen gelingt auch die Aussiedlung der Familie seiner verstorbenen Frau (vgl. S. 22 f.), weshalb „Richard sich mit seiner Frau immer einig gewesen“ (S. 23) ist, dass das „Unverwirrte […] nicht selbstverständlich“ (S. 23) sei.

- *Schauen Sie sich das Video zum Thema „Flucht und Vertreibung nach Ende des Zweiten Weltkrieges“ an und beantworten Sie folgende Fragen stichwortartig:*
  - *Wie erleben und empfinden die Betroffenen ihre Flucht bzw. Vertreibung?*
  - *Welche Gründe werden hier deutlich, dass Menschen ihre Heimat verlassen (müssen)?*
  - *Welche Hoffnungen hegen die Geflüchteten bzw. Vertriebenen?*

Im <u>zweiten Schritt</u> sollen die bisherigen Erkenntnisse auf den Roman übertragen werden. Mithilfe der folgenden Arbeitsaufträge, die wahlweise in Partner- oder Gruppenarbeit ausgeführt werden sollten, können die Schülerinnen und Schülern an die Erarbeitung dieses Untersuchungsaspektes herangeführt werden:

- *Ordnen Sie die Kindheitserfahrungen von Richard und seiner verstorbenen Frau (vgl. S. 22 f.) in den historischen Kontext ein.*

- *Beschreiben Sie die Flüchtlingsgeschichten von Karon Anubo (vgl. S. 117–123 und S. 213–217) und Awad (vgl. S. 64–69).*

Die Ergebnisse dieser Textanalyse können in sprachlich reduzierter Form an der Tafel festgehalten werden:

Darstellung menschlicher Grunderfahrungen in der Literatur (1): Flucht und Vertreibung

Flucht und Vertreibung nach 1945

- *Richard und seine verstorbene Frau*
  - Siegermächte teilen das Territorium des unterlegenen Deutschen Reiches auf („Kriegswirren", S. 22).
  - Sowjetunion beansprucht Pommern, Schlesien, Ostpreußen und das Sudetenland.
  - Familien von Richard und seiner verstorbenen Frau werden von der Roten Armee aus ihrer Heimat verjagt (vgl. S. 22f.).

→ **Vertriebene**

Flucht und Vertreibung heute

- *Karon Anubo („der Dünne")*
  - Finanzielle Not zwingt ihn dazu, seine Heimat zu verlassen (vgl. S. 117ff. und S. 120f.).
  - bezahlt mit seinem letzten Geld einen Schlepper (vgl. S. 123)
  - überlebt die Überfahrt im Boot nur durch ein „Wunder" (S. 276)
  - schickt jeden Monat nahezu alles, was er an staatlichen Zuwendungen erhält, an seine Familie nach Ghana (vgl. S. 213)

→ **Wirtschaftsflüchtling**

- *Awad („Tristan")*
  - Gaddafi-Soldaten oder Rebellen töten seinen Vater (vgl. S. 66).
  - wird überfallen, sein gesamter Besitz wird ihm abgenommen (vgl. S. 67)
  - wird gewaltsam auf ein Boot getrieben, das nach Italien fährt (vgl. S. 68)

→ **Vertriebener**

Im abschließenden Unterrichtsgespräch sollte folgende Leitfrage diskutiert werden:

- *Welche (weiteren) Gründe können dazu führen, dass Menschen ihre Heimat verlassen bzw. verlassen müssen?*

Auch diese Ergebnisse können bei Bedarf in ein kurzes Tafelbild münden:

Gründe für den Verlust der Heimat

- (Bürger-)Krieg
- wirtschaftliche Not (z. B. Missernte, Ausbeutung der Arbeitskraft)
- fehlende Lebensperspektive
- Verfolgung aufgrund politischer, religiöser und/oder rassistischer Ansichten
- Umweltkatastrophen
- verheerende Eingriffe des Menschen in die Natur (z. B. Flussbegradigung, Staudamm)

3.1.2 Ferne und Fremdheit

Unabhängig davon, ob das menschliche Individuum flüchtet oder (gewaltsam) vertrieben wird, stellt der Verlust der Heimat für die Exilierten eine tief greifende Krisen- und Brucherfahrung dar,[1] welche in vielen Fällen mit einem Identitätsverlust einhergeht.

In Erpenbecks Roman „Gehen, ging, gegangen" wird diese (Selbst-)Entfremdung am eindringlichsten durch die Figur Awad („Tristan") veranschaulicht: „Der Krieg zerstört alles, sagt Awad: die Familie, die Freunde, den Ort, an dem man gelebt hat, die Arbeit, den Alltag. Wenn man ein Fremder wird, sagt Awad, hat man keine Wahl mehr. Man weiß nicht, wohin. Man weiß nichts mehr. Ich kann mich selbst nicht mehr sehen, das Kind, das ich war. Ich habe kein Bild mehr von mir. [...] Und ich – ich weiß nicht mehr, wer ich bin. Ein Fremder werden. Sich selbst und den andern. So also sah ein Übergang aus." (S. 69)

Vor der Vertreibung aus seiner Heimat in Libyen, als die Welt für Awad noch in Ordnung ist, hat er gewusst, wer er ist, denn „[m]ein Vater sagte mir, wer ich bin" (S. 66). Nach dieser traumatischen Erfahrung hingegen muss Awad für sich feststellen: „I don't know where my mind is." (S. 70)

Aber nicht nur Awad als Vertreter der Gruppe der afrikanischen Flüchtlinge, sondern auch Richard als Spiegelfigur (vgl. Abschnitt 2.1.1, S. 31 ff.) durchlebt „entmutigende Fremdheitserfahrungen"[2]. Als ehemaliger DDR-Bürger fühlt er sich nach dem Mauerfall im wiedervereinigten Berlin nach wie vor fremd (vgl. S. 31 und S. 35). Diese Fremdheit, welche zu Beginn des Romans durch den Eintritt in eine neue Lebensphase als Pensionär noch zusätzlich verstärkt wird (vgl. S. 8ff.), ist dabei zugleich Bindeglied und Anknüpfungspunkt für seine Gespräche mit den Flüchtlingen.

Hinzu kommen weitere Flucht- und Fremdheitserfahrungen aus frühester Kindheit, die aus der Vertreibung seiner Familie aus Schlesien (vgl. Abschnitt 3.1.1, S. 46ff.), noch dazu unter dramatischen Umständen, resultieren:

„Er selbst war bei der Übersiedlung seiner Familie von Schlesien nach Deutschland noch ein Säugling gewesen und wäre im Tumult der Abreise beinahe von seiner Mutter getrennt worden, hätte ihn nicht auf dem überfüllten Bahnsteig ein russischer Soldat seiner Mutter über die Köpfe vieler anderer Aussiedler hinweg noch ins Zugabteil hineingereicht. Diese Geschichte war ihm von seiner Mutter so oft erzählt worden, dass er sie beinahe für seine eigene Erinnerung hielt. *Kriegswirren* hatte sie das genannt." (S. 22)

Dieses Wissen um die Ereignisse, die Richard „beinahe für seine eigene Erinnerung hielt" (S. 22), hat ihn im Laufe seines Lebens geprägt und zur Bildung seiner Identität beigetragen. Denn analog zum sogenannten kulturellen Gedächtnis, welches identitätsbildend für ein Volk oder eine Nation ist[3] (vgl. Abschnitt 3.2, S. 52ff.), ist das persönliche Gedächtnis identitätsbildend für das menschliche Individuum und beeinflusst dessen spätere Handlungen.

Infolge der mittelbar erlebten Vertreibung aus der schlesischen Heimat ist in Richards Wesen ein Gefühl der Fremdheit angelegt, welches mit einer gewissen Gleichgültigkeit einhergeht. So bedeutet ihm die Wiedervereinigung nichts (vgl. S. 39), vor dem zusammengeführten Berlin hat er sogar Angst (vgl. S. 35). Im Gegensatz dazu fühlt er sich jedoch mit seiner Frau aufgrund vergleichbarer Kindheitserfahrungen (vgl. S. 22f.) „einig" (S. 22) – bei allen sonstigen Differenzen, wie etwa dem Thema „Kinder" (vgl. S. 296).

---

1 Vgl. Pethes, Nicolas: Kulturwissenschaftliche Gedächtnistheorien zur Einführung. Junius Verlag: Hamburg 2008, S. 10

2 Erpenbeck, Jenny. Zitiert nach: Frey, Thomas: a. a. O.

3 Vgl. Pethes, Nicolas: a. a. O., S. 64

Die Gespräche mit den Flüchtlingen helfen Richard dabei, die eigene Situation kritisch zu reflektieren und die Ursache seines Gefühls von Fremdheit zu erkennen: Mit den Worten „wenn jemand irgendwo ankommen wolle, dürfe er nichts verbergen“ (S. 63), begründet Awad seine Bereitschaft, Richard seine Fluchtgeschichte zu erzählen. In diesem Augenblick begreift Richard seine eigene innere Misere: „Er denkt auch daran, wie er seine Geliebte vor seiner Frau verborgen hat, und den Alltag, den er mit seiner Frau hatte, gleichzeitig vor seiner Geliebten. Ist er denn niemals in seinem Leben angekommen?“ (S. 63) Richards Heimlichtuerei seinen (idealerweise) engsten Vertrauenspersonen gegenüber ist dabei Folge und Ausdruck seiner empfundenen Heimatlosigkeit bzw. Fremdheit zugleich.

Dieses Gefühl wiederum verbindet ihn mit den Flüchtlingen, die nach vielen Irrwegen mehr oder weniger zufällig in Deutschland gestrandet sind und hier aus vielerlei Gründen keine Heimat finden. Auch die jungen Afrikaner erleiden hinsichtlich ihres persönlichen Gedächtnisses einen Verlust. Dies wird vor allem durch das gezielte Zerstören persönlicher Gegenstände der Flüchtlinge versinnbildlicht, denn die Folgen des Überfalls, bei dem die Rebellen SIM- und Speicherkarte aus seinem Mobiltelefon entfernen und entzweibrechen, bringt Awad wie folgt auf den Punkt: „Broke the memory, sagt Awad. Das Gedächtnis zerbrochen.“ (S. 68)

„Nothing has really happened until it has been recorded“[1], schreibt die in Erpenbecks Roman an anderer Stelle erwähnte britische Schriftstellerin Virginia Woolf. Das mithilfe eines Speichermediums Aufgezeichnete fixiert das Geschehene und trägt auf diese Weise zur Bildung des persönlichen Gedächtnisses und somit der eigenen Identität bei.[2] Umgekehrt gilt ebenfalls, dass Awads Verlust des Mobiltelefons mit dem Verlust der eigenen Identität einhergeht, welchen er in seiner Reflexion sogar selbst spürt (vgl. S. 69 f.).

Um die Schülerinnen und Schüler an diesen komplexen Lerngegenstand heranzuführen, erhalten Sie das **Arbeitsblatt 7** (S. 64 ff.) mit einem Einführungstext zur kulturwissenschaftlichen Gedächtnistheorie, der die Kursteilnehmer für die identitätsbildende Funktion der eigenen Erinnerungen sensibilisieren soll. Die hier formulierten Arbeitsaufträge können wahlweise in Partner- oder Gruppenarbeit bearbeitet werden, wobei es sinnvoll erscheint, dass zunächst lediglich die erste Aufgabe bearbeitet wird, welche der Erschließung des Sachtextes dient:

- *Fassen Sie die kulturelle Gedächtnistheorie stichwortartig in nachstehender Tabelle zusammen, indem Sie ...*
  - *zwischen persönlichem und kulturellem Gedächtnis unterscheiden,*
  - *die jeweiligen Merkmale notieren und*
  - *Bezüge zu den Begriffen „Identität“ und „Kultur“ herstellen.*
- *Wenden Sie den Begriff des persönlichen Gedächtnisses auf den Roman an, indem Sie am Beispiel der Figuren Awad (vgl. S. 68 – 70) und Richard (vgl. S. 35, S. 39 und S. 63) erläutern, wie sich der Verlust der Heimat auf deren Identität auswirkt.*

Die Ergebnisse dieser Textanalyse können zu folgendem Tafelbild (s. S. 52) zusammengefasst werden:

[1] Woolf, Virginia. Zitiert nach: zitate.at GmbH: Zitate von Virginia Woolf. Bad Vöslau o. J. URL: www.zitate.eu/author/woolf-virginia/zitate?page=2 (Abrufdatum: 31.01.2018), S. 2

[2] Vgl. Pethes, Nicolas: a. a. O., S. 10

Darstellung menschlicher Grunderfahrungen in der Literatur (2): Ferne und Fremdheit

Gedächtnistheorie

- Verlust der Heimat stellt für die Exilierten eine tief greifende Krisen- und Brucherfahrung dar (vgl. Z. 115 f.).
- Bildung eines persönlichen Gedächtnisses und somit der eigenen Identität durch Aufzeichnung des Geschehenen (vgl. Z. 36 ff.)

  → Speichermedium

Roman „Gehen, ging, gegangen"

Awad (stellvertretend für die Gruppe der Flüchtlinge)

- (Selbst-)Entfremdung in der Ferne: „[I]ch weiß nicht mehr, wer ich bin. [...] I don't know where my mind is." (S. 69 f.)
- Identitätsverlust durch Zerstörung des Speichermediums: „Broke the memory [...]. Das Gedächtnis zerbrochen." (S. 68)

Richard

- Fremdheit ist bereits als Wesenszug in ihm angelegt.
- Wiedervereinigung bedeutet ihm nichts (vgl. S. 39).
- Großes Berlin macht ihm Angst (vgl. S. 35).
- Gefühl wird durch neue Lebensphase als Pensionär noch verstärkt (vgl. S. 8 ff.).
- Heimlichtuerei gegenüber der Frau und der Geliebten (vgl. S. 63) als Folge und Ausdruck seiner empfundenen Heimatlosigkeit bzw. Fremdheit

Verlust des persönlichen Gedächtnisses

=

Verlust der Identität

3.2 Kultur, Cultur oder Culture? – Das Aufeinandertreffen verschiedener Kulturen

Neben der gängigen Schreibweise des Wortes „Kultur" werden im Roman „Gehen, ging, gegangen" zwei weitere Formen verwendet, die zum einen zeitliche Bezüge zu längst Vergangenem herstellen, zum anderen aber auch buchstäblich die unterschiedlichen Kulturen verkörpern, welche im Verlauf der Handlung aufeinandertreffen (vgl. Abschnitt 3.2.2, S. 55 ff.).

Als Hinführung zu diesem Lernabschnitt sollten die Schülerinnen und Schüler zunächst zu ihrem eigenen Verständnis des Begriffes „Kultur" befragt werden. Mit folgenden Leitfragen kann die Diskussion initiiert werden:

- *Was verstehen Sie unter dem Begriff „Kultur eines Volkes"?*
  Worin äußert sich diese?
  Was zeichnet aus Ihrer Sicht die Kultur des Deutschen aus?
  Wie entsteht eine Kultur?

Die letzte Leitfrage bildet dabei zugleich die Überleitung zum ersten Erarbeitungsschritt.

3.2.1 Das Volk der Tuareg – Entstehen einer Kultur

Durch die Vermittlung von Geschehenem mithilfe von Literatur, Bräuchen, Denkmälern usw. generiert sich ein kulturelles Gedächtnis, welches Generationen überdauert und die Traditionen und die Identität eines Volkes formt. Es umfasst somit „all diejenigen Bezüge einer Gemeinschaft auf die Vergangenheit, die sich diese Gemeinschaft in personenunabhängiger Form zur Verfügung hält“[1].

In Erpenbecks Roman „Gehen, ging, gegangen“ wird am Beispiel des Kulturvolkes der Tuareg aufgezeigt, wie ein kulturelles Gedächtnis entsteht und über viele Generationen hinweg aufrechterhalten wird:

So sind es hier vornehmlich die Bräuche (z. B. Kleidung) und alltäglichen Lebensweisen (z. B. Nomadentum), welche durch mündliche Überlieferung an die nachfolgenden Generationen weitergegeben werden: „Abends werden die Geschichten erzählt“ (S. 160), sodass die Tuareg ihren Weg durch die Wüste „durch ihre Erinnerung“ (S. 160) erkennen. Ihr kulturelles Gedächtnis hilft ihnen folglich dabei, sich ohne technische Hilfsmittel und lediglich „an den Sternen“ (S. 160) zu orientieren, da „die Männer wissen, was auf dem Weg passiert ist“ (S. 160).

Für Richard, der einen gänzlich anderen kulturellen Hintergrund hat und dem es bereits Probleme bereitet, sich in seiner Heimatstadt Berlin zurechtzufinden (vgl. S. 35), ist dies unbegreiflich, aber „noch nie ist ihm der Zusammenhang zwischen Raum, Zeit und Dichtung so klar gewesen wie in diesem Moment. [...] Ohne Erinnerung war der Mensch nur ein Stück Fleisch auf einem Planeten“ (S. 160 f.).

Während in diesem neuerlichen Gespräch mit Apoll die Relevanz des kulturellen Gedächtnisses für die Identitätsbildung eines Volkes bzw. einer Nation deutlich wird, muten die ersten Seiten des 29. Kapitels (S. 149 – 154) wie Lexikoneinträge an, die Aufschluss über die Entstehung der Tuareg als Kulturvolk geben:

So stößt Richard bei seiner Lektüre des griechischen Geschichtsschreibers Herodot[2] auf das Volk der Garamanten, Vorfahren der Tuareg. Er erfährt, dass die Garamanten „[a]us dem heutigen Syrien, vielleicht sogar aus dem Kaukasus, [...] vor über 3000 Jahren über Ägypten nach Nordafrika gekommen“ (S. 150) sind, „das in der Antike im ganzen Libyen hieß, also auch das heutige Tunesien und Algerien umfasste“ (S. 150). Von Nordafrika aus sind die Garamanten „im Laufe der Zeiten dann weiter west- und südwärts gezogen: bis nach Timbuktu [Mali], Agadez [Niger] und Ouagadougou [Burkina Faso]“ (S. 150). Die hier in aller Kürze skizzierte Völkerwanderung über viele Hundert Jahre hinweg belegt, dass das Nomadentum als grundlegende Gesellschaftsform ein zentrales identitätsbildendes Kulturelement der Tuareg darstellt.

In Fortsetzung der Tradition ihrer Vorfahren gehören „den Frauen der Tuareg auch heute noch die Viehherden und die Zelte“ (S. 151). Sie suchen sich ihre Männer selbst aus und lassen sich scheiden, „wie es ihnen beliebt“ (S. 151). Im Gegensatz zu den Männern, die um Kopf und Gesicht gewickelte Baumwollschleier tragen, gehen die Frauen unverschleiert. Die Frauen begründen zudem die Erbfolge (vgl. S. 151) und sind selbst „heute noch berühmt [...] für ihre Dichtkunst und ihre Lieder“ (S. 151 f.), weshalb auch sie es sind, „die ihre Kinder die Schrift lehren, und zwar dieselbe Schrift, die schon Herodot mit eigenen Augen gesehen hat“ (S. 152). Das hieran deutlich werdende Matriarchat ist demzufolge ein wesentliches Element des Lebens der Tuareg.

---

1 Pethes, Nicolas: a. a. O., S. 64

2 Herodot von Halikarnassos (490/480 v. Chr. – ca. 424 v. Chr.) = antiker griechischer Geschichtsschreiber, Geograf und Völkerkundler, der für seine farbenreichen Schilderungen des antiken Griechenland sowie der Welt des 5 Jh. v. Chr. bekannt gewesen ist

Richard „liest und liest“ (S. 154) und arbeitet sich schließlich in die Gegenwart vor. Einschlägigen Internetseiten entnimmt er ungläubig, dass die Tuareg als „Nachfahren der Garamanten [...] im heutigen Libyen als Ausländer angesehen“ (S. 153) werden, weshalb diese „genauso wie alle anderen Ausländer vor zwei Jahren in Boote gesetzt und nach Europa gejagt worden“ (S. 153 f.) sind. Als einstmals stolzes und bedeutendes Kulturvolk bilden die Tuareg somit heute eine verfolgte ethnische Minderheit, für deren nachfolgende Generationen es in dieser Welt keinen Ort bzw. keine Heimat mehr zu geben scheint, der ihrer historischen Bedeutung gerecht wird.

Beschämt muss Richard erkennen, dass sein Fachwissen als Altphilologe bei Weitem nicht ausreicht, um die Zusammenhänge in ihrer Komplexität zu erfassen und entsprechend zu würdigen (vgl. S. 150, S. 152 und S. 154). Er erweist sich als Unwissender und Lernender, der sein bisher als sicher angenommenes Wissen überprüfen und korrigieren muss, „bis er die Dinge wirklich versteht bis auf die Knochen“ (S. 152).

Für diesen Lernabschnitt nehmen die Kursteilnehmer das **Arbeitsblatt 7** (S. 64 ff.) erneut zur Hand, um sich den Begriff des „kulturellen Gedächtnisses“ noch einmal zu vergegenwärtigen und Möglichkeiten aufzuzeigen, dieses aufrechtzuerhalten. Im Anschluss hieran sollen die Lernenden mit den Tuareg die in diesem Roman exemplarisch dargestellte Geschichte und Kultur dieses Nomadenvolkes nachvollziehen. Für die in diesem Zusammenhang erforderlichen Recherchen steht den Schülerinnen und Schülern neben dem Internet das Zusatzmaterial 4 (S. 125 f.) zur Verfügung.

- *Fassen Sie die grundlegenden Elemente, welche die Kultur der Tuareg prägen, mithilfe der S. 149, Z. 19 – S. 154, Z. 10 stichwortartig zusammen.*
- *Recherchieren Sie zudem in den Ihnen verfügbaren Informationsquellen (Internet, Bibliothek usw.) und ergänzen Sie Ihre Übersicht entsprechend.*
- *Lesen Sie den Text von Nicolas Pethes (vgl. Arbeitsblatt 7) erneut und diskutieren Sie mit Ihrem Sitznachbarn bzw. Ihrer Sitznachbarin neben der Schrift als (Speicher-)Medium weitere geeignete Mittel und Wege, um das kulturelle Gedächtnis eines Volkes bzw. einer Nation aufrechtzuerhalten.*
- *Überprüfen Sie im Roman, wie die Tuareg ihr kulturelles Erbe an die nachfolgenden Generationen weitergeben. Notieren Sie entsprechende Textstellen, die Ihre Aussagen belegen.*

Die Ergebnisse dieser Partnerarbeit können an der Tafel wie folgt festgehalten werden:

Das Kulturvolk der Tuareg

grundlegende Kulturelemente der Tuareg

- Nomadentum (vgl. Völkerwanderungen der Vorfahren, S. 150)
- Matriarchat (vgl. S. 151 f.)
  - Viehherden und die Zelte gehören den Frauen.
  - Die Frauen wählen ihren Mann aus und lassen sich wieder scheiden.
  - Sie begründen die Erbfolge.
  - Sie lehren ihre Kinder die Schrift der Tuareg.
- Dichtkunst und Lieder der Frauen (vgl. S. 151 f.)
- Frauen gehen unverschleiert, Männer tragen um Kopf und Gesicht gewickelte Baumwollschleier (vgl. S. 151).

Aufrechterhalten ihres kulturellen Gedächtnisses und Identitätsbildung durch

- mündliche Überlieferungen (vgl. S. 160 f.)
- Bräuche (vgl. S. 151 f.)
- Schrift (vgl. S. 152)

Volk der Tuareg ist heute eine verfolgte ethnische Minderheit (vgl. S. 153 f.).
→ **Bedrohung der eigenen Kultur**

Um das Tafelbild zu vervollständigen (vgl. Fazit) sollte im abschließenden Unterrichtsgespräch folgende Leitfrage diskutiert werden:

- *Welche Gründe werden im Roman angeführt, weshalb die Kultur der Tuareg heutzutage bedroht ist?*

3.2.2 Kulturbegriffe im Roman

Wendland zufolge enthält der Roman mehrere Dimensionen des Kulturbegriffes[1], die im Folgenden näher ausgeführt werden sollen:

1. Kulturbegriff europäischer Kolonialstaaten („Cultur“, S. 159)
2. Afrikanischer Kulturbegriff („culture“, S. 288)
3. Bürokratie als negativer Kulturbegriff („Kultur“, vgl. S. 221)

Z. 1.: Kulturbegriff europäischer Kolonialstaaten („Cultur“, S. 159)

Um sich auf seine zweite Begegnung mit Apoll vorzubereiten, beschäftigt sich Richard intensiv mit der Geschichte der Tuareg und deren Vorfahren. Und während er liest und sich allmählich einarbeitet, „verrückt sich für ihn plötzlich auch der griechische Götterhimmel, der doch eigentlich sein Spezialgebiet ist, und er versteht plötzlich neu“ (S. 150), sodass seine bisherige Sicht von der afrikanischen Welt spürbar ins Wanken gerät. Kurze Zeit später kann er jedoch seinen alten Freunden gegenüber, die „wahrscheinlich nicht einmal wissen, wo genau Niger liegt“ (S. 155), wieder in die Rolle des Wissenden schlüpfen und sie dafür sensibilisieren, dass der französische Staatskonzern Areva das Monopol für den Uranabbau in Niger hat (vgl. S. 155) und rücksichtslos „seinen Müll dorthin kippt, wo die Tuareg bisher ihre Kamelweiden hatten“ (S. 155).

[1] Vgl. Wendland, Hans-Georg (b): a. a. O., S. 3–5

Während der Konzern einen „Gewinn [...] pro Jahr" erzielt, der „zehnmal so hoch wie sämtliche Einnahmen des Staates Niger" (S. 156) ist, wird diesem Kulturvolk die Lebensgrundlage entzogen, denn „das Trinkwasser [ist] inzwischen verseucht, die Kamele sind hin, die Menschen kriegen Krebs, ohne zu wissen, warum" (S. 155).

An diesem von Richard angeführten Beispiel des Areva-Konzerns wird deutlich, dass während der europäischen Kolonialzeit ein Kulturbegriff geprägt worden ist, der bis in die Gegenwart hineinreicht. Was dieses Verständnis von Kultur beinhaltet, ist der Familien-Wochenzeitschrift „Die Gartenlaube" aus dem Jahre 1881 zu entnehmen, aus der eine kurze Textpassage zitiert wird (vgl. S. 158 f.). Demzufolge werde man den Tuareg, die sich gegen den „Plan einer Saharabahn" (S. 158) zur Wehr setzen, mit aller Entschlossenheit entgegentreten: „Sie werden die Cultur aufhalten wollen, aber man wird ihre Angriffe mit wohlgezieltem Pelotonfeuer und Branntwein zurückweisen, bis sie wie die Indianer Amerikas ihr Land den Civilisirten überlassen." (S. 159)

Das zeitgenössische Zitat entlarvt die imperialistische Mentalität heutiger Industriekonzerne, welche die finanzielle Not afrikanischer Entwicklungsländer wie schon in der Vergangenheit zum eigenen Vorteil nutzen, indem sie sich an deren Rohstoffen bereichern und die einheimische Bevölkerung indirekt dazu zwingen, ihre Heimat zu verlassen. Unser kolonialistisch geprägtes Weltbild wird an anderer Stelle regelrecht ad absurdum geführt: „Die Afrikaner müssen ihre Probleme in Afrika lösen, hat Richard in letzter Zeit häufig Leute sagen hören. [...] Die Armutsflüchtlinge und Asylbetrüger nehmen den wirklichen Kriegsflüchtlingen [...] die Plätze in den Asylbewerberheimen weg." (S. 214 f.)

In seiner Funktion als Vordenker und Sprachrohr deckt Richard derartige Widersprüche und Missstände auf, um sie dem Leser zu übermitteln: „Zum ersten Mal kommt ihm der Gedanke, dass die von den Europäern gezogenen Grenzen die Afrikaner eigentlich gar nichts angehen. Kürzlich hat er, als er die Hauptstädte gesucht hat, wieder die schnurgeraden Linien im Atlas gesehen, aber erst jetzt wird ihm klar, welche Willkür da sichtbar wird an so einer Linie." (S. 57)

In diesem Zusammenhang erinnert sich Richard an den Begriff „bürokratische Geometrie", den er nur wenige Tage zuvor „in dem Buch eines Historikers über die Auswirkungen des Kolonialismus gelesen" (S. 55) hat und der in die gleiche Richtung zielt: „Die Kolonisierten wurden durch Bürokratie erstickt. Gar nicht der ungeschickteste Weg, sie am politischen Handeln zu hindern." (S. 55)

Z. 2.: Afrikanischer Kulturbegriff („culture", S. 288)

Die Unvereinbarkeit des imperialistisch ausgerichteten Kulturbegriffs europäischer Kolonialstaaten mit dem afrikanischen Kulturbegriff ist zumindest indirekt zwar bereits an der Lebensweise der Tuareg näher aufgezeigt worden (vgl. Abschnitt 3.2.1, S. 53 ff.), sie wird jedoch auch an den Äußerungen der anderen Flüchtlingsfiguren sichtbar, die im Weiteren knapp zusammengefasst werden:

Für Awad aus Ghana ist die besondere Beziehung zwischen Vater und Sohn prägend für sein ganzes späteres Leben: „Mein Vater sagte mir, wer ich bin" (S. 66). Durch den Tod seines Vaters verliert er seine Identität bzw. sein persönliches Gedächtnis: „Und ich – ich weiß nicht mehr, wer ich bin." (S. 69) Diesen Identitätsverlust unterstreicht er kurz darauf erneut: „I don't know where my mind ist." (S. 70)

Für Raschid aus Nigeria hingegen liegt das „Paradies [...] unter den Füßen der Mutter" (S. 98). Ähnlich wie bei den Germanen vor 2000 Jahren (vgl. S. 264) beschreibt er Richard auch die in seiner Heimat gelebte Gastfreundschaft, mit der ein Fremder im eigenen Haus empfangen und versorgt wird, wenn nach Ende des Monats Ramadan die Nachbarn eingeladen werden, um gemeinsam das „Eid Mubarak"-Fest zu feiern (vgl. S. 91 f.). Dieser Brauch ist zudem in den fünf Säulen des Islam verankert, indem der Gläubige durch das dritte Gebot dazu aufgerufen wird, den eigenen Besitz mit den Armen zu teilen (vgl. S. 92).

Für Karon aus Ghana besteht „Kultur" darin, dass der älteste Sohn nach dem Tod des Vaters für die Familie sorgen muss (vgl. S. 213). Dies gehört für ihn zum „gute[n] Benehmen" (S. 288), was er hier in Deutschland vermisst, weshalb er überzeugt ist, „dass die Leute, die hier [in Berlin] aufwachsen, bald nicht mehr wissen, was culture ist" (S. 288).

Allen Äußerungen der Flüchtlinge ist zu entnehmen, dass der Familie in der afrikanischen Kultur eine hohe Bedeutung beigemessen wird. Als kinderloser Witwer, der auch von seiner Geliebten verlassen worden ist und nun im Alter allein dasteht, erscheinen ihm diese Dinge fremd und ungewohnt. Sie fordern ihn jedoch zum Um- bzw. „Nachdenken darüber [auf], was in einem Menschenleben das wirklich Wichtige ist"[1], nämlich der Zusammenhalt innerhalb der (Familien-)Gemeinschaft – jenseits des Materiellen –, der auch bei dem Kulturvolk der Tuareg deutlich wird, wenn diese ohne Orientierungshilfen gemeinsam ihren Weg durch die Wüste finden und sich den Elementargewalten stellen (vgl. S. 160f.).

Z. 3.: Bürokratie als negativer Kulturbegriff („Kultur", vgl. S. 221)

In etlichen Textpassagen des Romans wird die deutsche Bürokratie thematisiert, die in diesem konkreten Fall auf der „Dublin II"-Verordnung gründet und durch die das sogenannte Verursacherprinzip zum System erhoben wird: Dieser Verordnung zufolge ist innerhalb der EU immer jeweils derjenige Staat für das Asylverfahren zuständig, in dem ein Schutzsuchender „zum ersten Mal europäischen Boden betreten" (S. 73) hat. Bei seinem „Studium der *Dublin II*" (S. 73) ist somit Richard unangenehm überrascht, feststellen zu müssen, dass es „in dieser Verordnung gar nicht darum [geht] zu klären, ob diese Männer Kriegsopfer sind" (S. 73), sondern vielmehr um die (verursachungs-)gerechte Verteilung der durch Zuwanderung anfallenden administrativen Aufgaben unter den Ländern.

Am Beispiel der jungen afrikanischen Männer wird im Roman veranschaulicht, dass bei korrekter bzw. strikter Umsetzung der „Dublin II"-Verordnung die Gefahr besteht, dass die Asylbewerber, metaphorisch gesprochen, zu „refugees in orbit"[2] werden, die zwischen den Mitgliedstaaten der EU hin- und hergeschickt werden, wodurch die scheinbar nicht enden wollende „Flucht nach und durch Europa [...] für Tausende Schutzsuchende [in] eine jahrelange Odyssee [ausartet], die für sie mit unendlich viel Leid verbunden ist"[3].

So gelangt beispielsweise auch Karon Anubo erst nach vielen Umwegen und erlittenen widrigen Lebensbedingungen nach Deutschland (vgl. S. 123f.). Osarobo hingegen muss nach Mailand fahren, um seine „italienische Aufenthaltserlaubnis" (S. 210) zu verlängern, denn „ohne *permesso* gibt's auch keine Krankenversicherung" (S. 210). Da er „zusammengerechnet 680 Euro für die zwei Fahrten, die Adresse und die Gebühren" (S. 210) aufwenden muss, was eindeutig mehr ist, als er „hier für zwei Monate zum Leben bekommt" (S. 210), ist er in dieser Zeit gezwungen, zu hungern.

Neben solch menschenunwürdigen Lebensbedingungen, welche die Flüchtlinge im EU-Raum vorfinden, sehen sich die Betroffenen zudem mit diversen, mit geradezu menschenfeindlicher Präzision funktionierenden Kontroll- und Überwachungssystemen und Formen von bürokratischem Formalismus konfrontiert, die Richard mit scheinbar stoischer Gelassenheit über sich ergehen lässt, bei den jungen Männern jedoch eine große Bandbreite phy-

---

1 Erpenbeck, Jenny. Zitiert nach: Frey, Thomas: a. a. O.

2 Legal Tribune Online: Keine „refugees in orbit". OVG Münster zur Dublin-Verordnung. Köln 2015. Zitiert nach: www.lto.de/recht/nachrichten/n/ovg-muenster-urteil-13a2159-14a-13a800-15a-asylantrag-deutschland-einreise-eu-ausland-dublin-verordnung/ (01.02.2018)

3 Pro Asyl e. V.: Kampagnenstart: Wir treten ein! Für Flüchtlingsschutz – Gegen Dublin III. Frankfurt am Main 2015. Zitiert nach: www.proasyl.de/pressemitteilung/kampagnenstart-wir-treten-ein-fuer-fluechtlingsschutz-gegen-dublin-iii/ (10.01.2018)

sischer und psychischer Stressfaktoren auslösen. Symptomatisch für diese negative Begleiterscheinung der Bürokratie ist der introvertierte Rufu, der die ständige Ungewissheit, ob er in Deutschland bleiben darf oder nicht, schließlich nicht mehr erträgt, eingewiesen wird und folglich „das Weihnachtsfest auf der geschlossenen psychiatrischen Station eines Berliner Krankenhauses“ (S. 248) verbringen muss.

Schon bei seinem ersten Besuch in der Flüchtlingsunterkunft, eine ausrangierte Seniorenresidenz, bekommt Richard eine Kostprobe von dem Kontroll- und Überwachungsapparat: „Das rote Ziegelgebäude [...] ist abgesperrt. Von innen. Ein blau Uniformierter schließt [...] die Tür auf, ein zweiter Uniformierter sitzt im Vorraum hinter einem alten Bürotisch.“ (S. 50) Der Sicherheitsdienst kontrolliert Richards Ausweis, vordergründig aus Brandschutzgründen (vgl. S. 50), weshalb er sich in das „Büro der *Volkssolidarität* oder der *Kreisleitung der Partei*“ (S. 50) zu DDR-Zeiten zurückversetzt fühlt. Anschließend führt der Leiter ihn zu den Flüchtlingen (vgl. S. 51).

Da sich dieser Ablauf stereotyp bei seinen weiteren Besuchen wiederholt, fragt Richard sich schon bald, ob der Berliner Senat durch solche Unterbringungs- und Überwachungsmethoden tatsächlich die Flüchtlinge schützen oder sich nicht vielmehr selbst in Sicherheit wähnen will (vgl. S. 55). Das ganze Verfahren erscheint ihm zunehmend als eine „Maske“ (S. 56), hinter der etwas Tieferes steckt: „Wer spielte hier wem etwas vor?“ (S. 56)

Nach und nach kommt Richard der Sache auf die Spur und er beginnt zu verstehen: „Mit *Dublin II* hat sich jedes europäische Land, das keine Mittelmeerküste besitzt, das Recht erkauft, den Flüchtlingen, die übers Mittelmeer kommen, nicht zuhören zu müssen. Ein sogenannter *Asylbetrüger* wäre also auch jemand, der eine wahre Geschichte dort erzählt, wo man sie nicht anhören muss, geschweige denn darauf reagieren. Und mit dem neuen Fingerabdruck-System werden, so ist zu lesen, Missverständnisse darüber, wer zu der Gruppe, die man anhören muss, und wer zur anderen Gruppe gehört, bald vollkommen ausgeräumt sein.“ (S. 74)

Durch seine intensiven Recherchen entlarvt Richard letztlich die Fragwürdigkeit der im Zusammenhang mit dem Asylrecht geltenden Regeln und gesetzlichen Vorschriften, wenn er darüber nachdenkt, warum „eigentlich [...] den Männern in einem Land, in dem selbst der Anspruch auf einen Himmel im Jenseits von der Arbeit abhängt, das Recht, arbeiten zu gehen, verweigert“ (S. 73) wird, zumal einige afrikanische Männer in ihren Herkunftsländern Berufe erlernt und praktiziert haben (vgl. Abschnitt 2.1.2, S. 34 ff.).

Aufgrund des Umfangs und der Komplexität des Lerngegenstandes bietet sich für die textanalytische Arbeit die Methode des Gruppenpuzzles an, bei der sich die Kursteilnehmer dem Thema in arbeitsteiliger Gruppenarbeit annähern.

Den genauen Ablauf können die Schülerinnen und Schüler dabei dem **Arbeitsblatt 8** (S. 67) entnehmen, wohingegen sie ihre Arbeitsergebnisse im Auswertungsbogen festhalten (vgl. **Arbeitsblatt 9**, S. 68), welcher sinnvollerweise als DIN-A3-Kopie ausgehändigt werden sollte. Darüber hinaus kann die Vorgehensweise auch mithilfe einer Folie visualisiert werden (vgl. **Zusatzmaterial 3**, S. 124). Innerhalb der Expertengruppen sollte zudem ein Abgleich mit den entsprechenden Lösungshinweisen (vgl. **Arbeitsblatt 9**, S. 69) erfolgen, bevor sich die Schülerinnen und Schüler in die Mischgruppen begeben.

■ *Aufgabenstellungen für die Expertengruppen (Phase 1)*

1. *Beschreiben Sie den Kulturbegriff, für den Ihre Gruppe verantwortlich ist, mithilfe der angegebenen Textstellen und deuten Sie diesen im Sinne eines kurzen Fazits.*

2. *Halten Sie Ihre Arbeitsergebnisse auf Ihrem Teil des Auswertungsbogens (s. Anlage) stichwortartig fest.*

3. *Überlegen Sie, wie Sie Ihre Arbeitsergebnisse in den Mischgruppen strukturiert erklären können, sodass alle Kursteilnehmer diese verstehen. Machen Sie sich geeignete Notizen.*

- *Aufgabenstellungen für die Mischgruppen (Phase 2)*
  1. *Tauschen Sie Ihre Ergebnisse aus den verschiedenen Expertengruppen untereinander aus und erläutern Sie diese entsprechend.*
  2. *Vervollständigen Sie den Auswertungsbogen, indem Sie die Ergebnisse der anderen Expertengruppen übernehmen (s. Anlage).*
  3. *Diskutieren Sie mögliche Folgen, die sich beim Aufeinandertreffen verschiedener Kulturen für den weiteren Verlauf der Handlung und/oder die Figuren ergeben.*

Alternativ zur Methode des Gruppenpuzzles können die einzelnen Kulturbegriffe in arbeitsgleicher oder -teiliger Partnerarbeit erarbeitet werden. Die Ergebnisse des **Arbeitsblattes 9** (S. 69) können in diesem Fall auf Wandplakaten oder in sprachlich reduzierter Form an der Tafel festgehalten werden.

Unabhängig davon, welche Vorgehensweise gewählt wird, sollte dieser Untersuchungsaspekt abschließend mithilfe folgender Leitfragen reflektiert und bei Bedarf im Sinne eines Fazits auf dem **Arbeitsblatt 9** (S. 68 f.) bzw. an der Tafel schriftlich fixiert werden:

- *Welche Erkenntnisse soll der Leser dadurch gewinnen, dass im Verlauf der Handlung verschiedene Kulturen aufeinandertreffen?*
- *Wie ist in diesem Zusammenhang das Weihnachtsfest zu deuten, das Richard gemeinsam mit Raschid bei sich zu Hause feiert (vgl. S. 199 ff.)?*

Bedeutung und Intention der unterschiedlichen Kulturauffassungen

Durch das Aufeinandertreffen verschiedener Kulturen im Roman werden dem Leser ...
- die scheinbare Unvereinbarkeit der Kulturen (europäische Kolonialstaaten vs. afrikanische Naturvölker),
- die Fragwürdigkeit von Regeln und Vorschriften und deren strikte Umsetzung (Bürokratie) bewusst.

Richards Weihnachtsfest als Versuch der Harmonisierung bzw. Annäherung
(→ Kulturtransfer)

3.3 Die Probleme der Flüchtlinge im Alltag

Aufgrund ihrer Kriegs- sowie Flucht- und Vertreibungserlebnisse hat ein Großteil der afrikanischen Flüchtlinge nicht nur körperliche, sondern insbesondere auch seelische Wunden erlitten. Awad und Ithemba etwa leiden erkennbar unter einer posttraumatischen Belastungsstörung (PTBS) und bedürfen dringend ärztlicher und psychologischer Betreuung, zumal sie sich hier in Deutschland völlig „außerhalb ihres gewohnten sozialen Umfeldes“ befinden und somit „familiäre Netzwerke fehlen“[1], welche ihnen in dieser schwierigen Phase ihres Lebens den nötigen Halt geben könnten.

Im Verlauf der Handlung wird eine große Bandbreite an Symptomen bei den einzelnen Flüchtlingsfiguren sichtbar. So wird beispielsweise Awad von seinen Erinnerungen heimgesucht, weshalb ihm sein „Kopf [...] beinahe auseinander[fällt] vor Schmerzen“ (S. 140), der ohnehin schwer herzkranke Raschid ist entsprechend dünnhäutig und leicht reizbar (vgl. S. 84 f. und S. 229). Gleiches gilt für den Tellerwäscher Yussuf, den Richard im fortgeschrittenen Sprachunterricht betreut hat und der bei seinem Ausbruch „Ich habe genug“ (S. 225) schreit, sich „wie Rumpelstilzchen um seine eigene Achse“ (S. 225) dreht und sich gebärdet wie „ein Wilder, den man, wenn er sich nicht bald beruhigt, in eine Zwangsjacke stecken [...] und abtransportieren“ (S. 225) wird.

Ithemba wiederum schneidet sich aus Verzweiflung vor seiner Rückführung nach Italien sogar die Pulsadern auf und wird in die Psychiatrie eingeliefert (vgl. S. 279). Und auch dem sehr in sich gekehrten Rufu geht es gesundheitlich schlecht. Er ist während der Weihnachtsfeiertage bereits auf der psychiatrischen Station eines Berliner Krankenhauses behandelt worden (vgl. S. 226) und verweigert seit seiner Entlassung das Essen.

Allerdings erweist sich die Gesundheitsversorgung der schwer traumatisierten Flüchtlinge als katastrophal, wobei dieser Tatbestand einmal mehr das Ergebnis komplizierter Regelungen und Vorschriften im Zusammenhang mit geltendem Asylgesetz ist (vgl. Abschnitt 2.2, S. 40 ff. sowie Abschnitt 3.2.2, S. 55 ff.): Solange die Flüchtlinge nicht in Deutschland arbeiten, ist auch eine Mitgliedschaft in einer Krankenkasse ausgeschlossen.

Mit Erstaunen nimmt Richard zur Kenntnis, dass etwa Rufu und Osarobo aufgrund der Bestimmungen der „Dublin II“-Verordnung über Italien krankenversichert sind und sie sich eine entsprechende italienische Krankenkassenbescheinigung vor Ort besorgen bzw. diese dort erneuern müssen, sofern sie bereits abgelaufen ist (vgl. S. 209 f. und S. 247 f.). „Für eine Behandlung akuter Schmerzen könnte [zwar] das Sozialamt einen Antrag bewilligen, aber dazu müsste der Patient erst einmal einen Antrag stellen und nachweisen, dass ihm etwas wehtut.“ (S. 247) Die paradoxe Gesamtsituation verdichtet sich im weiteren Handlungsverlauf für Richard in der existenziellen kulturellen Frage, ob die deutsche Nation allmählich von einem „Volk der Dichter“ (S. 55) zu einem „Volk der Buchhalter“ (S. 221) verkommen sei (vgl. Abschnitt 3.2.2, S. 55 ff.).

Zu den massiven bürokratischen Hindernissen gesellt sich speziell im Fall von Rufu außerdem menschliches Versagen hinzu, indem die bei ihm auftretenden Symptome in Gestalt starker Kopfschmerzen vorschnell der (bereits diagnostizierten) PTBS zugeschrieben und somit falsch behandelt werden. So wird Rufu nach seiner Entlassung aus der Psychiatrie ein Medikament verschrieben, „an dem er, nach Richards Einschätzung, beinahe gestorben wäre, und nun stellt sich also heraus: Der Grund für dies alles war vielleicht nur das Loch in seinem Zahn“ (S. 248).

All dies sowie die im Folgenden überblicksartig gelisteten Erlebnisse der Flüchtlinge in Deutschland sind unnötige Stressfaktoren, welche die Psyche der Flüchtlinge zusätzlich belasten und den Krankheitsverlauf der PTBS ungünstig beeinflussen können:[2]

- Aufgrund der fehlenden Arbeitserlaubnis ist für die jungen Männer ein geregelter Alltag nicht möglich, vielmehr leben sie weiterhin in einer Art Ausnahmezustand.

---

[1] Caritas in Niedersachsen u. a. (Hrsg.): Flüchtlinge in Niedersachsen. Was kann ich tun? Tipps und Informationen für (ehrenamtliche) Begleiterinnen und Begleiter von Flüchtlingen. 4., aktualisierte Auflage. Hermannsburg 2016, S. 28

[2] Vgl. Sack, Martin: Posttraumatische Belastungsstörungen (PTBS). In: Verlag Konradshöhe (Hrsg.): Apotheken Umschau. Balerbrunn 2014

- Die Unterbringung der Flüchtlinge auf engstem Raum und zudem mit Sicherheitspersonal, welches die Tür der Unterkunft verschlossen hält, ist menschenunwürdig und führt dazu, dass sie sich behandelt fühlen wie „Verbrecher" (S. 220).
- Die Trennung der Gruppe durch Verteilung auf mehrere Standorte forciert die soziale Isolation der Flüchtlinge. Der neuerliche Verlust ihrer Freunde kann dabei der entscheidende Auslöser sein, die Erinnerungen an das traumatische Ereignis wachzurufen, „als passiere es erneut im ‚Hier und Jetzt'"[1].

Im Gespräch mit Richard bringt die äthiopische Lehrerin das Problem der Flüchtlinge, die in Deutschland monatelang in der Warteschleife stehen und in ihrem Sprachunterricht beträchtliche „Konzentrationsstörungen"[2] offenbaren, auf den Punkt: „Es gibt so viel Unruhe im Leben der Männer, da ist im Kopf kein Platz für Vokabeln. Sie wissen nicht, was mit ihnen geschehen soll. Sie haben Angst. Es ist schwer, eine Sprache zu lernen, wenn man nicht weiß, wozu. [...] Was diese Männer, um zur Ruhe zu kommen, unbedingt brauchen, ist Frieden" (S. 82). Richard erkennt, dass „für diese Männer, solange sie nicht ankommen dürfen, im Prinzip immer noch Krieg ist" (S. 83).

Mithilfe des **Arbeitsblattes 10** (S. 70 f.) können sich die Kursteilnehmer diesem Lerngegenstand in Partnerarbeit nähern:

- *Eignen Sie sich zunächst den Inhalt dieses Sachtextes an, indem Sie ...*
  - *auf einem gesonderten Blatt fünf Fragen zu der hier dargestellten psychischen Erkrankung notieren, auf die der Text eine Antwort gibt.*
  - *Ihr Blatt anschließend mit dem Sitznachbarn bzw. der Sitznachbarin austauschen und dessen bzw. deren Fragen beantworten.*
- *Überprüfen Sie, welche der Figuren in dem Roman „Gehen, ging, gegangen" unter einer Posttraumatischen Belastungsstörung (PTBS) leiden. Notieren Sie entsprechende Textstellen, die Ihre Diagnose belegen.*
- *Diskutieren Sie mit Ihrem Sitznachbarn bzw. der Sitznachbarin Ereignisse, die den Flüchtlingen im Verlauf der Romanhandlung in Deutschland widerfahren und deren Psyche noch zusätzlich belasten.*

Die Ergebnisse dieser Textanalyse können zu folgendem Tafelbild (s. S. 62) zusammengefasst werden:

[1] Sack, Martin: a. a. O.
[2] Ebd.

Probleme der Flüchtlinge im Alltag

Flüchtlinge leiden fast durchweg an einer posttraumatischen Belastungsstörung, z. B.:

- Awad wird von seinen Erinnerungen heimgesucht, weshalb ihm sein „Kopf [...] beinahe auseinander[fällt] vor Schmerzen" (S. 140).
- Ithemba schneidet sich die Pulsadern auf und wird in die Psychiatrie eingeliefert (vgl. S. 279).

keine und/oder falsche medizinische Behandlung der Flüchtlinge:

- Bürokratie: Rufu hat keine italienische Krankenkassenkarte, da sein Ausweis abgelaufen und er zu krank ist, um sich vor Ort eine zu besorgen (vgl. S. 247).

  → **Kulturbegriff:** Deutschland, ein „Volk der Buchhalter" (S. 221)
- menschliches Versagen: Rufus Zahnschmerzen werden nicht erkannt; vielmehr wird ihm ein Psychopharmakon mit fatalen Nebenwirkungen verschrieben (S. 248).

  → katastrophale Gesundheitsversorgung der Flüchtlinge in Deutschland

weitere, die Psyche der Flüchtlinge belastende Erlebnisse in Deutschland:

- fehlende Arbeitserlaubnis: Ausnahmezustand statt geregeltem bzw. normalem Alltag
- menschenunwürdige Unterbringung: Abwertung und Behandlung wie Verbrecher
- Trennung der Gruppe: möglicher Auslöser, der Erinnerungen an das traumatische Ereignis weckt (z. B. Verlust der Familie und/oder Freunde)

Zur Vertiefung dieses Lernabschnittes kann folgende Leitfrage im Kurs diskutiert werden:

- *Welche Indizien deuten darauf hin, dass Richard möglicherweise ebenfalls an einer posttraumatischen Belastungsstörung leidet?*
  Lesen Sie zu diesem Zweck gegebenenfalls erneut die S. 22f. und S. 35.

An dieser Stelle wird auf eine ausführliche Darstellung bewusst verzichtet, da hier überwiegend Nennungen zu Teilaspekten des Romans wiederholend aufgegriffen werden, die zuvor bereits intensiv bearbeitet worden sind (vgl. Abschnitte 2.1 bis 3.2, S. 31 ff.).

Festzuhalten ist hier, dass Richard im Säuglingsalter durchaus ein traumatisches Fluchtereignis erlebt hat (vgl. S. 22 f.). Zwar ist er zu dem Zeitpunkt noch zu jung gewesen, um sich selbst aktiv daran zu erinnern, allerdings erzählt ihm seine Mutter diese „Geschichte [...] so oft [...], dass er sie beinahe für seine eigene Erinnerung hielt" (S. 22). Auf diese Weise bleibt das traumatische Ereignis während seiner Kindheit und Jugend lange Zeit sehr präsent und kann möglicherweise eine posttraumatische Belastungsstörung in ihm ausgelöst haben, die jedoch nicht erkannt und infolgedessen auch nicht rechtzeitig behandelt worden ist.

Symptomatisch für seine angeschlagene Psyche und nachhaltige Beeinträchtigung seiner Persönlichkeit[1] wäre Richards akute Angst, die er in seiner Heimatstadt Berlin, in der er sein ganzes Leben verbracht hat, verspürt: „Hier im Garten hat er nie Angst gehabt vor der Angst. In der Stadt ist es anders. Seine Freunde machen sich über ihn lustig, weil er sich immer noch weigert, mit dem Auto ins Zentrum zu fahren. Aber seit die Mauer weg ist, ist die Stadt doppelt so groß und hat sich so sehr verändert, dass er jetzt oft nicht einmal mehr weiß, an welcher Kreuzung er steht." (S. 35)

[1] Vgl. Sack, Martin: a. a. O.

In psychologischer Hinsicht ist in diesem Zusammenhang auch der Umstand interessant, dass Richard den See, der in unmittelbarer Nähe seines Hauses ist, meidet, seitdem sich in dessen Tiefen ein toter Mann befindet (vgl. Abschnitt 4.3, S. 80ff.).

Notizen:

Darstellung menschlicher Grunderfahrungen: Ferne und Fremdheit

Nicolas Pethes (geb. 1970)
Kulturwissenschaftliche Gedächtnistheorien

Einleitung: Was, wie und warum erinnern Kulturen? 2006 erschien in einem Leipziger Verlag ein bemerkenswertes Buch: Die Historikerin Christine Fischer-Defoy publizierte das Adressbuch, das der Philosoph und Literaturkritiker Walter Benjamin (1892 – 1940) während des aufgrund seiner jüdischen Herkunft erzwungenen Exils in Frankreich ab 1933 geführt hatte. Der Band enthält fotografische Reproduktionen sowie Transkriptionen[1] der 25 handschriftlich beschriebenen Seiten und Einlegeblätter, einen Kommentar zur Entstehungs- und Überlieferungsgeschichte des kleinen Büchleins sowie mehr oder weniger ausführliche Kommentare zu den von Benjamin nicht selten mit wechselnden Adressen verzeichneten Personen.

Inwiefern ist eine solche Publikation für eine Einführung in kulturwissenschaftliche Gedächtnistheorien von Interesse? Unter kulturwissenschaftlichen Theorien des Gedächtnisses kann man solche verstehen, die sich von psychologischen oder neurobiologischen Beschreibungen von Erinnerungsprozessen unterscheiden und stattdessen „kulturelle" – also soziale, historische, philosophische, künstlerische usw. – Aspekte des Phänomens „Gedächtnis" in den Blick nehmen. Ein Vademecum[2] wie Walter Benjamins Adressbuch erscheint nun auf den ersten Blick als Hilfsmittel für das Gedächtnis eines Individuums und obendrein als eines, das möglicherweise private und für keine Öffentlichkeit bestimmte Einträge enthält. Als ein solches Hilfsmittel verdeutlicht ein Adressbuch aber, dass das Erinnerungsvermögen des Menschen mangelhaft ist und zumal im Fall einer großen Menge abstrakter und veränderbarer Daten eines Mediums bedarf, das die gewünschten Informationen auf eine Weise speichert, die sie jederzeit und zuverlässig abrufbar macht. Ein solches Speichermedium stellt im Abendland seit mehreren Jahrtausenden die Schrift dar, die als kulturell gewachsene und tradierte Technik zum jeweils individuellen Gedächtnis hinzutritt.

Benjamin bediente sich also zur Stütze seines persönlichen Gedächtnisses einer bestimmten Kulturtechnik und stellt dieses Gedächtnis auf diese Weise in einen bestimmten kulturhistorischen Zusammenhang. Dieser kulturhistorische Zusammenhang gewinnt nun aber im Fall der Publikation seines Adressbuchs ganz die Überhand, da seine Edition ja nicht mehr als Gedächtnisstütze für seinen 1940 gestorbenen Besitzer dient, sondern als Erinnerung an diesen Besitzer und die besonderen historischen und politischen Umstände, innerhalb deren das kleine Bändchen entstanden ist und genutzt wurde.

Die Publikation von Walter Benjamins Adressbuch ist mithin ein exemplarischer Fall für denjenigen Umschlag bzw. Perspektivwechsel, der am Beginn aller kulturwissenschaftlichen Gedächtnistheorien steht: der Übergang von den persönlichen und damit an die Lebensspanne eines Individuums gebundenen Erinnerungen zur Ausbildung eines Gedächtnisses, das einer Gruppe von Menschen und generationsübergreifend zur Verfügung steht. Von einem solchen Gedächtnis kann nicht mehr im psychologischen oder neurobiologischen Sinne die Rede sein, da Träger, Nutzer und Erinnerungsprozesse nicht in der Weise „individuell" und „intern" beschrieben werden können, wie die Etymologie[3] des deutschen Worts „Erinnerung" es noch impliziert. Stattdessen ist in den Kulturwissenschaften von einem Gedächtnis die

[1] **Transkription** = Übertragung (hier: von Hand- in Maschinenschrift)

[2] **Vademecum** = Lehrbuch, Leitfaden; Ratgeber in Form eines kleinen Buches

[3] **Etymologie** = Wissenschaft von der Herkunft und Geschichte eines Wortes und seiner Bedeutung

Rede, das auf wie immer gearteten, externen Speichermedien einerseits sowie auf deren kollektivem Abruf andererseits beruht[1] und so auf doppelte Weise in einem Zusammenhang mit dem steht, was wir „Kultur“ nennen: erstens, insofern Speichermedien von der Schrift bis zum Computer historisch spezifische Hervorbringungen menschlicher Gemeinschaften sind und somit Teil ihrer Emanzipation von der „Natur“ (oder der „zweiten Evolution“); und zweitens, insofern der Umgang mit derart Gespeicherten – vom mündlichen Vortrag antiker Epen bis zur Verwaltung digitaler Datenbanken – einen Zusammenhang zwischen den einzelnen, individuellen Bezugnahmen stiftet: eine „Tradition“.

Neben dieser Übertragung persönlicher Gedächtnisinhalte in ein Speichermedium und dem Umschlag einer individuellen Erinnerungsstütze in ein Dokument des kulturellen Gedächtnisses erlaubt es die Edition von Walter Benjamins Adressbuch des Exils, zwei weitere zentrale Aspekte kulturwissenschaftlicher Gedächtnistheorien anzusprechen: Der eine Aspekt betrifft die Tatsache, dass dieses Adressbuch während der in der Zeit zwischen 1933 und 1945 (und oft länger) durch den Nationalsozialismus in Deutschland erzwungenen Phase des Exils einer Vielzahl führender Intellektueller (und nicht nur ihrer) der Weimarer Republik entstanden ist. Benjamin emigrierte 1933 nach Paris, wo er unter schwierigen persönlichen und ökonomischen Bedingungen lebte, bis er 1940, nachdem die Judenverfolgung die französische Hauptstadt erreicht hatte, über Marseille nach Spanien zu gelangen versuchte und angesichts des drohenden Scheiterns dieses Vorhabens in einem Pyrenäendorf an der Grenze Selbstmord beging. Unter diesen Umständen ein Adressbuch zu führen bedeutet mehr, als nur der eigenen Vergesslichkeit vorzugreifen: Benjamin selbst wechselte in den sieben Exiljahren dreizehn Mal die Adresse, und mit ihm tat das eine ganze Reihe der Personen, deren verschlungenen Lebenswegen er durch die Einträge und Korrekturen zu folgen bemüht war. Bedenkt man dazu die vielfältigen emotionalen und biografischen Unwägbarkeiten der Emigranten, so wird deutlich, dass das Exil vor allem auch eine Bedrohung von Gedächtnis und Erinnerung darstellt: Vertrieben aus einer Heimat, die sich nichts weniger als die Vernichtung einer ganzen Kultur in Deutschland zum Ziel gesetzt hatte, durchlebten die Exilierten eine tief gehende Verlust- und Brucherfahrung, die nicht ohne Weiteres mit dem Bestreben von Gedächtnis und Erinnerung, die Kontinuität der Selbstwahrnehmung von Individuen und Gemeinschaften sicherzustellen, vereinbar war. Das Zitat aus einem Brief Benjamins, „wie überall hin die Leute verstreut sind“, das der Publikation seines Adressbuchs als Untertitel dient, führt eindringlich vor Augen, wie sehr kulturelle Erinnerungstechniken auf Krisenerfahrungen und Bedrohungen jener Kontinuitäten reagieren. Und dies gilt für Benjamins Exilexistenz, in der er versuchen musste, zumindest einen Teil seiner vormaligen Sozialkontakte aufrechtzuerhalten, ebenso wie für die heutige Erinnerung an bzw. Geschichtsschreibung über dieses Exil [...]. Auch in dieser Hinsicht ist die Publikation einer privaten Erinnerungshilfe ein Beitrag zur Wahrung des Gedächtnisses einer kulturellen Epoche.

Ein letzter Aspekt, der diese Publikation als Illustration der Probleme und Fragestellungen kulturwissenschaftlicher Gedächtnistheorien geeignet erscheinen lässt, betrifft schlicht den Besitzer des Adressbuchs, Walter Benjamin selbst. Denn Benjamin ist nicht nur als Exilierter Gegenstand einer Erinnerung an die Zeit von Nationalsozialismus und Zweitem Weltkrieg. Er ist vor allem auch einer der zentralen Autoren, die am Beginn des 20. Jahrhunderts erste Ansätze für kulturwissenschaftliche Gedächtnistheorien verfasst haben. Und in den vielfältigen und teilweise verstreuten Ausführungen Benjamins zur kulturellen Bedeutung des Gedächtnisses finden sich zudem Skizzen einer Theorie, die der oben gemachten Beobachtung gelten, dass das Gedächtnis stets auf krisenhafte Bedrohungen von Erinnerungsprozessen oder Traditionszusammenhängen zielt.

Damit sind die zentralen Gesichtspunkte benannt, die Anliegen und Aufbau dieser Einführung prägen: Als Einführung in kulturwissenschaftliche Gedächtnistheorien wird sie zuerst einmal entwickeln müssen, was aus der Sicht einer Theorie von Kultur überhaupt unter Gedächtnis und Erinnerung zu verstehen ist. Hierzu ist zunächst zu klären, was es bedeutet, die Kategorie des „Gedächtnisses“ nicht auf einzelne Individuen, sondern für Kollektive anzuwenden [...], mittels welcher theoretischer Konzepte es überhaupt möglich ist, von einem Gedächtnis von Kollektiven, Gesellschaften oder Kulturen zu sprechen. [...]

Pethes, Nicolas: Kulturwissenschaftliche Gedächtnistheorien zur Einführung. Junius Verlag: Hamburg 2008, S. 10

[1] In Abgrenzung zum persönlichen Gedächtnis bezeichnet Pethes dieses an späterer Stelle als kulturelles Gedächtnis, welches identitätsbildend für ein Volk bzw. eine Nation ist.

■ *Fassen Sie die kulturelle Gedächtnistheorie stichwortartig in nachstehender Tabelle zusammen, indem Sie ...*

- *zwischen persönlichem und kulturellem Gedächtnis unterscheiden,*
- *die jeweiligen Merkmale notieren und*
- *Bezüge zu den Begriffen „Identität" und „Kultur" herstellen.*

Persönliches Gedächtnis	Kulturelles Gedächtnis

■ *Wenden Sie den Begriff des persönlichen Gedächtnisses auf den Roman an, indem Sie am Beispiel der Figuren Awad (vgl S. 68 – 70) und Richard (vgl. S. 35, S. 39 und S. 63) erläutern, wie sich der Verlust der Heimat auf deren Identität auswirkt.*

Best.-Nr. 022724

Kultur, Cultur oder Culture? – Der Kulturbegriff im Roman
(Gruppenpuzzle)

In Jenny Erpenbecks Roman „Gehen, ging, gegangen" treffen Menschen verschiedener Kulturen aufeinander. Die unterschiedlichen Vorstellungen von dem Begriff „Kultur" sollen im Folgenden genauer untersucht werden. Die Untersuchung des Textes wird dabei in Form eines sogenannten Gruppenpuzzles organisiert:

Phase 1

Sie erschließen sich die im Roman verwendeten Kulturbegriffe in arbeitsteiliger Gruppenarbeit **(Expertengruppen)**. Wenn Sie mit Ihrer Teilaufgabe fertig sind, erhalten Sie ein Lösungsblatt, sodass Sie Ihre Ergebnisse vergleichen und ggf. vervollständigen können.

Phase 2

Anschließend bilden Sie neue Gruppen, in denen jeweils mindestens ein Vertreter jeder Expertengruppe sein muss **(Mischgruppen)**. Hier tauschen Sie Ihre Arbeitsergebnisse untereinander aus und erläutern sich diese gegenseitig, sodass am Ende dieses sogenannten **Gruppenpuzzles** jeder von Ihnen mit allen Kulturbegriffen vertraut ist. Diese lauten im Einzelnen wie folgt:

Expertengruppe 1: Der Kulturbegriff europäischer Kolonialstaaten
(S. 55–57, S. 155–159 und S. 214f.)
Expertengruppe 2: Der afrikanische Kulturbegriff
(S. 66–70, S. 91f., S. 98, S. 213 und S. 288)
Expertengruppe 3: Bürokratie als negativer Kulturbegriff
(S. 50f., S. 55f., S. 73f., S. 123f. und S. 210)

Aufgabenstellungen für die Expertengruppen (Phase 1)

1. *Beschreiben Sie den Kulturbegriff, für den Ihre Gruppe verantwortlich ist, mithilfe der angegebenen Textstellen und deuten Sie diesen im Sinne eines kurzen Fazits.*
2. *Halten Sie Ihre Arbeitsergebnisse auf Ihrem Teil des Auswertungsbogens (s.* ***Anlage****) stichwortartig fest.*
3. *Überlegen Sie, wie Sie Ihre Arbeitsergebnisse in den Mischgruppen strukturiert erklären können, sodass alle Kursteilnehmer diese verstehen. Machen Sie sich geeignete Notizen.*

Aufgabenstellungen für die Mischgruppen (Phase 2)

1. *Tauschen Sie Ihre Ergebnisse aus den verschiedenen Expertengruppen untereinander aus und erläutern Sie diese entsprechend.*
2. *Vervollständigen Sie den Auswertungsbogen, indem Sie die Ergebnisse der anderen Expertengruppen übernehmen (s.* ***Anlage****).*
3. *Diskutieren Sie mögliche Folgen, die sich beim Aufeinandertreffen verschiedener Kulturen für den weiteren Verlauf der Handlung und/oder die Figuren ergeben.*

Best.-Nr. 022724

Auswertungsbogen (Gruppenpuzzle)

S. 55 – 57, S. 155 – 159 und S. 214 f.

Der Kulturbegriff europäischer Kolonialstaaten:

Deutung/Fazit:

S. 66 – 70, S. 91 f., S. 98, S. 213 und S. 288

Der afrikanische Kulturbegriff:

Deutung/Fazit:

S. 50 f., S. 55 f., S. 73 f., S. 123 f. und S. 210

Bürokratie als negativer Kulturbegriff:

Deutung/Fazit:

Best.-Nr. 022724

Auswertungsbogen mit Lösungen (Gruppenpuzzle)

S. 55 – 57, S. 155 – 159 und S. 214 f.

Der Kulturbegriff europäischer Kolonialstaaten:

- Unterwerfung und Ausbeutung der afrikanischen Staaten durch Kolonialmächte um 1900: „Die Gartenlaube“ (vgl. S. 158 f.)
- Ausbeutung heute: Uranabbau des französischen Staatskonzerns Areva (vgl. S. 155)
- Gewissenlose Abfallentsorgung des Monopolisten entzieht dem Kulturvolk der Tuareg die Lebensgrundlage (vgl. 155).
- „bürokratische Geometrie“ (S. 55) und Willkür der „von Europäern gezogenen Grenzen“ (S. 57)

Deutung/Fazit:
Das imperialistische Weltbild Europas wird ad absurdum geführt: „Die Afrikaner müssen ihre Probleme in Afrika lösen (S. 214).

S. 66 – 70, S. 91 f., S. 98, S. 213 und S. 288

Der afrikanische Kulturbegriff:

- prägende Beziehung zwischen Awad und seinem Vater: „Mein Vater sagte mir, wer ich bin“ (S. 66)
- Für Raschid liegt das „Paradies [...] unter den Füßen der Mutter“ (S. 98).
- Gastfreundschaft mit Tradition: Raschids Familie lädt die Nachbarn ein, um Eid Mubarak gemeinsam zu feiern (vgl. S. 91 f.).
- Karon sorgt als ältester Sohn für die Familie (vgl. S. 213).
- drohender Kulturverlust in Deutschland (vgl. S. 288)

Deutung/Fazit:
Anregen des Lesers zum „Nachdenken darüber, was in einem Menschenleben das wirklich Wichtige ist“ (J. Erpenbeck, 02.09.15, Focus Online): Zusammenhalt in der (Familien-)Gemeinschaft

S. 50 f., S. 55 f., S. 73 f., S. 123 f. und S. 210

Bürokratie als negativer Kulturbegriff:

- verursachungsgerechte Verteilung administrativer Aufgaben statt Klärung, „ob diese Männer Kriegsopfer sind“ (S. 73)
- „Dublin II-Verordnung“ (vgl. S. 73 f.): Flüchtlinge werden zwischen EU-Staaten hin- und hergeschickt („refugees in orbit“), z. B. Karon, Osarobo (vgl. S. 123 f. und S. 210); dient primär der Abschiebung
- Kontroll- und Überwachungssysteme: dienen vordergründig dem Brandschutz, erinnern Richard an die DDR (vgl. S. 50 f.)

Deutung/Fazit:
Entlarvung der Fragwürdigkeit geltender Regeln und Vorschriften in Verbindung mit dem Asylrecht (vgl. S. 73)

Best.-Nr. 022724

Was ist eine Posttraumatische Belastungsstörung (PTBS)?

Die Posttraumatische Belastungsstörung (PTBS) tritt als eine verzögerte psychische Reaktion auf ein extrem belastendes Ereignis, eine Situation außergewöhnlicher Bedrohung oder katastrophenartigen Ausmaßes auf. Die Erlebnisse (Traumata) können von längerer oder kürzerer Dauer sein, wie z. B. schwere Unfälle, Gewaltverbrechen, Naturkatastrophen oder Kriegshandlungen, wobei die Betroffenen dabei Gefühle wie Angst und Schutzlosigkeit erleben und in Ermangelung ihrer subjektiven Bewältigungsmöglichkeiten Hilflosigkeit und Kontrollverlust empfinden.

Typisch für die PTBS sind die sogenannten Symptome des Wiedererlebens, die sich den Betroffenen tagsüber in Form von Erinnerungen an das Trauma, Tagträumen oder Flashbacks, nachts in Angstträumen aufdrängen. Gewissermaßen das Gegenstück dazu sind die Vermeidungssymptome, die meistens parallel zu den Symptomen des Wiedererlebens auftreten: emotionale Stumpfheit, Gleichgültigkeit und Teilnahmslosigkeit der Umgebung und anderen Menschen gegenüber, aktive Vermeidung von Aktivitäten und Situationen, die Erinnerungen an das Trauma wachrufen könnten. Manchmal können wichtige Aspekte des traumatischen Erlebnisses nicht mehr (vollständig) erinnert werden. Häufig kommt ein Zustand vegetativer[1] Übererregtheit dazu, der sich in Form von Schlafstörungen, Reizbarkeit, Konzentrationsschwierigkeiten, erhöhter Wachsamkeit oder ausgeprägter Schreckhaftigkeit manifestieren kann.

Die Störung entsteht als eine mögliche Folge auf das traumatische Ereignis. Solche auslösenden Erlebnisse können nahezu jeden Menschen in tiefe Verzweiflung stürzen, worin ein Unterschied zur Anpassungsstörung besteht, die durch Belastungsfaktoren jeglichen Schweregrades ausgelöst werden kann. Auch durch eine sekundäre Belastung, die durch traumatische Ereignisse verursacht wurde, die andere (z. B. nahe Angehörige) durchlebt haben, können Symptome einer Posttraumatischen Belastungsstörung hervorrufen werden. Der neurobiologische Prozess, der bei einer PTBS im Gehirn abläuft, ist bislang nicht hinreichend erforscht.

Über die Hälfte aller Menschen werden im Laufe ihres Lebens mindestens einmal mit einem traumatischen Ereignis konfrontiert. Die Wahrscheinlichkeit, im Anschluss an ein traumatisches Erlebnis an einer PTBS zu erkranken, ist unter anderem abhängig von der Art des Traumas. Grundsätzlich ist das Risiko bei durch Menschen hervorgerufenen Traumatisierungen besonders hoch: Nach Vergewaltigung, anderen Gewaltverbrechen und Kriegstraumata erkranken bis zu einem Drittel der Betroffenen an einer PTBS. Naturkatastrophen, Brände, Chemie- oder Verkehrsunfälle und akute körperliche Erkrankungen (z. B. Herzinfarkt, Krebserkrankung) können ebenfalls eine Posttraumatische Belastungsstörung auslösen, das relative Risiko liegt in solchen Fällen jedoch deutlich niedriger. Über alle Trauma-Arten gemittelt, erkranken etwa 10 % aller von einem Trauma Betroffenen an einer PTBS. Die Lebenszeitprävalenz, d.h. die Wahrscheinlichkeit, im Laufe des Lebens eine Posttraumatische Belastungsstörung zu entwickeln, liegt weltweit bei etwa 8 %.

Die Begriffe Posttraumatische Belastungsstörung, Posttraumatisches Belastungssyndrom, Posttraumatisches Stresssyndrom oder das englische Posttraumatic Stress Disorder (PTSD) werden gleichbedeutend verwendet. Die psychische Erkrankung wird gemäß der internationalen Klassifikation ICD-10 den Reaktionen auf schwere Belastungen und Anpassungsstörungen zugeordnet.

Fachliche Unterstützung: Prof. Dr. med. Ulrich Schnyder, Zürich (SGPP), Monks - Ärzte im Netz GmbH, www.neurologen-und-psychiater-im-netz.org/psychiatrie-psychosomatik-psychotherapie/erkrankungen/posttraumatische-belastungsstoerung-ptbs/was-ist-eine-posttraumatische-belastungsstoerung-ptbs/ (15.05.2018)

[1] **vegetativ** = nicht dem Willen unterliegend, unterbewusst wirkend bzw. ablaufend

Best.-Nr. 022724

- *Eignen Sie sich zunächst den Inhalt dieses Sachtextes an, indem Sie …*
  - *auf einem gesonderten Blatt fünf Fragen zu der hier dargestellten psychischen Erkrankung notieren, auf die der Text eine Antwort gibt.*
  - *Ihr Blatt anschließend mit dem Sitznachbarn bzw. der Sitznachbarin austauschen und dessen bzw. deren Fragen beantworten.*
- *Überprüfen Sie, welche der Figuren in dem Roman „Gehen, ging, gegangen“ unter einer Posttraumatischen Belastungsstörung (PTBS) leiden. Notieren Sie entsprechende Textstellen, die Ihre Diagnose belegen.*
- *Diskutieren Sie mit Ihrem Sitznachbarn bzw. der Sitznachbarin Ereignisse, die den Flüchtlingen im Verlauf der Romanhandlung in Deutschland widerfahren und deren Psyche noch zusätzlich belasten.*

Best.-Nr. 022724

Baustein 4

Die Erzählweise des Romans

Gegenstand dieses Bausteins ist es, die erzähltechnischen Besonderheiten dieses Romans zu analysieren, die im Wesentlichen in der sprachlich-stilistischen Gestaltung zu suchen sind. Der Schwerpunkt liegt hierbei zum einen auf dem Aufbau und der Erzählstruktur des Romans (vgl. Abschnitt 4.1, S. 72 ff.) und zum anderen auf den formal-ästhetischen Mitteln, mit denen die Autorin ihre Botschaft an den Leser zu vermitteln versucht und die Aufschluss über ihre Kunstauffassung geben (vgl. Abschnitte 4.2 – 4.3, S. 75 ff.). Abschließend soll hier zudem den äußerst komplexen intertextuellen Bezügen des Romans näher auf den Grund gegangen werden (vgl. Abschnitt 4.4, S. 82 ff.).

Für den Fall, dass als Einstieg in diesen Baustein zunächst ausgewählte Kategorien der Erzähltheorie im Sinne einer Wiederholung untersucht werden sollen, hält das **Zusatzmaterial 5** (S. 127) eine grafische Übersicht mit entsprechenden Arbeitsaufträgen bereit.

4.1 Aufbau und Erzählstruktur des Romans

Im Roman ist keine geschlossene und sich kontinuierlich entwickelnde Handlung enthalten. Stattdessen „entsteht ein Geflecht von miteinander verwobenen, sich gegenseitig durchdringenden und ineinander geschachtelten Einzelhandlungen“[1], welche mithilfe der **Montagetechnik** um weitere Binnentexte wie etwa Gebrauchstexte (s. u.) ergänzt werden.

Das verbindende Element in diesem Konglomerat bildet zum einen ein Netz aus Motiven mit überwiegend symbolischer Bedeutung, wie etwa der tote Mann im See oder der Titel „Gehen, ging, gegangen“ (vgl. Abschnitt 4.3, S. 80 ff.), aber auch „Zeit“, „Warten“ und „Denken“ (vgl. S. 111), welche leitmotivisch wiederkehren und im Einzelfall immer wieder variiert werden, sodass die verschiedenen Handlungsstränge miteinander verknüpft werden. Zum anderen wird mit Richard eine funktionale Figur geschaffen, die alles zusammenhält und in der die jeweils erzählten Episoden „gespiegelt, reflektiert und gebündelt werden, damit sie nicht auseinanderstreben“[2].

Richards Denken verläuft dabei jedoch nicht linear, vielmehr schweifen seine Gedanken häufig ab, sodass die erzählten Einzelhandlungen in den meisten Fällen durch die montageartigen Einschübe, die aus Richards spontanen und assoziativ verknüpften Gedankensprüngen resultieren („stream of consciousness“),[3] in sich gebrochen sind, sodass nur selten ein vollständiges, in sich abgerundetes Bild entsteht.

Ein repräsentatives Beispiel für das kompositorische Prinzip bzw. die Erzählstruktur des Romans ist Kapitel 21 (S. 110 – 112):

---

1 Wendland, Hans-Georg (a): a. a. O., S. 14

2 Ebd.

3 Anders als bei dieser Darbietungsform sonst üblich, findet in diesem Roman jedoch keine syntaktische Auflösung statt, was unter anderem dem Bildungsstand des Protagonisten geschuldet ist. Vielmehr geht es hier um die bloße assoziative Aneinanderreihung von Gedanken.

Richard studiert die „Vereinbarung", welche „der Senat mit den Afrikanern gemacht hat, um den Oranienplatz wieder freizubekommen für die Berliner" (S. 110). Um Transparenz zu schaffen und den Leser nahe an das Geschehen zu versetzen, wird die zentrale Passage aus diesem Papier einmontiert: *„Das Campieren und damit die im Widerspruch zur genehmigungsfähigen rechtlichen Situation stehende Form des Protests wird auf Dauer beendet. Die Flüchtlinge organisieren selbstständig den Abbau aller Zelte bzw. Unterkünfte und wirken darauf hin, diesen Zustand dauerhaft zu erhalten."* (S. 111)

Die Formulierung *„genehmigungsfähige rechtliche Situation"* gefällt (S. 111) dem reflektierenden Richard dabei besonders, weshalb diese wiederum den Auslöser dafür darstellt, dass seine Gedanken wandern. In diesem Fall gehen diese zurück in die eigene Vergangenheit (vgl. S. 111), an anderen Stellen reichen diese sogar bis in die Antike (vgl. S. 150f.) oder in die Welt der Literatur (vgl. S. 177) hinein, wo er Analogien und Ähnlichkeiten zu dem Wahrgenommenen entdeckt bzw. er an etwas erinnert wird, was zu dem Gelesenen oder Gehörten für ihn in Verbindung steht. Bei seinen Bewusstseinsströmen überbrückt Richard folglich gewaltige räumlich-zeitliche Dimensionen. Hier manifestieren sich lange Vergangenes und weit Entferntes vorübergehend, um schon kurz darauf wieder zu verschwinden und bei anderer Gelegenheit erneut aufzutauchen.

Die von der zirkulären Wiederkehr verschiedener Erinnerungs- und Assoziationsfragmente gekennzeichnete Erzählstruktur des Romans bewirkt außerdem, dass das Motiv des „Aus der Zeit gefallen"-Seins (vgl. S. 44 sowie Abschnitte 2.1, S. 31 ff., und 4.3, S. 80 ff.) nochmals eine andere Bedeutungsnuance erhält, indem Gegenwärtiges und Vergangenes ineinandergeschoben werden, wie auch Richards Gespräch mit Awad belegt:

„Draußen auf der Straße fährt jetzt ein LKW rückwärts, man hört das Warnsignal, einen hohen Piepton, wieder und wieder. Im Morsealphabet wäre das eine Null. In jeder ungeraden Kalenderwoche wird der Plastikmüll abgeholt. Oder ist es ein Möbeltransport, der in der Einfahrt zu wenden versucht.
Dann wurde mein Vater erschossen.
Richard würde jetzt gern etwas sagen, aber es fällt ihm nichts ein.
Am Tischbein klebt ein kleines gelbes Schild mit der Inventarnummer 360/87.
Richard hatte seinen Vater, als er gestorben war, noch einmal im Krankenhaus gesehen, der Kiefer des Toten war von den Schwestern mit einer Binde am Schädel festgebunden worden, damit der Mund nicht für den Rest der Ewigkeit offenblieb. Mit dieser Binde hatte sein Vater ausgesehen wie eine Nonne. Richard hatte ihn kaum wiedererkannt.
Awad sitzt vornübergebeugt, er stützt sich mit den Armen auf und schaut immer tiefer in den Tisch hinein, während er weiterspricht." (S. 66)

Um das grundlegende kompositorische Prinzip, also Aufbau und Erzählstruktur, des Romans nachzuvollziehen, bearbeiten die Schülerinnen und Schüler das **Arbeitsblatt 11** (S. 85 f.), welches zwei ausgewählte Textstellen bereithält:

- *Lesen Sie die ausgewählten Textstellen erneut und reflektieren Sie Ihren Leseprozess:*
  - *Was fällt Ihnen an der Art, wie der Roman aufgebaut ist und wie hier erzählt wird, auf?*
  - *Was ist im Vergleich zu Romanen, die Sie bisher gelesen haben, vielleicht anders?*
- *Weisen Sie die Montagetechnik in den vorliegenden Textauszügen nach: Markieren Sie die montierten Passagen mit unterschiedlichen Farben und benennen Sie die jeweilige Textsorte.*

- *Stellen Sie einen kausalen Zusammenhang zwischen Erzählstruktur und Inhalt her und erläutern Sie dabei auch, was Jenny Erpenbeck dem Leser mithilfe der Montagetechnik verdeutlichen will.*
- *Nennen Sie Struktur bildende Motive dieses Romans und begründen Sie Ihre Auswahl.*

Die Ergebnisse dieser Textanalyse können in folgendes Tafelbild münden:

Aufbau und Erzählstruktur des Romans

- keine kontinuierliche, sich entwickelnde Handlung, sondern miteinander verwobene, ineinander verschachtelte Einzelhandlungen
- Struktur bildende Elemente
  - (Leit-)Motive mit symbolischer Bedeutung, z. B. toter Mann im See, Titel „Gehen, ging, gegangen", „Zeit/Warten", „Denken"
  - Richard als funktionale Figur, die alles zusammenhält
- spontane, assoziativ verknüpfte Gedankengänge Richards („stream of consciousness")
  - Vermischung von Gegenwart und Vergangenheit (vgl. S. 66 und S. 110ff.)
  - Einschübe von Binnentexten, insbesondere Gebrauchstexte (Auszüge aus Gesetzestexten, Einkaufslisten, Werbung usw.)

Montagetechnik als kompositorisches Prinzip

→ faktisches Erzählen: Authentizität, dokumentativer Charakter („Tatsachenroman"[1])

Im anschließenden Unterrichtsgespräch sollte der Frage nachgegangen werden, was die Montage unterschiedlicher Textsorten bewirken soll (vgl. Fazit des Tafelbildes). Außerdem sollte die Funktion Richards (s. o.) erfragt werden. Mithilfe der folgenden Leitfragen kann die Diskussion initiiert werden:

- *Welche Funktion erfüllen die montierten Gebrauchstexte im Roman? Wenn keine kontinuierliche Handlung erkennbar ist, wodurch wird das Geschehen neben den Motiven außerdem zusammengehalten?*
- *Die Funktion dieser Binnentexte ist am einfachsten am Beispiel der montierten Gebrauchstexte zu ermitteln:*

Anhand der von Rezensenten verwendeten Begriffe wie etwa „Tatsachenroman"[2] oder Reportage wird bereits deutlich, dass Erpenbecks Roman „Gehen, ging, gegangen" eine große Bandbreite verschiedener Gebrauchstexte enthält, die einen bestimmten Zweck erfüllen. Obwohl – oder aber gerade weil – diese Einschübe eher nicht literarischer Natur sind, tragen sie in großem Maße dazu bei, dem erzählten Geschehen Authentizität, Glaubwürdigkeit und somit einen dokumentarischen Charakter zu verleihen. Das fiktionale Erzählen wird zwischenzeitlich folglich durch faktisches Erzählen ersetzt.

---

1 Apel, Friedmar: Wir wurden, werden, sind sichtbar. In: Frankfurter Allgemeine Zeitung vom 16. September 2015. Zitiert nach: www.faz.net/aktuell/feuilleton/buecher/rezensionen/belletristik/gehen-ging-gegangen-von-jenny-erpenbeck-13770081.html (14.01.2018), S. 1

2 Ebd.

Die Textsorten sind dabei vielfältig: Neben Sach- und Fachtexten (Auszüge aus Gesetzestexten, Nachschlagewerken, Lehrbüchern usw.), die Richard im Rahmen seiner Recherchen auswertet, finden sich Rezepte, Werbung, Flugblätter, Spruchbänder („We become visible", S. 28), Protokolle, Tagebucheinträge, Verträge, Gebrauchsanweisungen usw. sowie eine Fülle verschiedenster Listen, die der Protagonist sorgfältig in sein Notizbuch einträgt und akribisch führt: Namenslisten, Einkaufslisten, Preislisten usw.

Der Umstand, dass Richard alles genau registriert, impliziert eine weitere Funktion der montierten Gebrauchstexte, indem eine bestimmte Facette von Richards Wesen als Vertreter des durchschnittlichen Bundesbürgers offengelegt wird: So sind die Deutschen eben nicht nur ein Volk der Dichter und Denker (vgl. S. 55), sondern auch der Buchhalter und Bürokraten (vgl. S. 221).

4.2 Die Bedeutung der zentralen Motive des Romans

Wie bereits in Abschnitt 4.1 (vgl. S. 72ff.) deutlich geworden ist, fungieren die Motive und Symbole als Strukturelemente des Romans, indem sie immer wieder in Richards Bewusstsein bzw. Wahrnehmung geraten, bis diese sich mit seiner Erinnerung „unauflöslich verbunden" (S. 290) haben. Auf diese Weise werden wichtige Kerngedanken des Romans hervorgehoben und miteinander verbunden.

Dies gilt insbesondere für die beiden zentralen Motive, die titelgebende Konjugation des Verbs „gehen" sowie den geheimnisvollen, nie gesehenen toten Mann im See, welche im Folgenden genauer untersucht werden sollen.

4.2.1 „Gehen, ging, gegangen"

Der Titel des Romans „Gehen, ging, gegangen" ist zugleich dessen wichtigstes Leitmotiv. Als Formel für die Bildung grammatischer Zeiten weist es auch wegen seiner Kürze einen hohen Wiedererkennungswert auf. „Gehen, ging, gegangen" wird in vielfältiger Weise variiert, wie etwa „Sehen, sah, gesehen" (S. 59) sowie „Verderben, verdarb, verdorben" (S. 62), und umfasst dabei verschiedene Bedeutungsebenen:

Bei seinem erstmaligen Auftreten im 13. Kapitel scheint dieses Motiv noch ganz auf seine grammatische Funktion als Bestandteil eines systematisch gegliederten Sprachkurses für die Flüchtlinge beschränkt zu sein, denn über Apolls Bett hängt „an der Wand eine Liste der unregelmäßigen Verben: *gehen, ging, gegangen*" (S. 56). Jedoch wird schon vorher an mehreren Stellen der Handlung angedeutet, dass eine weit darüber hinausgehende Bedeutungsebene angepeilt wird bzw. der Titel mehrfach codiert ist, wenn es beispielsweise bereits im ersten Kapitel über die „Zeit an sich" (S. 9) heißt: „Vergehen soll sie, aber auch nicht vergehen." (S. 9) Oder wenn Richard kurz darauf die Zeit als etwas Unaufhaltsames erlebt, das auch im Schlaf weiterläuft: „Alles geht immer weiter und hört auch im Dunkeln nicht auf." (S. 25)

Bereits bei dem zweiten Auftritt des Leitmotivs wird das Grundmuster „gehen, ging, gegangen" in „[s]ehen, sah, gesehen" (S. 59) abgewandelt, da der Bezugsrahmen hier eine konkrete Situation darstellt. So lernen die Kinder der Tuareg die Schriftzeichen ihrer Sprache, indem sie sie in den Wüstensand schreiben, wo sie bald darauf vom Wind wieder verweht werden, wodurch zum einen die Vergänglichkeit der Zeit im Allgemeinen nochmals betont wird. Zum anderen wird die Flüchtigkeit bestimmter Ereignisse im Speziellen verdeutlicht, die – kaum geschehen – schon wieder vorbei sind. Hierdurch wird wiederum eine weitere Bedeutungsebene geschaffen, indem ein Verb der Bewegung („gehen") mit einem Verb der Wahrnehmung („sehen“) verknüpft und als gemeinsames Merkmal hervorgehoben wird, dass nichts so bleibt, wie es einmal gewesen ist, und folglich alles einem ständigen Wandel unterliegt.[1]

Dieser philosophisch anmutende Gedanke wird bestätigt und erweitert, wenn Richard die nomadische Lebensweise der Tuareg reflektiert, für die jeder Ort, an welchem sie sich gerade befinden, „nur eine Station auf einem langen Weg [ist], ein vorläufiger Ort, der zum nächsten vorläufigen Ort führt“ (S. 61). Eine neuerliche Bestätigung erfährt dieser Deutungsansatz, allerdings mit anderer Akzentuierung, wenn Richard sich nach seiner ersten Begegnung mit den Flüchtlingen in der Unterkunft an eine Krankenstation erinnert fühlt, auf der die Menschen apathisch in ihren Betten liegen und vergeblich auf ihre Genesung hoffen: *„Verderben, verdarb, verdorben.“* (S. 62)

Ein weiterer Bezugsrahmen eröffnet sich, wenn die Zeit als zyklisches Geschehen verstanden wird, welches sich in nicht endenden Kreisbewegungen oder als rast- und zielloses Umherwandern bzw. Unterwegs-Sein vollzieht. Dies ist bereits am Beispiel der Tuareg, welche nie an einem Ort ankommen, an dem sie sich niederlassen und Wurzeln schlagen, angeklungen. Aus diesem Grundgedanken ergibt sich eine Bandbreite von Bezügen zu konkreten Figuren, Situationen und Ereignissen, von denen exemplarisch einige näher betrachtet werden sollen:

Im Sprachunterricht der Flüchtlinge verwendet die äthiopische Lehrerin das Verb „gehen“, um die Bildung des Perfekts zu veranschaulichen, mit dem eine vergangene Handlung ausgedrückt wird. Sie erklärt ihnen, dass diese Zeitform bei Verben der Bewegung grundsätzlich mit dem Hilfsverb „sein“ gebildet wird: „Ich bin gegangen, bin geflogen, bin geschwommen.“ (S. 81) Da mit dem Verb „gehen“ letztlich eine große Vielfalt raumzeitlicher Bewegungsformen ausgedrückt werden kann, bezeichnet Jenny Erpenbeck dieses Verb als eine „Chiffre [...] für Bewegung“[2], in dem sich das Schicksal der Flüchtlinge, die auch nach ihrer Flucht aus der Heimat noch innerhalb Europas von Ort zu Ort geschickt werden und ständig unterwegs sind, ohne irgendwo einen festen Standort beziehen zu dürfen, verdichtet.[3]

Richard spannt den Bogen noch bedeutend weiter und erkennt hierin ein grundlegendes Prinzip der Menschheitsgeschichte, die seit Jahrtausenden davon geprägt ist, dass Menschen ununterbrochen in Bewegung sind – sowohl in raumzeitlicher als auch fortschrittlicher Hinsicht – und niemals zum „Stillstand“ (S. 152) kommen. Für ihn verbirgt sich dahinter „ein Naturgesetz“ (S. 152), das sich im Zyklus der Jahreszeiten immer aufs Neue offenbart (vgl. S. 152).

Als im wissenschaftlichen Denken geschulter Altphilologe begreift Richard auch seinen „Ruhestand“ (S. 253) allmählich nicht mehr als Stillstand, vielmehr ist er stolz auf seine geistige Beweglichkeit und seine Fähigkeit, neue Erkenntnisse und Einsichten zu gewinnen. So liest er beispielsweise in Ovids „Metamorphosen“ (= Wandlungen, in diesem Zusammenhang ein sprechender Titel), dass alles einer ständigen Veränderung unterworfen ist: *„Keines verbleibt in derselben Gestalt, und Veränderung liebend, schafft die Natur stets neu aus anderen Formen, und in der Weite der Welt geht nichts – das glaubt mir – verloren; Wechsel und Tausch ist nur in der Form. Entstehen und Werden heißt nur, anders als sonst angefangen zu sein, und Vergehen, nicht mehr sein wie zuvor.“* (S. 253)

Zum Ende der Romanhandlung wird das (Leit-)Motiv „gehen, ging, gegangen“ erneut in seiner ursprünglichen Funktion (vgl. S. 81 f.) wiederaufgenommen, indem reflexiv festgestellt wird, dass die jungen Männer aufgrund häufiger, meist unverschuldeter Versäumnisse des Deutschunterrichts in ihrem Lernfortschritt zurückgeworfen werden (vgl. S. 286 f.) und folglich „immer noch einmal von vorne anfangen“ (S. 287) müssen.

---

1 Vgl. Wendland, Hans-Georg (b): a. a. O., S. 13 f.

2 Erpenbeck, Jenny: Zitiert nach: Lorenzen, Ilka: Mit Jenny Erpenbeck in Berlin (Podcast), www.ilkalorenzen.de/kulturredaktion (27.04.2018), Transkription: Christine Mersiowsky

3 Vgl. Wendland, Hans-Georg (b): a. a. O., S. 13

Damit steht zugleich die Frage nach dem Sinn eines Sprachunterrichts im Raum, der in einer Endlosschleife zu versickern droht, da er von den um Integration bemühten Flüchtlingen nur unregelmäßig wahrgenommen werden kann. Erneut scheint die Antwort hierauf die zu sein, dass etwas eigentlich Wichtiges nicht realisierbar ist bzw. in nur unbefriedigendem Maße stattfindet, weil die bürokratischen Hemmnisse die gesellschaftliche Teilhabe der (Schutz-)Suchenden verhindern (vgl. Abschnitt 2.2, S. 40ff.).

Auch in dieser Hinsicht befinden sich die Flüchtlinge folglich auf einer end- und ziellosen Wanderung, sofern sich keine engagierten Mitmenschen wie Richard und seine alten Freunde ihrer annehmen, um ihnen ein neues Zuhause zu geben (vgl. S. 285).

Aufgrund der Komplexität dieses Lerngegenstandes und im Hinblick auf die höhere Vielfalt der Ergebnisse sollte die Bearbeitung des **Arbeitsblattes 12** (S. 87) in arbeitsgleicher Gruppenarbeit erfolgen:

- *Nennen Sie die wesentlichen Merkmale der Chiffre als literaturwissenschaftlicher Kategorie.*
- *Erläutern Sie die verschiedenen Bedeutungsebenen der Chiffre „Gehen, ging, gegangen“ im gleichnamigen Roman. Nutzen Sie hierfür insbesondere die folgenden Textstellen: S. 9, S. 25, S. 56–59, S. 81f., S. 152, S. 253 und S. 286f.*

Die Ergebnisse dieser Textanalyse können in folgendes Tafelbild münden:

Die Bedeutung der zentralen Motive des Romans (1): Der Titel „Gehen, ging, gegangen“

1. Bedeutungsebene
Grammatik als Bestandteil eines systematischen Sprachkurses (vgl. S. 56)

2. Bedeutungsebene
Symbol für die Kategorie „Zeit“ als etwas Unaufhaltbares und Vergängliches
→ Flüchtigkeit der „Schrift im Sand“ (S. 59) der Tuareg

3. Bedeutungsebene
Symbol für die Kategorie „Zeit“ als zyklisches, kreislaufartiges Geschehen ohne „Stillstand“ (S. 152)

- rast- und zielloses Umherwandern bzw. ständiges Unterwegs-Sein (→ Tuareg, Flüchtlinge, gesamte Menschheit)
- Zyklus der Jahreszeiten („Naturgesetz“, S. 152) als Zeichen des stetigen Neuanfangs (Ovids „Metamorphosen“, S. 253)

Mehrfachcodierung:
Verb „gehen“ als „Chiffre [...] für Bewegung“[1] (J. Erpenbeck),
in welchem sich das Schicksal der Flüchtlinge verdichtet

Im abschließenden Unterrichtsgespräch wird das Tafelbild (vgl. Fazit) mithilfe folgender Leitfrage vervollständigt:

- *Welche übergeordnete Funktion erfüllt die Chiffre „Gehen, ging, gegangen“ im Roman mit Blick auf die Flüchtlinge?*

[1] Erpenbeck, Jenny: Zitiert nach: Lorenzen, Ilka: a. a. O.

4.2.2 Toter Mann im See

Auch das Motiv des toten Mannes im See als geheimnisvolle, nie gesehene Figur gerät immer wieder in Richards Bewusstsein, bis es sich mit seiner Erinnerung „unauflöslich verbunden hat" (S. 290).

Marx versteht dieses häufig aufgerufene Sinnbild als Symbol für die Störung im Leben der Figur Richard.[1] Diese Deutung ist angesichts der überwiegend verdrängten Vergangenheit des Protagonisten durchaus naheliegend. Belege hierfür sind beispielsweise das traumatische Fluchtereignis im Säuglingsalter (vgl. S. 22 f.) sowie sein Drängen auf Abtreibung des gemeinsamen Kindes zu Beginn seiner Ehe (vgl. S. 296 f.).

Es ist daher in psychoanalytischer Hinsicht kein Zufall, dass Richard den „sehr schöne[n] See" (S. 290), den er „[v]on seinem Schreibtisch aus sieht" (S. 8), meidet, seitdem sich in dessen Tiefen ein toter Mann befindet. Denn der „See, der da jetzt vor ihm liegt und glänzt, wusste, scheint ihm, immer schon mehr als er, dessen Beruf doch das Nachdenken ist" (S. 12).

Erst als er durch seine Begegnung mit den Flüchtlingen gezwungen wird, sich nach und nach auch mit seiner eigenen Vergangenheit auseinanderzusetzen, gelangt das ins Unterbewusstsein Verdrängte wieder in sein Bewusstsein. So gesteht er sich zum Ende der Romanhandlung ein, dass ihm schon damals beim Anblick seiner Frau, die nach dem illegalen und zudem unprofessionell ausgeführten Eingriff fast gestorben wäre (vgl. S. 297), „klargeworden [ist], dass das, was ich aushalte, nur die Oberfläche von all dem ist, was ich nicht aushalte" (S. 297).

Indem Richard sich am Ende des Romans seiner Vergangenheit stellt, wird es ihm wiederum möglich, „[v]ielleicht [...] im Sommer wieder [...] am Ufer [des Sees] zu sitzen und glücklich zu sein, das Wasser zu sehen" (S. 290 f.).

Das Sinnbild des toten Mannes im See verweist jedoch nicht nur auf Richards vergangene Erlebnisse, vielmehr ist auch dieses Motiv mehrfach codiert und lässt sich ebenso gut auf gegenwärtige Ereignisse beziehen: Fast beiläufig und eher emotionslos schildert der Erzähler gleich zu Beginn der Romanhandlung, dass vor einiger Zeit ein Mann beim Schwimmen im See ertrunken ist (vgl. S. 10). Seitdem ruht der bis dahin rege Badebetrieb und eine geheimnisvolle „Stille" (S. 10) breitet sich aus, welche die Beschäftigungslosigkeit Richards durch seine Pensionierung spiegelt; denn auch sein bisheriges (Berufs-)Leben ist von produktiver Betriebsamkeit geprägt gewesen (vgl. S. 8 f.), während Richard nunmehr regungslos zu verharren scheint und nicht weiß, was ihn im Ruhestand erwarten wird.

„Einen ganzen Sommer lang schon [...] gehört der See einem Toten" (S. 15). Analog dazu fühlt auch Richard, dass ihm sein bisheriges Leben, das sich zu einem Großteil am wissenschaftlichen Institut abgespielt hat, entgleitet, denn „[i]rgendwie schien ihm, als läge allen [...] viel daran, ihn nun so bald wie möglich aus ihrem Gesichtskreis zu schieben" (S. 11). Zugleich wird aber auch auf die Situation der Flüchtlinge angespielt, die latent bedroht sind, in ihre Herkunftsländer zurückgeschickt zu werden, wo sie verfolgt worden sind. Um dies zu verhindern, wollen sie anonym bleiben (vgl. S. 19).

Eine weitere Bedeutungsebene dieses Motivs stellt die Vergänglichkeit im Laufe der Zeit dar: Ebenso wie im Herbst das „Laub wieder zu Erde wird" (S. 44), unterliegt auch der See im Zyklus der Jahreszeiten Veränderungen, die vor allem am Grund stattfinden, wo der menschliche Blick nicht hinreicht (vgl. S. 15). So wird auch der tote Mann im See irgendwann vermodern oder sich auflösen (vgl. S. 44), wenn er nicht bald gefunden wird, und somit Teil des

[1] Vgl. Marx, Friedhelm: Flucht und Vertreibung in der Gegenwartsliteratur. Jenny Erpenbecks Roman Gehen, ging, gegangen. Vortrag bei der niedersächsischen Netzwerktagung Deutsch am 1. Dezember 2017. Bad Salzdetfurth 2017

natürlichen (Lebens-)Kreislaufes sein. Letzteres wiederum verdeutlicht zugleich die Unvergänglichkeit der Natur (vgl. S. 290f.), in der irgendwie nichts verloren geht, sondern immer wieder verwertet wird, sodass etwas Neues entsteht.

Das Motiv des toten Mannes im See ist zu guter Letzt auch auf die Situation der vom Ertrinken bedrohten Flüchtlinge zu übertragen, welche über die Mittelmeerroute nach Europa gekommen sind, wie etwa Raschid, Awad und Osarobo. Für sie sind die auf der Überfahrt Ertrunkenen jedoch keine anonymen Gestalten wie die Leiche am Seegrund, über die lediglich vage Gerüchte und Vermutungen existieren (vgl. S. 10f.). Vielmehr haben sie im gleichen Boot gesessen und haben die verzweifelten Hilferufe der Ertrinkenden wahrgenommen und sich in ihnen „selbst erkannt“ (S. 177). In diesem Kontext ist für Richard somit auch jeder in Berlin gestrandete afrikanische Flüchtling „gleichzeitig ein Lebendiger und ein Toter“ (S. 178).

Die Autorin selbst fasst die Funktion dieses Motives wie folgt zusammen: So stellt der tote Mann im See „ein Bild für all die Dinge [dar], die so im Verborgenen da sind und auch eine große Energie haben. [...] also auch was mit uns machen, ohne das wir es eben sehen können und vielleicht auch gerade deshalb, weil wir es nicht sehen können oder nicht sehen wollen“[1].

Aufgrund der Komplexität auch dieses Lerngegenstandes und im Hinblick auf die höhere Vielfalt der Ergebnisse sollte die Bearbeitung des folgenden Arbeitsauftrages erneut in arbeitsgleicher Gruppenarbeit erfolgen:

- *Überprüfen Sie mithilfe der folgenden Textstellen, in welcher Weise auch das Motiv des toten Mannes im See unterschiedliche Bedeutungen (Mehrfachcodierung) hat:*
  S. 8–12, S. 15, S. 22f., S. 44, S. 176–178, S. 290f. und S. 296f.

Die Ergebnisse dieser Textanalyse können in sprachlich reduzierter Form an der Tafel fixiert werden:

[1] Erpenbeck, Jenny: Zitiert nach: Lorenzen, Ilka: a. a. O.

Die Bedeutung der zentralen Motive des Romans (2): Der tote Mann im See

1. Bedeutungsebene
Symbol für die Störung im Leben Richards
- Gegenwart: Eintritt in den Ruhestand (vgl. S. 8 ff.)
- Vergangenheit:
  traumatisches Fluchtereignis im Säuglingsalter (vgl. S. 22 f.)
  sein Drängen auf Abtreibung zu Beginn seiner Ehe (vgl. S. 296 f.)
  → „Damals [...] ist mir klargeworden, dass das, was ich aushalte, nur die Oberfläche von all dem ist, was ich nicht aushalte." (S. 297)

2. Bedeutungsebene
Symbol für die Unvergänglichkeit der Natur
- Auch der See unterliegt dem Zyklus der Jahreszeiten (vgl. S. 15 und S. 44).
- So, wie „das Laub wieder zur Erde wird", wird auch der tote Mann „sich im See auflös[en]" (S. 44).

3. Bedeutungsebene
Spiegel der Situation der Flüchtlinge
- Bedrohung, bei der Überfahrt nach Europa zu ertrinken (vgl. S. 177)
- Bedrohung, in ihre Herkunftsländer zurückgeschickt zu werden
  → „In diesem Sinne ist auch jeder von den afrikanischen Flüchtlingen hier [...] gleichzeitig ein Lebendiger und ein Toter." (S. 178)

Symbol für alles Verborgene, das der Mensch nicht sehen kann oder will

4.3 Die stilistische Gestaltung des Romans

Charakteristisch für Jenny Erpenbecks Erzähltechnik ist die über weite Strecken des Romans zu beobachtende Mischung aus fiktionalem und faktischem Erzählen, wobei die Übergänge häufig fließend sind. Im Gegensatz zum rein fiktionalen Erzählen wird beim faktischen das Dokumentarische durch konkrete Daten und Zahlen sowie Hinweise auf reale Personen, Orte, Institutionen und/oder gesetzliche Regelungen besonders hervorgehoben, sodass solche Textpassagen im Stil einer Reportage erscheinen, wie etwa in Kapitel 44 (vgl. S. 219):

„Der erste Tag in diesem neuen Jahr ist ein Mittwoch. Die meisten Beamten der Berliner Ausländerbehörde haben daher beim Übergang vom alten zum neuen Jahr die Gelegenheit genutzt, mit nur zwei Urlaubstagen beinahe eine ganze Woche Ferien zu gewinnen. Erst am Montag, dem 6. Januar, betreten sie wieder ihre Büros und drehen das Rädchen auf dem Jahresstempel um eine Zahl weiter, blättern in Ordnern und Papieren, tippen dies und tippen das, verschicken am Dienstag einige Briefe. Am Mittwoch, dem 8., treffen im Spandauer Heim und auch Friedrichshain und im Wedding die Listen mit den ersten 108 Namen derer, die am Freitagmorgen, dem 10., ihr bisheriges Heim verlassen sollen, um zum Beispiel nach Magdeburg, oder in ein Containerwohnheim am Rande von Hamburg oder in ein bayrisches Bergdorf zurückzukehren, wo sie vor etwa zwei Jahren in Unkenntnis der europäischen und der deutschen Regelungen mehr oder weniger zufällig einen Antrag auf Asyl gestellt haben. Von wo sie vor zwei Jahren nach Berlin aufgebrochen sind, um gegen das Gesetz, das ihnen den Aufbau einer selbstständigen Existenz und sogar den Ortswechsel innerhalb Deutschlands während des Asylverfahrens verbietet, zu protestieren. Das Gesetz ist noch immer das Gesetz und hat nun am Freitag ab acht Uhr seine große Stunde. Zwar darf man die Flüchtlinge, deren Namen auf der Liste stehen, nicht zwangsweise in den oder jenen abgelegenen Ort, der für sie zuständig ist, transportieren, aber zumindest die Räumung der bisher von ihnen bewohnten Zimmer in den Berliner Heimen ist nun von Gesetzes wegen Sache der Polizei."

Durch diese faktisch bzw. dokumentarisch betonte Erzählweise, bei der bestimmte Passagen wie ein Genre-Mix aus Reportage, Zeitungsmeldung und Forschungsbericht anmuten und an Autoren wie Egon Erwin Kisch und Siegfried Cracauer aus den 1920er-Jahren erinnern, wird ein hohes Maß an Authentizität erreicht, was sicherlich auch der Grund dafür ist, weshalb Erpenbecks Roman „Gehen, ging, gegangen" in der Literaturkritik als „Tatsachenroman"[1] bezeichnet wird.

Diese erzähltechnische Besonderheit wird allerdings auch kritisch bewertet. So fragt Magenau in seiner Rezension in der Süddeutschen Zeitung (vgl. Baustein 5, S. 89 ff.), „ob nicht eine Reportage mehr leisten könnte, ohne ein fiktives Mäntelchen um die realen Ereignisse zu legen"[2]. Diese Frage lässt sich nicht eindeutig beantworten, zumal die Reportage als journalistische Textsorte auf der einen und Literatur auf der anderen Seite zwar durchaus unterschiedliche Herangehensweisen haben, jedoch unabhängig voneinander einen wertvollen Beitrag zur aktuellen Flüchtlingsproblematik liefern können.

Die Autorin selbst stellt in diesem Zusammenhang fest, dass ihr Roman „Gehen, ging, gegangen" das Ergebnis gründlicher Recherche sei, mit dem Vorteil, dass „man [hierbei] viel weniger in Archiven sitzt, sondern sich mehr draußen auf der Straße bewegt"[3], folglich unmittelbaren Kontakt mit Betroffenen aufnimmt und „über lange Zeit hinweg intensive Gespräche mit schwarzafrikanischen Flüchtlingen"[4] führt. Da auch in ihrer Familiengeschichte dieses „Thema immer präsent gewesen"[5] ist, hat sie in Erfahrung bringen wollen, „was das für Menschen waren, bevor sie Flüchtlinge geworden sind, denn ‚Flüchtling' ist kein Beruf. Mich haben der Alltag und die Normalität, die es vor der Flucht gab, interessiert"[6].

Sowohl diesen als auch vergleichbaren Äußerungen Erpenbecks ist zu entnehmen, dass der Autorin einerseits offenbar sehr daran gelegen gewesen ist, faktisch eine Geschichte über fiktive Einzelschicksale zu erzählen, welche sich in dieser Weise in der Realität hätte zugetragen haben können, anstatt eine Reportage oder gar einen Diskussionsbeitrag zur Flüchtlingsproblematik zu verfassen.

Um die Kursteilnehmer an diesen Lerngegenstand heranzuführen, erhalten sie den folgenden Arbeitsauftrag:

- *Lesen Sie den Absatz auf Seite 219 erneut und beschreiben Sie dessen Stilistik.*
- *Ergänzen Sie Ihre Ausführungen um weitere geeignete Textstellen, an denen die stilistischen Besonderheiten dieses Romans deutlich werden.*
- *Erläutern Sie die Funktion der von der Autorin gewählten Stilmittel.*

---

1 Apel, Friedmar: a. a. O.
2 Magenau, Jörg: a. a. O., S. 3
3 Erpenbeck, Jenny. Zitiert nach: Mangold, Ijoma: Gegen die herrschende Klasse. Politische Literatur. In: DIE ZEIT. Nr. 41/2015 vom 2. November 2015. Zitiert nach: www.zeit.de/2015/41/literatur-politik-gesellschaft-ilija-troja now/ komplettansicht (08.12.2017), S. 4
4 Erpenbeck, Jenny. Zitiert nach: Frey, Thomas: a. a. O., S. 2
5 Erpenbeck, Jenny. Zitiert nach: Mangold, Ijoma: a. a. O., S. 4
6 Ebd.

Die Ergebnisse dieser Textanalyse können zu folgendem Tafelbild zusammengefasst werden:

Die stilistische Gestaltung des Romans

Betonung des Dokumentarischen (vgl. S. 219)
- konkrete Daten und Zahlen
- Hinweise auf reale Personen, Orte, Institutionen und/oder gesetzliche Regelungen
- Genre-Mix aus Reportage, Zeitungsmeldung, Forschungsbericht usw.
- verwoben mit literarischen Elementen: Darstellung fiktiver Einzelschicksale der Flüchtlingsfiguren

Mischung aus fiktionalem und faktischem Erzählen
→ hohes Maß an Authentizität („Tatsachenroman“[1])

4.4 Die Intertextualität des Romans

Kennzeichnend für Erpenbecks Erzählweise und aus literaturwissenschaftlicher Sicht interessant ist die Intertextualität des Romans „Gehen, ging, gegangen“, bestehend aus vielfältigen Anspielungen und Andeutungen und teilweise nur mühsam aus dem jeweiligen Zusammenhang zu entschlüsselnden Zitaten. Erpenbeck entwickelt hier geradezu ein Netz intertextueller Bezüge, welche zum Teil gleichzeitig verschiedene, gleichberechtigt nebeneinanderstehende Deutungen ermöglichen (vgl. Abschnitt 4.2, S. 75 ff.).

Ob es sich um Homer, Goethe, Ovid (vgl. S. 253), Empedokles (vgl. S. 253), Seneca (vgl. S. 253), Shakespeare (vgl. S. 232), die Merseburger Zaubersprüche (vgl. S. 13), das Märchen von der Prinzessin auf der Erbse (vgl. S. 19) oder die Prinzen handelt, die vom Vater ausgesandt werden, „um ihr Glück zu machen, um eine schöne Königstochter zu finden, um Aufgaben zu lösen und sich ihr Erbe zu verdienen“ (S. 189) – alle Zitate bzw. Referate werden in die Romanhandlung eingebettet und verarbeitet, wenngleich diese nicht immer zum jeweiligen Kontext zu passen scheinen.

Dabei ist weiterhin auffällig, dass aufgrund des beruflichen Werdegangs der zentralen Figur Richard besonders häufig auf mythologische Stoffe rekurriert wird. Exemplarisch für die Zitate und Anspielungen auf Figuren der griechischen Mythologie soll im Folgenden den intertextuellen Bezügen zum Odysseus-Mythos genauer auf den Grund gegangen werden. Diese Anspielungen auf die griechische Mythologie, die im Verlauf der Romanhandlung in variierter Form immer wiederkehren und ein dichtes Netz bilden, gilt es im Folgenden zu entwirren.

Gleich zu Beginn des Romans wird ein erster Bezug zu Homers Heldenepos „Odyssee“ hergestellt, wenn Richard sich berechtigterweise fragt, warum er „die Männer am Alexanderplatz nicht [schon viel früher] gesehen“ (S. 25) habe. Weil ihn diese unbeantwortete Frage beschäftigt, „zieht [er] die Prosaübersetzung der ‚Odyssee‘ aus dem Regal und liest sein Lieblingskapitel, das elfte“ (S. 26), in dem sich Odysseus nach wie vor auf seiner abenteuerlichen Reise befindet. Sein Weg führt ihn in die Unterwelt, wo er den Geistern der Toten begegnet.

[1] Apel, Friedmar: a. a. O.

Als Richard nur kurz darauf „in den Nachrichten aus Stadt und Region" erfährt, dass die „hungerstreikenden Flüchtlinge vom Alexanderplatz [...] abtransportiert worden" (S. 28) sind, fällt ihm erneut der Mythos von Odysseus ein, der „sich Niemand genannt [hat], um aus der Höhle des Zyklopen zu entweichen. Wer hat dir das Auge ausgestochen?, fragten den blinden Zyklopen von draußen die anderen Riesen. Niemand, brüllt der Zyklop. Wer schlägt dich? Niemand!" (S. 28). Durch die List, seine wahre Identität nicht preiszugeben, gelingt es der Sagengestalt schließlich, „unentdeckt aus der Höhle des menschenfressenden Ungeheuers" (S. 28) zu entfliehen.

Der intertextuelle Bezug dient in diesem Kontext folglich dazu, Mythologie und erlebte Gegenwart miteinander zu verknüpfen und somit räumliche und zeitliche Grenzen zu überbrücken: So gefällt Richard die „Idee [der Flüchtlinge], sichtbar zu werden, indem man öffentlich nicht sagt, wer man ist" (S. 28), ausgesprochen gut[1] und er bedauert es dementsprechend, dass das „Schild mit der Aufschrift *We become visible* [...] wahrscheinlich jetzt in einem Papierkorb" (S. 28) oder lieblos im Regen auf dem Boden liegt. Diese Auslegung wird später bestätigt, wenn Richard im Gespräch mit Apoll über die Lebensweise der Tuareg plötzlich „der Zusammenhang zwischen Raum, Zeit und Dichtung so klar" (S. 160) wird wie noch nie zuvor.

Neben diesen zitatähnlichen und somit eindeutig intertextuellen Passagen lassen sich im Roman zudem weitere Anspielungen auf Homers „Odyssee" identifizieren: So fühlt sich der Leser sogleich an den unheimlichen, menschenfressenden Zyklopen, dem Odysseus nur knapp entrinnen kann, erinnert, wenn sich das „eherne Gesetz" (S. 192) kurz vor den Weihnachtsfeiertagen „mit knirschenden Knochen" (S. 192) erhebt und „sein Maul weit [aufreißt]" (S. 194), um die Flüchtlinge sinnbildlich zu verschlingen (vgl. S. 194).

Darüber hinaus wird an dieser Anspielung eine weitere Funktion der intertextuellen Bezüge im Roman „Gehen, ging, gegangen" deutlich, denn sie haben vorausdeutenden Charakter und verweisen auf das den Flüchtlingen in Kürze drohende Ende ihres Aufenthalts in Deutschland, sodass dieser Ort lediglich eine Durchgangsstation auf ihrer weiterhin andauernden Irrfahrt bleiben wird (vgl. S. 26).

In diesem Zusammenhang ist auch einfach zu erklären, warum Jenny Erpenbeck den Odysseus-Mythos in einem ganz bestimmten Punkt abwandelt, indem sie den aus Odysseus' Sicht positiven Ausgang seiner Abenteuerreise bewusst ausspart: Sie streicht auf diese Weise alles Positive und Hoffnungsvolle zugunsten eines Endes, das ein wirkliches An- bzw. Heimkommen nicht mehr vorsieht. So grausam die Situation für den mythologischen Dulder Odysseus, der letztlich an sein Ziel gelangt, auch gewesen ist, so hoffnungslos und desillusioniert stehen die Flüchtlinge dem eigenen, ebenso großen Leid gegenüber.

Ihr Exil in Deutschland ist für die Flüchtlinge somit alles andere als eine Abenteuerfahrt, jede Hoffnung auf ein Ankommen und das Finden einer neuen Heimat ist abhandengekommen, weil die bürokratischen Hürden in Gestalt des „Dublin II"-Abkommens dies unmöglich machen (vgl. Abschnitt 2.2, S. 40 ff.).

Um die Schülerinnen und Schüler für diesen Lerngegenstand zu sensibilisieren, erhalten Sie das **Arbeitsblatt 13** (S. 88), welches sinnvollerweise in Gruppenarbeit bearbeitet werden sollte, um vielfältigere Ergebnisse zu erhalten.

[1] Die Flüchtlinge wollen ihren Namen partout nicht preisgeben. Durch diese gewaltfreie Form des Protests erhoffen sie sich in erster Linie eine entsprechende Aufmerksamkeit in der Öffentlichkeit bzw. den Medien. Zugleich schwingt hier auch die Furcht vor der Abschiebung mit: So lässt sich nur derjenige „fassen" und abschieben, dessen Identität geklärt ist.

- *Erläutern Sie, welche Aspekte des Odysseus-Mythos Jenny Erpenbeck in ihrem Roman „Gehen, ging, gegangen" aufnimmt, weglässt und/oder verändert. Nutzen Sie hierfür insbesondere die folgenden Textstellen: S. 26, S. 28, S. 160, S. 192–194.*
- *Interpretieren Sie diese Ergebnisse im Hinblick auf die Intention der Autorin.*

Die Ergebnisse dieser Textanalyse können in sprachlich reduzierter Form an der Tafel zusammengetragen werden:

Die Intertextualität des Romans: Der Odysseus-Mythos

1. Funktion: Verknüpfung von Mythologie und erlebter Gegenwart
- Richard „zieht die Prosaübersetzung der ‚Odyssee' aus dem Regal" (S. 26), nachdem er sich gefragt hat, warum er die Flüchtlinge nicht wahrgenommen hat.
- „Schade, denkt er. Die Idee, sichtbar zu werden, indem man öffentlich nicht sagt, wer man ist, hatte ihm gefallen. Odysseus hatte sich Niemand genannt" (S. 28).

→ Überbrückung räumlicher und zeitlicher Grenzen (vgl. S. 160)

2. Funktion: Vorausdeutung auf das Ende des Aufenthalts in Deutschland
- Das „eherne Gesetz" (S. 192), das die Flüchtlinge verschlingt (vgl. S. 194), erinnert an den unheimlichen, menschenfressenden Zyklopen.
- Irrfahrt der Flüchtlinge geht aufgrund bürokratischer Hürden („Dublin II") weiter.

→ Unmöglichkeit des An- bzw. Heimkommens der Flüchtlinge (vgl. Romanschluss)

Anpassung des Odysseus-Mythos erforderlich
(z. B. Weglassen des positiven Ausgangs)

Um diesen Lernabschnitt abzurunden, sollten die Kursteilnehmer abschließend diskutieren, ob sich der Rückgriff auf mythologische Stoffe als stilistisches Ausdrucksmittel in diesem Kontext eignet. Dazu identifizieren die Schülerinnen und Schüler weitere Textstellen im Roman und recherchieren gegebenenfalls den jeweiligen mythologischen Hintergrund.

- *An welchen Stellen werden im Roman ebenfalls Bezüge zur griechischen Mythologie hergestellt?*
  Halten Sie den Rückgriff auf mythologische Stoffe für geeignet, um Probleme, Ängste und Schrecken der handelnden Figuren auszudrücken?

Notizen:

Aufbau und Erzählstruktur des Romans

Das Ziel dieses Lernabschnittes ist es, das kompositorische Prinzip des Romans „Gehen, ging, gegangen“ zu erkennen. Zu diesem Zweck erhalten Sie zwei ausgewählte Textstellen aus Jenny Erpenbecks Werk.

Text 1

Und dann?

Ich habe begonnen, als Automechaniker zu arbeiten. Hatte Freunde. Es war ein gutes Leben.

Und dann?

Draußen auf der Straße fährt jetzt ein LKW rückwärts, man hört das Warnsignal, einen hohen Piepton, wieder und wieder. Im Morsealphabet wäre das eine Null. In jeder ungeraden Kalenderwoche wird der Plastikmüll abgeholt. Oder ist es ein Möbeltransport, der in der Einfahrt zu wenden versucht.

Dann wurde mein Vater erschossen.

Richard würde jetzt gern etwas sagen, aber es fällt ihm nichts ein.

Am Tischbein klebt ein kleines gelbes Schild mit der Inventarnummer 360/87.

Richard hatte seinen Vater, als er gestorben war, noch einmal im Krankenhaus gesehen, der Kiefer des Toten war von den Schwestern mit einer Binde am Schädel festgebunden worden, damit der Mund nicht für den Rest der Ewigkeit offenblieb. Mit dieser Binde hatte sein Vater ausgesehen wie eine Nonne. Richard hatte ihn kaum wiedererkannt.

Awad sitzt vornübergebeugt, er stützt sich mit den Armen auf und schaut immer tiefer in den Tisch hinein, während er weiterspricht.

Erpenbeck, Jenny: Gehen, ging, gegangen. Klett Verlag: Stuttgart 2017, S. 66

Text 2

Längst schon hat Richard sich vorgenommen, dieses Papier zu studieren, *Vereinbarung* genannt, das der Senat mit den Afrikanern gemacht hat, um den Oranienplatz wieder freizubekommen für die Berliner. Einen ganzen Tag hat er dafür eingeplant, aber dann ist das Dokument zu seiner größten Überraschung nicht länger als eine dreiviertel Seite. Selbst seine Telefonverträge sind länger, und ganze zwei Ordner in seinem Regal sind gefüllt mit dem Schriftwechsel über den Erwerb seines Hauses. Wenn in Deutschland ein Schriftstück so kurz ist, erscheint ihm das, gelinde gesagt, höchst erstaunlich. *Wir sind uns darüber einig, dass die Bedingungen für schutzsuchende Flüchtlinge in Europa und Deutschland verbessert werden müssen.* So lautet der erste Satz dieses als *Einigungspapier* bezeichneten Dokuments. Hier wollen sich also zwei einigen, die gleich am Anfang bekunden, dass sie sich einig sind. Manchmal schon hat er gedacht, dass er, wenn er einen Text untersucht, kaum anderes macht, als nach Indizien zu suchen. Wer zum Beispiel ist überhaupt *wir?*

Das Campieren und damit die im Widerspruch zur genehmigungsfähigen rechtlichen Situation stehende Form des Protests wird auf Dauer beendet. Die Flüchtlinge organisieren selbstständig den Abbau aller Zelte bzw. Unterkünfte und wirken darauf hin, diesen Zustand dauerhaft zu erhalten.

Die *genehmigungsfähige rechtliche Situation* gefällt ihm besonders. Ob das Verhältnis zu seiner Geliebten eine *ehefähige* Beziehung hätte genannt werden können? Und hätte allein diese Bezeichnung seiner Geliebten, die jede Woche mindestens einmal darüber weinte, dass er zum Abendbrot wieder zu seiner Frau zurückfuhr, vielleicht schon Genugtuung verschafft? Oder stand eben das Weinen im Widerspruch zu ihrer Ehefähigkeit?

Außerdem aber hat sich die Rede von der Dauerhaftigkeit des Rückzugs zweimal in diesen Abschnitt geschlichen, Sprache ist niemals Zufall, das hat er seinen Studenten immer begreiflich zu machen versucht. Er selbst hat das Tag für Tag neu beim Studium des *Neuen Deutschlands*, des sogenannten *Zentralorgans der Partei* gelernt. Die Bezeichnung *Zentralorgan* selbst war schon Anlass genug, um zu zweifeln. Den eigenen Protest also sollten die Flüchtlinge selbst zu Kleinholz zerlegen, vor aller Augen. Und was gab es dafür? Richard selbst weiß noch gut, wie er in der ersten Zeit nach der Währungsunion Tag für Tag Briefe bekam: *Sie haben gewonnen! Einen Mercedes! 500 Millionen! Eine Villa!* Die kleine Papierschablone mit dem goldenen Schriftzug *Villa Richard* hängt zur Erinnerung an den Verlust seiner sozialistischen Unschuld noch immer bei ihm über dem Schreibtisch.

Erpenbeck, Jenny: Gehen, ging, gegangen. Klett Verlag: Stuttgart 2017, S. 110 f.

Best.-Nr. 022724

- *Lesen Sie die ausgewählten Textstellen erneut und reflektieren Sie Ihren Leseprozess:*
  - *Was fällt Ihnen an der Art, wie der Roman aufgebaut ist und wie hier erzählt wird, auf?*
  - *Was ist im Vergleich zu Romanen, die Sie bisher gelesen haben, vielleicht anders?*
- *Weisen Sie die Montagetechnik in den vorliegenden Textauszügen nach: Markieren Sie die montierten Passagen mit unterschiedlichen Farben und benennen Sie die jeweilige Textsorte.*

INFORMATION: Montagetechnik

Die Montage ist eine Technik des modernen Erzählens, bei der verschiedene Texte bzw. Textteile, die unterschiedliche Inhalte und/oder Sprachebenen und -stile transportieren, analog zum Filmschnitt übergangslos zusammengefügt werden, wodurch der Lesefluss manchmal bewusst unterbrochen wird. Sie dient häufig der Erzeugung von Überraschungsmomenten und der Annäherung an die moderne, immer komplexer werdende Wirklichkeit.

- *Stellen Sie einen kausalen Zusammenhang zwischen Erzählstruktur und Inhalt her und erläutern Sie dabei auch, was Jenny Erpenbeck dem Leser mithilfe der Montagetechnik verdeutlichen will.*
- *Nennen Sie Struktur bildende Motive dieses Romans und begründen Sie Ihre Auswahl.*

INFORMATION: Das Motiv als zentrales Element literarischer Texte

Im Gegensatz zum Thema, welches das Kernproblem eines literarischen Textes in seiner Gesamtheit erfasst, stellt ein **Motiv** (lat. *motivum* = Antrieb, Bewegung) in der Literatur die kleinste inhaltliche bzw. stoffliche Einheit eines Textes dar.

Ein Motiv kann im Verlauf der Handlung immer wieder aufgegriffen, neu kombiniert bzw. variiert werden – in der Literaturwissenschaft wird dann von einem **Leit**motiv gesprochen – und sich dabei sogar in verschiedene Richtungen entfalten. Ein durchgängiges Motiv verleiht dem Text nicht nur eine erkennbare Struktur, vielmehr dient die Ausgestaltung des wiederkehrenden Motivs dazu, die Aufmerksamkeit des Lesers auf bestimmte Textpassagen zu lenken, um deren Bedeutung (z. B. für den weiteren Handlungsverlauf) hervorzuheben und Zusammenhänge zwischen Textteilen zu verdeutlichen, die ohne ein Motiv nicht ohne Weiteres zu erkennen wären.

Die Deutung eines Motivs, das häufig symbolischen Charakter hat, ist folglich wesentlicher Bestandteil der Interpretation literarischer Texte, wie das Motiv der Reise, welches z. B. in Wolfgang Herrndorfs Roman „Tschick" den inneren Reifeprozess des Protagonisten vom Jugendlichen zum Erwachsenen versinnbildlicht. Weitere Motive, die in literarischen Texten häufig Verwendung finden, sind z. B. das Motiv der Augen, des Spiegels und des Doppelgängers.

Die Funktion des zentralen Motivs „Gehen, ging, gegangen"

Auf den Titel ihres Romans „Gehen, ging, gegangen" angesprochen, äußert sich Jenny Erpenbeck in einem Interview wie folgt: So ist für die Autorin das Verb gehen in jedem Fall „eine Chiffre [...] für Bewegung, also dafür, dass Dinge sich ändern. Und es hat schon mit diesen verschiedenen Stadien zu tun und vielleicht auch mit der Hoffnung, dass nach einer ewigen Gegenwart auch irgendwann mal so etwas wie Zukunft anfangen könnte. Genauso wie man sich eben auch der vergangenen Dinge bewusst bleiben sollte, also zum Beispiel der Tatsache, dass wir Deutschen natürlich ein Volk von Auswanderern waren. Also in Amerika waren genauso viele Deutsche wie Engländer. [...] Wir sind selber sehr viel gegangen, und wir sollten vielleicht auch anderen Leuten zugestehen, dass sie sich fortbewegen, dort wo ihr Überleben einfach nicht gesichert ist"[1].

Ausgehend von diesem Zitat soll der im Roman leitmotivisch gebrauchte Titel „Gehen, ging, gegangen" genauer untersucht werden.

- *Nennen Sie die wesentlichen Merkmale der Chiffre als literaturwissenschaftliche Kategorie.*

INFORMATION: Chiffre

Unter einer Chiffre (frz. *chiffre* = Ziffer, Zahl) wird in der Literaturwissenschaft ein knappes, symbolartiges Zeichen verstanden, dessen Bedeutung aus dem Zusammenhang zu erschließen ist. Kennzeichnend für eine Chiffre insbesondere in (post-)moderner Dichtung ist ihre Mehrfachcodierung, was wiederum bedeutet, dass innerhalb eines literarischen Ganzwerkes unterschiedliche Lesarten bzw. Deutungen in Abhängigkeit vom jeweiligen Kontext möglich sind.

- *Erläutern Sie die verschiedenen Bedeutungsebenen der Chiffre „Gehen, ging, gegangen" im gleichnamigen Roman. Nutzen Sie hierfür insbesondere die folgenden Textstellen: S. 9, S. 25, S. 56–59, S. 81 f., S. 152, S. 253 und S. 286 f.*

[1] Erpenbeck, Jenny: Zitiert nach: Lorenzen, Ilka: Mit Jenny Erpenbeck in Berlin (Podcast), www.ilkalorenzen.de/kulturredaktion (24.04.2018), Transkription: Christine Merriawsky

Best.-Nr. 022724

Die Intertextualität des Romans – Der Odysseus-Mythos

Unter dem Begriff der *Intertextualität* wird in der Literaturwissenschaft die Eigenschaft insbesondere moderner Texte verstanden, dass diese an Schlüsselstellen Bezüge zu anderen (literarischen) Texten herstellen, indem beispielsweise aus dem Referenztext wörtlich zitiert oder aber erkennbar hierauf angespielt wird. Demzufolge sind diese intertextuellen Bezüge bei der Interpretation ebenfalls zu berücksichtigen.

In Jenny Erpenbecks Roman „Gehen, ging, gegangen" finden sich vielfältige intertextuelle Bezüge zu Werken von Johann Wolfgang von Goethe, William Shakespeare, Hans Christian Andersen, Homer, Ovid, Empedokles usw., die in die Romanhandlung eingebettet werden.

Da auffällig häufig auf mythologische Stoffe Bezug genommen wird, soll exemplarisch den intertextuellen Bezügen zum Odysseus-Mythos genauer nachgegangen werden.

Odysseus [...], listiger Held des trojanischen Krieges, musste auf der Rückreise von Troja viele Abenteuer bestehen; er war König von Ithaka, einer Insel vor der Westküste Griechenlands, Sohn des Königs Laertes von Ithaka [...].
Odysseus heiratete die spartanische Königstochter Penelope, die ihm Telemachos als einzigen Sohn schenkte [...]. Sein Schicksal während der zehnjährigen Rückreise von Troja nach Ithaka wird von Homers Odyssee überliefert. Odysseus verlor einen Teil seiner Mannschaft, als er auf der Insel der Kikoner nach erfolgreichen Raubzügen von den Inselbewohnern überfallen wurde. Danach gelangte er mit seiner Flotte zur Insel der Lotophagen (Lotosesser) und sandte Kundschafter aus. Diese aßen jedoch von den Lotosblüten, vergaßen ihre Aufgabe vollständig und sagten, auf der Insel bleiben zu wollen, als Odysseus sie wiederfand. Mit Gewalt musste er sie wieder an Bord bringen.
Auf einer anderen Insel lebten die riesigen, einäugigen Kyklopen [= Zyklopen], zu denen auch der Viehhirte Polyphem gehörte. Als Odysseus mit seinen Männern zu der Höhle des Kyklopen kam, stellte er sich unter dem Namen „Niemand" vor. Polyphem verschlang einige der Männer und schloss die übrigen in der Höhle ein [...]. Odysseus ersann einen Fluchtplan: Er spitzte einen Pfahl an, machte den Riesen betrunken und stieß ihm dann den Pfahl in sein Auge. Polyphem rief die anderen Kyklopen vergeblich um Hilfe, da er immer schrie, „Niemand" habe ihn überfallen [...].
Erst nach zehn Jahren weiterer Abenteuer kann Odysseus zurückkehren. Auf Ithaka lebte Penelope schon seit Jahren umringt von hartnäckigen Freiern, ohne zu wissen, ob Odysseus noch lebte. In ihrer Treue hielt sie die Freier damit hin, dass sie sich erst für einen von ihnen entscheiden wollte, wenn das Totenhemd des Laertes, das sie webte, vollendet sei. Nachts löste sie alles, was sie tagsüber gewebt hatte, wieder auf [...]. Odysseus hatte sich als Bettler verkleidet, um unerkannt die Situation zu erforschen [...]. Der alte Hund Argos starb, nachdem er seinen Herrn erkannt hatte. Odysseus musste einige Beleidigungen der Freier über sich ergehen lassen, die nicht ahnten, wen sie vor sich hatten [...]. Am nächsten Tag gab Penelope bekannt, den Freier zu heiraten, der den Bogen des Odysseus spannen könne. Als es niemandem gelang, ergriff Odysseus den Bogen, spannte ihn und erschoss nun nacheinander die Freier, die sich nicht wehren konnten [...]. Endlich sah Odysseus nun Penelope und den alten Vater Laertes wieder.

Moormann, Eric/Unterhoeve, Wilfried: Lexikon der antiken Gestalten. Kröner Verlag: Stuttgart 2010, S. 491 – 496

- *Erläutern Sie, welche Aspekte des Odysseus-Mythos Jenny Erpenbeck in ihrem Roman „Gehen, ging, gegangen" aufnimmt, weglässt und/oder verändert. Nutzen Sie hierfür insbesondere die folgenden Textstellen: S. 26, S. 28, S. 160, S. 192 – 194.*
- *Interpretieren Sie diese Ergebnisse im Hinblick auf die Intention der Autorin.*

Baustein 5

Die Entstehung und Wirkung des Romans

Im Zentrum dieses Bausteines steht die Intention der Autorin, diesen Roman zu schreiben (vgl. Abschnitt 5.1, S. 89ff.), welche von den Kursteilnehmern nachvollzogen werden soll. Im Anschluss daran sollen exemplarisch zwei Rezensionen begutachtet werden, welche zeigen, dass Erpenbecks Roman „Gehen, ging, gegangen" nicht einhellig für gut befunden worden ist (vgl. Abschnitt 5.2, S. 91 ff.). Den Abschluss dieser Unterrichtsreihe bildet dann die Wirkung des Romans auf die Schülerinnen und Schüler selbst, welche zu einem eigenen Urteil bezüglich dessen Qualität gelangen sollen, indem sie materialgestützt eine Rezension verfassen (vgl. Abschnitt 5.3, S. 94ff.).

5.1 Jenny Erpenbecks Anliegen

Auf die Frage, was Literatur zu einem gesellschaftspolitisch aktuellen und zudem bedeutsamen Thema wie der gegenwärtigen Flüchtlingsproblematik beitragen könne, antwortet Jenny Erpenbeck wie folgt: „In der wirklichen Welt gibt es im Moment sehr viele Fronten. An einem Buch ist das Schöne: Es ist eine Welt für sich. Literatur ist ja nicht nur Erzählen, sondern setzt Zuhören voraus, und Zuhören bedeutet, dass man sich mit Respekt begegnet. Wahrnehmung ist kein Luxus, sondern essenziell notwendig, so wie Essen und Trinken. Wo Gesetze die Wahrnehmung verhindern, kann der Literatur, so hoffe ich, diese Annäherung dennoch gelingen."[1]

Ihr Roman sei demzufolge „nicht als Kommentar zur politischen Situation gedacht". Vielmehr verfolge die Autorin „schon seit vielen Jahren die Fluchtgeschichten von Menschen, die aus Ländern, die wir kaum kennen, zu uns kommen"[2]. Es gehe Erpenbeck also „nicht darum zu moralisieren, sondern eine Bestandsaufnahme zu machen" und aufzuzeigen, dass nicht nur Flüchtlinge entmutigende Fremdheitserfahrungen machen (vgl. Abschnitt 3.1.2, S. 50ff.).[3] Darüber hinaus fühle sie sich auch persönlich betroffen. So sei in ihrer „Familiengeschichte [...] das Thema Flucht immer präsent gewesen, und ich kann mich deshalb vielleicht zu gut in die Lage von Menschen versetzen, die einen radikalen Schnitt in ihrem Leben erfahren"[4].

Die Empathie der Autorin für die nach vielen Irrwegen schließlich in Deutschland gestrandeten Flüchtlinge ist sicherlich ein wichtiger Grund für ihr politisches Engagement als Privatperson. Letzteres äußert sich zum einen in ihrem offenen Brief an den Berliner Innensenator Frank Henkel vom 5. September 2014 (vgl. **Zusatzmaterial 6**, S. 128f.) und in dem späteren Nachruf auf den seinem Herzleiden erlegenen Flüchtling Bashir Zakaryan vom 29. Oktober 2016 (vgl. **Zusatzmaterial 7**, S. 130f.). Zum anderen wird ihr persönlicher Einsatz für die Flüchtlinge vom Oranienplatz insbesondere in den Jahren 2014 und 2015 an ihren Aktionen

---

1 Erpenbeck, Jenny. Zitiert nach: Verlagsgruppe Random House (Hrsg.): 3 Fragen an Jenny Erpenbeck. Interview mit der Autorin. Albrecht Knaus Verlag: München 2015. Zitiert nach: www.random house.de/Interview-mit-Jenny-Erpenbeck/aid63569.rhd (02.01.2018), S. 1

2 Erpenbeck, Jenny. Zitiert nach: Frey, Thomas: a.a.O.

3 Ebd.

4 Erpenbeck, Jenny. Zitiert nach: Mangold, Ijoma: a.a.O.

(z. B. Grundstückskauf in Ghana, die Einrichtung eines privaten Spendenkontos, Arbeits- und Unterkunftsvermittlung, Klavierunterricht, allgemeine Lebensberatung) deutlich.

Das politische Engagement Jenny Erpenbecks gipfelt im Juli 2015 in der Veröffentlichung ihres neuen Romans „Gehen, ging, gegangen", den sie mit einem Spendenaufruf an ihre Leser schließt (vgl. **Arbeitsblatt 14**, S. 98 ff.).

Die in Bezug auf die Themen „Flucht" und „Asyl" vermittelte Botschaft ihres Romans, sich der Flüchtlinge anzunehmen und diese in die hiesige Gesellschaft zu integrieren, fasst die Autorin selbst wie folgt zusammen: „Ein Mensch, der in Italien oder Griechenland als Flüchtling anerkannt ist, darf nicht wie ein Verbrecher behandelt werden, nur weil er auf der Suche nach Arbeit in ein anderes europäisches Land kommt. Freizügigkeit innerhalb Europas zu verweigern, ist nicht nur unmenschlich, sondern auch kurzsichtig. Es treibt junge und hochmotivierte Menschen, die hier ihren Platz finden könnten, in Verzweiflung, Prostitution und Kriminalität."[1]

Um sich über Jenny Erpenbecks Anliegen bewusst zu werden, erhalten die Schülerinnen und Schüler die folgenden Aufgabenstellungen (vgl. **Arbeitsblatt 14**, S. 98 ff.), welche als vorbereitende Hausaufgabe bearbeitet werden können:

- *Ordnen Sie die Romanhandlung in den zeitlichen Kontext ein.*
- *Fassen Sie die Intention der Autorin in wenigen Sätzen zusammen.*

Die Ergebnisse dieses Lernabschnitts können an der Tafel wie folgt zusammengefasst werden:

Jenny Erpenbecks Anliegen

Romanhandlung spielt in der Zeit, in der die Flüchtlingskrise in der Bundeshauptstadt Berlin ihren Höhepunkt erreicht (August 2013 – Frühjahr 2015)

- durch eigenes Engagement als Vorbild vorangehen (vgl. M 1)
- den Flüchtlingen zuhören und ihnen somit Respekt entgegenbringen (vgl. M 2)
- gesellschaftliche Verantwortung gegenüber den Schutzbedürftigen übernehmen (vgl. M 2)

Sensibilisierung und Appell an die Leser (Bevölkerung), sich der Flüchtlinge anzunehmen und diese in die Gesellschaft zu integrieren

Im abschließenden Unterrichtsgespräch beantworten die Schülerinnen und Schüler für sich die Frage zur Funktion (gesellschafts-)politisch engagierter Gegenwartsliteratur:

- *Was kann Literatur zu einem gesellschaftspolitisch aktuellen und zudem bedeutsamen Thema wie etwa der gegenwärtigen Flüchtlingsproblematik beitragen?*

[1] Erpenbeck, Jenny. Zitiert nach: Verlagsgruppe Random House (Hrsg.): a. a. O., S. 1

In diesem Zusammenhang sollte zudem die Position der Autorin (vgl. **Arbeitsblatt 14**, S. 98 ff.) diskutiert werden, die hier im Sinne der besseren Übersicht erneut visualisiert wird:

> „In der wirklichen Welt gibt es im Moment sehr viele Fronten. An einem Buch ist das Schöne: Es ist eine Welt für sich. Literatur ist ja nicht nur Erzählen, sondern setzt Zuhören voraus, und Zuhören bedeutet, dass man sich mit Respekt begegnet. Wahrnehmung ist kein Luxus, sondern essenziell notwendig, so wie Essen und Trinken. Wo Gesetze die Wahrnehmung verhindern, kann der Literatur, so hoffe ich, diese Annäherung dennoch gelingen."[1]
>
> Jenny Erpenbeck

Es ist offensichtlich, dass auch die Aufgabe des Zuhörens im Roman „Gehen, ging, gegangen" der Figur Richard zugeschrieben wird, der schon „von Berufs wegen neugierig"[2] ist und sich die Zeit nimmt, diese jungen afrikanischen Männer näher kennenzulernen, während der Großteil der Bevölkerung ihnen mit Ablehnung begegnet (vgl. Abschnitt 1.1.2, S. 17 ff., sowie Abschnitt 2.2, S. 40 ff.).

Zur Vertiefung dieses Lernabschnitts und als Rückbezug auf die zu Beginn der Unterrichtseinheit behandelte Figurengestaltung (vgl. Abschnitt 2.1.1, S. 31 ff.) können die Lernenden abschließend dazu angehalten werden, die autobiografischen Bezüge in der funktionalen Figur Richards zu identifizieren:

- *Es ist offensichtlich, dass Jenny Erpenbecks politisches Engagement in der Hauptfigur ihres Romans gespiegelt wird.*
  Benennen Sie die Unterschiede zwischen der Autorin und dem Protagonisten Richard (Geschlecht usw.) und erläutern Sie mögliche Gründe für die abweichende Gestaltung der literarischen Figur.

Um Wiederholungen zu vermeiden, wird an dieser Stelle auf eine ausführliche Sachanalyse verzichtet, sondern lediglich festgestellt, dass Jenny Erpenbeck alle aus ihrer Sicht erforderlichen Kunstgriffe (Geschlecht, Beruf, Alter, familiäre Situation usw.) unternimmt, um mit der Gestaltung der Figur Richard optimale Voraussetzungen für die aus ihrer Sicht nötige „Annäherung"[3] zwischen den Flüchtlingen und der Bevölkerung zu schaffen, die im Verlauf der Romanhandlung auch erkennbar gelingt.

5.2 Politisch engagierte Literatur im Meinungsstreit

Zur Einführung in die durchaus kontroverse Rezeption und Wirkung des Romans „Gehen, ging, gegangen" lesen die Schülerinnen und Schüler die auf den **Arbeitsblättern 15a** und **15b** (S. 101 ff.) abgedruckten Rezensionen, um den Texten die wesentlichen Aussagen zu entnehmen und zudem kritisch zu den jeweiligen Positionen der Rezensenten Stellung zu beziehen. Zu diesem Zweck wurden exemplarisch die Rezensionen „Ein Stückchen Acker in Ghana" von Jörg Magenau (Süddeutsche Zeitung vom 30. August 2015) sowie „Ein Roman als Crashkurs in Flüchtlingskunde" von Hannah Lühmann (Die Welt vom 31. August 2015) ausgewählt.[4]

1 Erpenbeck, Jenny. Zitiert nach: Verlagsgruppe Random House (Hrsg.): a. a. O.
2 Erpenbeck, Jenny. Zitiert nach: Frey, Thomas: a. a. O.
3 Erpenbeck, Jenny. Zitiert nach: Verlagsgruppe Random House (Hrsg.): a. a. O.
4 Beide Rezensionen zählen zu den verbindlichen Unterrichtslektüren auf erhöhtem Anforderungsniveau für die zentrale Abiturprüfung 2019 in Niedersachsen.

In einem ersten Schritt sollen sich die Kursteilnehmer mit den Rezensionen zu Jenny Erpenbecks Roman „Gehen, ging, gegangen“ vertraut machen. Hierzu bearbeiten sie die **Arbeitsblätter 15a** und **15b**, S. 101 ff.) im Rahmen eines Lerntempoduetts, was sich bei diesem Thema in besonderem Maße anbietet, zumal beide Texte in etwa gleich lang sind. Der genaue Ablauf bzw. die Vorgehensweise kann dabei mithilfe einer Folie visualisiert werden (vgl. **Zusatzmaterial 8**, S. 132).[1]

Aufgabenstellungen zu **Arbeitsblatt 15a** (S. 101 f.)

- *Stellen Sie die positive und negative Kritik des Rezensenten stichwortartig in Form einer Tabelle gegenüber.*
- *Beantworten Sie die im Text aufgeworfene Frage, „ob nicht eine Reportage sehr viel mehr leisten könnte, ohne ein fiktives Mäntelchen um die realen Ereignisse zu legen“ (Z. 116 ff.), aus Ihrer Sicht.*

Aufgabenstellungen zu **Arbeitsblatt 15b** (S. 103 f.)

- *Stellen Sie die positive und negative Kritik der Rezensentin stichwortartig in Form einer Tabelle gegenüber.*
- *Erklären Sie die Aussage der Rezensentin, dass Jenny Erpenbecks Roman „Gehen, ging, gegangen“ ein „Bildungsroman“ (Z. 77 f.) sei, der „gerade von seinem völligen Antirealismus“ (Z. 94 f.) lebe.*

Im Anschluss an die bisherigen Arbeitsaufträge sollen die Expertenteams im zweiten Schritt durch den Transfer der Rezensionen auf Erpenbecks Roman „Gehen, ging, gegangen“ zu einer eigenen Bewertung gelangen (vgl. **Zusatzmaterial 8**, S. 132). Dies bildet zugleich die Vorbereitung auf das materialgestützte Verfassen eines argumentierenden Textes (vgl. Abschnitt 5.3, S. 94 ff.):

- *Nehmen Sie Stellung zu den Bewertungen der Rezensenten.*

Sofern die Arbeitsblätter in traditioneller Weise bearbeitet und anschließend besprochen werden, können die wesentlichen Ergebnisse in sprachlich reduzierter Form auf Wandplakaten oder auf Folie gesammelt werden:

---

1 Alternativ können die **Arbeitsblätter 15 a** und **15 b** (S. 101 ff.) jedoch auch sukzessive und/oder arbeitsteilig bearbeitet werden.

Rezeption und Wirkung des Romans „Gehen, ging, gegangen"
Jörg Magenau: Ein Stückchen Acker in Ghana

positive Kritik	negative Kritik
• behandelt aktuelles Thema (vgl. Z. 6) • Realitätsnähe, daher empfehlenswertes Sachkundebuch (vgl. Z. 21 ff.) • schürt Neugier gegenüber Flüchtlingen (vgl. Z. 37 f.) • Highlights: beiläufige Erkenntnisse über Alter, Zeit und Vergänglichkeit (vgl. Z. 133 ff.)	• Stilisierung der Flüchtlinge zu „geradezu mythischen Figuren" (Z. 66) • unübersichtliche Handlung aufgrund zu vieler Flüchtlingsgeschichten (vgl. Z. 80 ff.) • Durch die Typisierung der Flüchtlingsfiguren bleiben die jeweiligen politischen Hintergründe diffus (vgl. Z. 85 ff.). • „[G]esellschaftlicher Konflikt um die Flüchtlinge [wird] ausgeblendet" (Z. 97 f.). • wenig überzeugende Rahmengeschichten, z. B. toter Mann im See (vgl. Z. 118 ff.) → **Roman ist insgesamt zu brav und rechtschaffend** (vgl. Z. 144 ff.)

Rezeption und Wirkung des Romans „Gehen, ging, gegangen"
Hannah Lühmann: Ein Roman als Crashkurs in Flüchtlingskunde

positive Kritik	negative Kritik
• Aktualität des Themas (vgl. Z. 30 ff.) • „tatsächlich berührend und irgendwie sogar spannend" (Z. 42 f.) • „Bildungsroman" (Z. 77 ff.), der „gerade von seinem völligen Antirealismus [lebt]" (Z. 94 f.) • Roman „ist eine poetische, traurige und spannende Utopie" (Z. 100 f.). • Gestaltung der Figuren ist auf das Notwendigste beschränkt (vgl. Z. 124 ff.): z. B. Richard als „genial entworfene Schablone" (Z. 130). → **Roman funktioniert insgesamt** (vgl. Z. 44 f.).	• zu „programmatisch […], zu gewollt" (Z. 39 f.) • „Vieles ist falsch an diesem Buch" (Z. 117), da nur Gutmenschen gezeichnet werden. • „Kehrseite" der Figurengestaltung: Weitgehende Typisierung führt dazu, „dass sie alles gleichmacht" (Z. 140 f.).

Unabhängig von der gewählten Vorgehensweise und mit Blick auf den kommenden Lernabschnitt sollte im abschließenden Unterrichtsgespräch diskutiert werden, welcher Kritik die Schülerinnen und Schüler eher folgen würden:

■ *Welcher der beiden argumentierenden Texte überzeugt Sie mehr? Begründen Sie.*

5.3 Eigene Rezeption: Materialgestütztes Verfassen eines argumentierenden Textes

Während bei den Schülerinnen und Schülern zu Beginn der Unterrichtsreihe eine ausschließlich emotional begründete Bewertung des Romans zu erwarten ist (vgl. Abschnitt 1.4, S. 23 ff.), sind sie nach intensiver Behandlung des Werkes im Unterricht nun in der Lage, zu einer fachlich fundierten und somit objektiveren Einschätzung zu gelangen. Ein folgerichtiger und zugleich interessanter Abschluss dieser Unterrichtsreihe ist es daher, die Lernenden zu diesem späteren Zeitpunkt erneut über das Werk urteilen zu lassen. Zugleich dient dieser Lernabschnitt dazu, den Kursteilnehmern nach der Beschäftigung mit real existierenden Rezensionen durch die produktionsorientierte Herangehensweise vertiefende Einblicke in die Literaturkritik zu vermitteln (vgl. Abschnitt 5.2, S. 91 ff.).

Darüber hinaus soll bei dieser Gelegenheit das Aufgabenformat „Materialgestütztes Verfassen eines argumentierenden Textes“ weiter eingeübt werden. Bei diesem Aufgabentyp werden vornehmlich die erworbenen Kompetenzen der Schülerinnen und Schüler in den Bereichen „Schreiben“ und „Sich mit Texten und Medien auseinandersetzen“ überprüft. Dabei rückt die Darstellungsleistung der Schülerinnen und Schüler in zunehmendem Maße in den Mittelpunkt der Bewertung: Aus mehreren Quellen müssen sie „Relevantes für die eigene Textproduktion auswählen und in geeigneter Form aufbereiten“[1] und eine Schreibstrategie entwickeln, um ihre eigene Position zu „strittige[n] oder fragliche[n] Sachverhalte[n] unter Bezug auf [...] pragmatische Texte unterschiedlicher medialer Form und auf eigenes Wissen [...] in Anlehnung an journalistische, populärwissenschaftliche oder medienspezifische Textformen“[2] argumentativ darzulegen.

Ziel dieser Aufgabe ist es, einen bestimmten (journalistischen) Text unter Verwendung der vorgegebenen Materialien, welche sowohl aus linearen als auch diskontinuierlichen Texten (Tabellen, Diagramme usw.) bestehen können, zu verfassen. Dieses Handlungsergebnis soll nicht nur inhaltlich kohärent sein, sondern insbesondere auch „aufgabenadäquat, konzeptgeleitet, adressaten- und zielorientiert, normgerecht, sprachlich variabel und stilistisch stimmig“[3] gestaltet werden. Daher wird mit der Formulierung einer Ausgangssituation nicht nur ein situativer Kontext geschaffen, sondern zugleich ein bestimmter Adressatenbezug von den Verfassern verlangt.

Besonders ist auch, dass bei diesem Vorschlag lediglich eine komplexe Aufgabenstellung formuliert wird, welche alle drei Anforderungsbereiche[4] gleichermaßen abdeckt, denn im Rahmen der Textproduktion müssen die Schülerinnen und Schüler „für den eigenen Erkenntnisprozess vielschichtige, voraussetzungsreiche Sachtexte, darunter auch wissenschaftsnahe und berufsbezogene Fachtexte aus unterschiedlichen Domänen [nutzen]. Sie erschließen, analysieren und beurteilen [somit] Gehalt, Kontext und Wirkungsabsicht“[5] der vorgegebenen Materialien integrativ, um überhaupt zu einem eigenen Urteil zu gelangen.

Mit dem **Arbeitsblatt 16** (S. 105 ff.) erhalten die Schülerinnen und Schüler den Auftrag, eine Rezension materialgestützt zu schreiben. Da der zu verfassende Text anschließend evaluiert und überarbeitet werden soll (vgl. **Arbeitsblatt 17**, S. 107 ff.), empfiehlt es sich, den Text mithilfe eines Computers verfassen zu lassen.

---

1 KMK: Bildungsstandards im Fach Deutsch für die Allgemeine Hochschulreife. Beschluss der Kultusministerkonferenz vom 18. Oktober 2012. Berlin 2012. Zitiert nach: www.kmk.org (05.09.2017)
2 Ebd., S. 17 f.
3 Ebd., S. 16
4 Vgl. ebd., S. 27
5 Ebd., S. 22

- *Im Rahmen einer Projektwoche des 13. Jahrgangs an Ihrer Schule gestalten derzeit alle Deutschkurse gemeinsam eine Internetseite zu dem im Unterricht behandelten Roman „Gehen, ging, gegangen“ von Jenny Erpenbeck. Da Ihr Kurs schwerpunktmäßig für die inhaltliche Ausarbeitung des Teilthemas „Rezeption und Wirkung des Romans in der Öffentlichkeit“ verantwortlich ist, werden Sie von Ihrer Lehrkraft beauftragt, eine Rezension zu Jenny Erpenbecks Roman zu schreiben.*
  - *Verfassen Sie für die Internetseiten Ihrer Schule diese Rezension zu Jenny Erpenbecks Roman „Gehen, ging, gegangen“.*
    Beziehen Sie neben den vorliegenden Materialien (M 1 bis M 4)[1] auch eigene Wissensbestände in Ihre Ausführungen ein und beachten Sie zudem, dass Ihnen für Ihren Beitrag aus redaktionellen Gründen nur etwa 500 Wörter zur Verfügung stehen.

Bei Bedarf können die verschiedenen Anforderungsbereiche mithilfe einer Folie visualisiert werden:

Die Anforderungsbereiche im Fach Deutsch

AFB I: Reproduktion
- Wiedergabe von Sachverhalten und Kenntnissen im gelernten Zusammenhang
- Anwendung eingeübter Arbeitstechniken und Verfahren

AFB II: Reorganisation und Transfer
- selbstständiges Auswählen, Verarbeiten, Erklären und Darstellen bekannter Sachverhalte unter vorgegebenen Gesichtspunkten
- selbstständiges Übertragen und Anwenden des Gelernten auf vergleichbare neue Zusammenhänge und Sachverhalte

AFB III: Reflexion und Problemlösung
- Verarbeiten komplexer Sachverhalte mit dem Ziel selbstständiger Lösungen, Gestaltungen oder Deutungen, Folgerungen, Verallgemeinerungen, Begründungen und Wertungen
- selbstständige Wahl geeigneter Arbeitstechniken und Verfahren zur Bewältigung der Aufgabe und Anwendung auf neue Problemstellung
- Reflexion des eigenen Vorgehens

Da zwei Literaturkritiken bereits in den vorangegangenen Abschnitten besprochen worden sind (vgl. Abschnitt 5.2, S. 91 ff.), soll an dieser Stelle lediglich auf Möglichkeiten der Auswertung bzw. (Selbst-)Evaluation der erstellten Handlungsprodukte der Kursteilnehmer eingegangen werden (vgl. **Arbeitsblatt 17**, S. 107 ff.).

Schumacher formuliert in seinem Aufsatz „Die neuen Aufgabenarten im schriftlichen Abitur. Materialgestütztes Verfassen von Texten“ mögliche Kompetenzen der Schülerinnen und Schüler, auf welche sie bei der Textproduktion zurückgreifen müssen und die zum Teil auch operationalisierbar sind:[2]

[1] Bei M 1 handelt es sich u. a. um einen Screenshot aus der Tagesschau. Mit der Schlagzeile „Arbeitsmarkt kann 350.000 Flüchtlinge aufnehmen“ wird hier auf eine enthüllende Erkenntnis in Erpenbecks Roman verwiesen, dass die große Mehrheit der Asylanträge abgelehnt wird, obwohl in vielen Berufsfeldern akuter Fachkräftemangel herrscht.

[2] Vgl. Schumacher, Arne: a. a. O., S. 23

1. **Aktivierung des unterrichtlichen Vorwissens**
   - Inhaltsaspekte
   - Methoden der Textrezeption
   - Analysemethoden
   - Wissen um Schreibfunktionen
   - Wissen um Sprachfunktionen
   - konzeptionelles Wissen über das Planen des Schreibprozesses
2. **Analyse der konkreten Aufgabe**
   - Analyse und Verstehen der Aufgabenstellung
   - Kenntnis der Operatoren
   - Erfassen oder Festlegen des Schreibziels
   - Verstehen des Materials
   - Verstehen der Kommunikationssituation
   - Antizipation der Erwartungen von Adressaten
   - Kenntnis der verlangten Textformen
   - Kenntnisse über Textmuster
3. **Inhaltliche Themenentfaltung und -festlegung**
   - Sammlung und Ordnung enzyklopädischer, deklarativer Informationen bzw. Argumentationen
   - Ergänzung durch Kontextwissen
   - Entwicklung von Ideen
4. **Festlegung einer Textstruktur bzw. Gliederung**
5. **Realisierung sprachlicher Mittel** (Formulierung)
6. **Überarbeiten** von Orthografie, Morphologie, Lexik, Semantik, Textkohärenz, Stilistik, Layout

Ergänzend hierzu lassen sich auch aus dem Anhang der Bildungsstandards, konkret den „Illustrierenden Prüfungsaufgaben zum Erwerb der Allgemeinen Hochschulreife im Fach Deutsch“[1], Kriterien entnehmen, welche für die Bewertung der Handlungsprodukte herangezogen und gegebenenfalls an die jeweilige Aufgabenstellung angepasst werden können. Demnach ist die Schülerleistung bei einer materialgestützten Aufgabe mit **„gut“** (11 Punkten) zu bewerten, wenn ...

- das Material präzise und differenziert, sachgerecht und aufgabenadäquat erfasst, ausgewählt, ausgewertet und bearbeitet wird.
- die Möglichkeiten des Materials erkannt und für die eigene Konzeption überzeugend genutzt werden.
- eine inhaltlich und stilistisch gelungene Informations- und Argumentationsstrategie zielorientiert und adressatenbezogen entfaltet wird.
- erkennbares, für die Aufgabenstellung relevantes Vorwissen zielführend eingesetzt wird (fakultativ).
- der zu verfassende Text durchgängig kohärent gestaltet wird.
- komplexe Gedankengänge prägnant und anschaulich entfaltet und ggf. eigenständige Positionen entwickelt werden.
- die entwickelten Gedanken sachlich, syntaktisch schlüssig und variabel sowie begrifflich präzise und differenziert formuliert sind.

[1] KMK: a. a. O., S. 155 ff.

- die erforderlichen Darstellungsschritte folgerichtig und konsequent angeordnet werden, wobei unterschiedliche Gliederungsformen denkbar sind.
- fachspezifische Verfahren und Begriffe überlegt angewandt werden.
- eine deutliche sprachlich-analytische Distanz zum Stil der Textvorlage besteht.
- Belege und Quellen weitestgehend korrekt zitiert bzw. paraphrasiert und geschickt in den eigenen Text integriert werden.
- die sichere Beherrschung standardsprachlicher Normen nachgewiesen wird.
- die Leserführung durch optische Markierung der Struktur (z. B. Absätze) und eine angemessene äußere Form unterstützt wird.[1]

Um die Qualität des selbst verfassten Textes besser einschätzen und ihn anschließend zielgerichtet überarbeiten zu können, erhalten die Schülerinnen und Schüler das **Arbeitsblatt 17** (S. 107 f.), das einen auf den o. a. Quellen beruhenden Bewertungsbogen enthält, welcher wiederum vom jeweiligen Sitznachbarn bzw. der jeweiligen Sitznachbarin auszufüllen ist.

- *Tauschen Sie den von Ihnen verfassten Text mit Ihrem Sitznachbarn bzw. Ihrer Sitznachbarin und bewerten Sie dessen bzw. deren Entwurf mithilfe der oben angeführten Kriterien.*

- *Lesen Sie die Bewertung Ihres eigenen Textes und überarbeiten Sie diesen entsprechend.*

Notizen:

[1] KMK: a. a. O., S. 162

Jenny Erpenbeck als politisch engagierte Autorin

Das Thema unserer Zeit ist die Flüchtlingsproblematik (verstärkte Zuwanderung, überfüllte Asylantenheime, überforderte Politiker, Islamisten, helfende Ehrenamtliche usw.) und die gesellschaftspolitische Debatte darüber, welche in Berlin vielleicht sogar ein wenig heftiger geführt wird als in anderen (Groß-) Städten. Die Zeitleiste (vgl. M 1) soll Ihnen einen Überblick über die Ereignisse in Berlin in den vergangenen Jahren geben, während das Kurzinterview mit Jenny Erpenbeck Aufschluss über die Botschaft ihres Romans „Gehen, ging, gegangen" gibt (vgl. M 2).

M 1
Chronik der Flüchtlingskrise in der Bundeshauptstadt Berlin

September 2012	Während bislang meist Roma vom Balkan und Tschetschenen aus Russland in die Bundeshauptstadt kommen, sind es nun Nordafrikaner, Syrer und Iraker. Beim LaGeSo[1] melden sich täglich 20 Asylbewerber.
06.10.2012	70 Asylbewerber kommen nach 28-tägigem Fußmarsch aus Würzburg in Berlin an und campieren auf dem Oranienplatz in Kreuzberg.
08.11.2012	100 Flüchtlinge besetzen die leer stehende Gerhart-Hauptmann-Schule in Kreuzberg.
Februar 2013	Mario Czaja, Senator für Gesundheit und Soziales, sucht für die Flüchtlinge geeignete Räume und streitet mit den Berliner Bezirken: Spandau und Lichtenberg bringen besonders viele Asylbewerber unter, Steglitz-Zehlendorf nur wenige.
Juli 2013	Der Streit um die Flüchtlingswohnheime geht weiter. In Wittenau wehren sich Anwohner juristisch gegen ein Heim. In Hellersdorf werden Unterstützer von Flüchtlingen bedroht.
November 2013	Ein Teil der Flüchtlinge vom Oranienplatz zieht in ein ehemaliges Caritas-Altersheim in Wedding.
10.12.2013	Frank Henkel, Senator für Inneres und Sport, kündigt die Räumung des Camps am Oranienplatz ab 18.01.2014 an.
Januar 2014	Die Verhandlungen mit den Flüchtlingen beginnen.
März/April 2014	Der Oranienplatz wird geräumt. Die Gerhart-Hauptmann-Schule bleibt besetzt, wo im April ein Marokkaner von einem Mann aus Gambia getötet wird. In einigen Heimen gibt es Übergriffe auf Frauen.
August 2014	Muslimische Tschetschenen greifen christliche Syrer in Berlin-Marienfelde an – kein Einzelfall.
25.08.2014	Der Berliner Senat spricht 108 Flüchtlingen das Aufenthaltsrecht ab. Die Polizei verhindert die Besetzung des Oranienplatzes.
06.09.2014	Jenny Erpenbeck schreibt in der FAZ einen offenen Brief an den Berliner Innensenator Frank Henkel („Ein zweites Leben – wäre das zu viel verlangt, Herr Henkel?").
September 2014	Das LaGeSo muss tageweise wegen Überlastung schließen, zumal der rot-rote Vorgängersenat zuvor 200 Stellen gestrichen hat. Einige Flüchtlinge treten auf dem Dach eines Hostels in Friedrichshain für mehrere Tage in den Hungerstreik. Die Polizei riegelt das Gebäude ab, was Ärzte ärgert, die den Protestlern helfen wollen.
Oktober 2014	Täglich kommen 50 Flüchtlinge in Berlin an. Senator Czaja lässt Wohncontainer aufbauen, in einer Turnhalle mit Flüchtlingen beginnt die größte Masernwelle seit Jahren.

[1] **LaGeSo** = **La**ndesamt für **Ge**sundheit und **So**ziales Berlin; Behörde, die etwa jeden sechsten Berliner mit sozialen oder gesundheitlichen Leistungen versorgt

2014/15	Die Autorin engagiert sich als Privatperson für die Flüchtlinge vom Oranienplatz: • Grundstückskauf in Ghana • Einrichtung eines privaten Spendenkontos • Arbeits- und Unterkunftsvermittlung • Lebensberatung • Klavierunterricht
Februar 2015	Die Flüchtlinge sollen in die ehemalige Lungenklinik in Zehlendorf ziehen. Die meisten Asylbewerber leben jedoch weiterhin in Spandau, Mitte und Lichtenberg. Erneut gibt es Streit im Senat und mit den Bezirken.
April 2015	Um unabhängig von Privaten zu sein, will Senator Czaja städtische Modulbauten mit 200 bis 400 Plätzen errichten.
Juni 2015	Wirtschaftsprüfer stellen massenhaft „intransparente Verfahren" am LaGeSo fest, woraufhin Senator Czaja dem LeGaSo-Chef Franz Allert die Zuständigkeit für die Heime entzieht.
Juli 2015	Jenny Erpenbeck veröffentlicht ihren neuen Roman „Gehen, ging, gegangen" und schließt ihr Buch mit einem Spendenaufruf.
August 2015	Täglich treffen 200 weitere Asylbewerber ein. In Berlin leben mittlerweile 16 000 Flüchtlinge in Heimen, 2 000 in Hostels und 9 000 in Wohnungen. Wiederholt prügeln sich Flüchtlinge vor dem LaGeSo.
September 2015	Am LaGeSo werden 50 Bundeswehrsoldaten und 150 externe Verwaltungsmitarbeiter eingesetzt. Die Zahl der Wachleute vor dem Amt wird verdoppelt. Flüchtlinge prügeln sich nun öfter.
Oktober 2015	Pro Tag kommen inzwischen 1.000 Flüchtlinge in die Bundeshauptstadt. Die Ex-Zentralbank im Bezirk Wilmersdorf wird Erstaufnahmestelle, in Spandau entsteht eine Zeltstadt. Der ehemalige Polizeipräsident Dieter Glietsch leitet den Krisenstab.
November 2015	Charité-Ärzte versorgen die LaGeSo-Wartenden.
Dezember 2015	Auf Druck des Berliner Bürgermeisters Michael Müller tritt LaGeSo-Chef Allert zurück, Senator Czaja wird allein gelassen.
Januar 2016	Die Ehrenamtlichen der Bürgerinitiative „Moabit hilft" erklären, dass ein Syrer nach den Strapazen am LaGeSo gestorben sei – eine Falschmeldung, wie sich schnell herausstellt.
Mai 2016	Für Asylbewerber soll nicht länger das LaGeSo, sondern ein neues Flüchtlingsamt zuständig sein, dessen Zentrale im November in Berlin-Charlottenburg eröffnen soll.
Juni 2016	Von Flüchtlingen belegte Turnhallen werden frei, Sportverbände beklagen Millionenschäden.
Juli 2016	Die Lage am LaGeSo hat sich zwar beruhigt, wie die Integration der Flüchtlinge konkret gelingen soll, ist hingegen unklar.
29.10.2016	Jenny Erpenbeck veröffentlicht in der Zeitschrift DER SPIEGEL einen Nachruf auf den seinem Herzleiden erlegenen Flüchtling Bashir Zakaryan (Titel: „Wie geht's? Gut?").

Best.-Nr. 022724

M2
Verlagsgruppe Random House
3 Fragen an Jenny Erpenbeck

Sie haben sich in einem offenen Brief für die Flüchtlinge vom Berliner Oranienplatz engagiert. Was hat das mit Ihrem neuen Roman zu tun?

Auch in meinen bisherigen Büchern habe ich viel über die Frage der Herkunft und über die Brüche in Biografien nachgedacht. Also über das, was Entwurzelung und Flucht nicht nur für ein Menschenleben, sondern auch in Hinsicht auf nachfolgende Generationen bedeuten. Flüchtlinge wie die vom Oranienplatz sind mitten in unseren Städten, über sie wird verhandelt, sie geben gutes Rohmaterial ab für Politik – und auch für Rassismus. Aber wer sind diese Menschen überhaupt? Wie vergeht ihre Lebenszeit? Warum können sie nicht dort sein, wo sie eigentlich sein wollen – in ihrer Heimat? Und wer sind wir, dass wir sagen dürften, es sind zu viele? Das interessiert mich.

Was kann Literatur zu diesem gesellschaftlich so bedeutenden Thema beitragen?

In der wirklichen Welt gibt es im Moment sehr viele Fronten. An einem Buch ist das Schöne: Es ist eine Welt für sich. Literatur ist ja nicht nur Erzählen, sondern setzt Zuhören voraus, und Zuhören bedeutet, dass man sich mit Respekt begegnet. Wahrnehmung ist kein Luxus, sondern essenziell notwendig, so wie Essen und Trinken. Wo Gesetze die Wahrnehmung verhindern, kann der Literatur, so hoffe ich, diese Annäherung dennoch gelingen.

Flüchtlinge campieren auf dem Oranienplatz in Berlin.

Welche war für Sie die wichtigste Erkenntnis in der Auseinandersetzung mit den Themen „Flucht" und „Asyl"?

Ein Mensch, der in Italien oder Griechenland als Flüchtling anerkannt ist, darf nicht wie ein Verbrecher behandelt werden, nur weil er auf der Suche nach Arbeit in ein anderes europäisches Land kommt. Freizügigkeit innerhalb Europas zu verweigern, ist nicht nur unmenschlich, sondern auch kurzsichtig. Es treibt junge und hochmotivierte Menschen, die hier ihren Platz finden könnten, in Verzweiflung, Prostitution und Kriminalität. Armut und Kriege in den Herkunftsländern der Flüchtlinge haben wiederum oft ganz direkt mit unserem Wohlstand zu tun. Es gibt nun einmal nicht drei oder vier Welten, es gibt nur eine. Dass ein Gefälle nach Ausgleich strebt, ist ein Naturgesetz.

Verlagsgruppe Random House (Hrsg.): 3 Fragen an Jenny Erpenbeck. Interview mit der Autorin. Albrecht Knaus Verlag: München 2015. Zitiert nach: www.randomhouse.de/Interview-mit-Jenny-Erpenbeck/aid63569.rhd (02.01.2018)

- *Ordnen Sie die Romanhandlung in ihren zeitlichen Kontext ein.*
- *Fassen Sie die Intention der Autorin in wenigen Sätzen zusammen.*

Rezeption des Romans

Jörg Magenau (geb. 1961) Ein Stückchen Acker in Ghana

Der in Berlin lebende deutsche Literaturkritiker, Kolumnist und Sachbuchautor Jörg Magenau studierte Philosophie und Germanistik. Als Gründungsmitglied der Wochenzeitung „Der Freitag" arbeitete er bis 1996 als Literaturredakteur, wofür er 1995 mit dem Alfred-Kerr-Preis ausgezeichnet wurde.
Inzwischen ist Magenau freier Autor, der unter anderem für die Süddeutsche Zeitung, die taz und den Tagesspiegel schreibt. Zudem arbeitet er als Redakteur bei der Literaturzeitschrift Literaturen und als Moderator bei literarischen Veranstaltungen.

Am Montag erscheint Jenny Erpenbecks Roman „Gehen, ging, gegangen" – mit einer literarischen Rettung des Flüchtlingscamps am Oranienplatz in Berlin.

Brave Literatur macht genau das, was die Kritik von ihr verlangt. Sie packt aktuelle Themen an, die sogenannten heißen Eisen, um damit gewissermaßen aufs saisonale Debattenkarussell aufzuspringen. Das Thema der Saison ist sicherlich die Flüchtlingsproblematik, und wenn dazu nun auch schon die zugehörigen Romane in die Buchhandlungen gelangen, ist ein gewisses Misstrauen angebracht. Jenny Erpenbeck hat mit „Gehen, ging, gegangen" den Roman der Saison geschrieben, auch wenn Merle Kröger mit dem Mittelmeer-Flüchtlings-Thriller „Havarie"[1] noch ein bisschen schneller gewesen ist. Erpenbeck ist dafür näher dran an der deutschen Wirklichkeit, an den Flüchtlingsheimen, dem Misstrauen, das den Flüchtlingen entgegenschlägt, und all den Auseinandersetzungen um Bleiberecht und Arbeitsmöglichkeiten. Und wer wissen will, wie es Flüchtlingen hierzulande ergehen kann, dem sei dieses Buch als Sachkunde durchaus empfohlen.

Richard scheut sich, schwimmen zu gehen: Im See vor seinem Haus ist ein Mann ertrunken.

Nur: Wie macht man daraus einen Roman? Erpenbeck erfindet sich eine Figur, die als Stellvertreter funktioniert und ihre eigenen Recherchen „erlebt". Dieser Richard ist emeritierter Altphilologe mit DDR-Biografie, seine Frau ist vor ein paar Jahren gestorben, die langjährige Geliebte hat ihn betrogen und verlassen, im See vor seinem Haus ist ein Mann ertrunken, dessen Leiche unentdeckt blieb, sodass Richard sich in diesem Sommer scheut, schwimmen zu gehen. Bleiben also viel freie Zeit und das Bedürfnis, seinem Leben einen neuen Sinn zu geben.

Aus dieser Gefühlslage entsteht seine Neugierde gegenüber den Flüchtlingen, die in Berlin-Kreuzberg auf dem Oranienplatz campieren und für ihr Bleiben demonstrieren. Er beobachtet, wie das Camp nach einem Jahr und endlosem politischen Hin und Her geräumt wird und besucht die Männer – ja, alles Männer – dann in dem Heim am Ostrand der Stadt, in dem sie vorübergehend untergebracht werden. Er gibt ihnen Deutschunterricht, freundet sich mit einzelnen an, lädt einen jungen Mann zu sich nach Hause ein, um ihm das Klavierspielen zu ermöglichen, kauft einem anderen für seine Familie in Ghana ein Stückchen Acker, erlebt, wie sie alle weiter verschoben werden, erst nach Spandau und dann zurück nach Italien oder an die Orte, an denen sie sich jeweils zuerst gemeldet hatten.

Eingestreut sind die Geschichten, die er sich erzählen lässt und mit dem Tonband aufzeichnet, Geschichten von Massakern und Kriegen in den Heimatländern, vom Verlust der Familien, von Toten und von Armut, Geschichten auch vom Sterben und Kämpfen auf den Booten im Mittelmeer. Es handelt sich um eine Art Umkehrung der „Flüchtlingsgespräche" von Bertolt Brecht, bei dem es ja die aus Deutschland Vertriebenen waren, die sich im Exil begegneten. Hier sind es die, die nach Deutschland geflohen sind, die aber keine Gegenwart und keine Zukunft finden können.

Richard – oder vielmehr Jenny Erpenbeck auf dem Umweg über ihre Figur – macht aus den Flüchtlingen geradezu mythische Figuren, die „Olympier" oder „Blitzeschleuderer" oder „Tristan" genannt werden. Richard nimmt auch die mythische Vorgeschichte Nordafrikas als Geburtsort der griechischen Götter in den Blick, rückt das aktuelle Geschehen in einen großen historischen Horizont und fragt: „In welchen Zeiträumen muss man denken, wenn man wissen will, was Fortschritt genannt werden kann?" Überhöhung und eine gewisse Verklärung der Flüchtlinge dienen als literarische Strategie, die der politischen Ignoranz und dem vorherrschenden Chauvinismus hierzulande entgegengehalten werden.

[1] **Havarie** = (schwerer) Unfall von Schiffen und Flugzeugen

Best.-Nr. 022724

„Am Abend heißt es […], es sei nur noch eine Frage der Zeit, bis für die unhaltbare Lage der Flüchtlinge am Oranienplatz eine Lösung gefunden sei." (S. 43f.)

Das ist in jedem einzelnen der berichteten Fälle durchaus erschütternd, hat aber romantechnisch den Nachteil, dass die Geschichten sich bald vermischen und man bei all den Figuren den Überblick verliert und vergisst, wer denn nun was erlebt hat. Das liegt daran, dass sie jenseits ihrer Fluchtgeschichten keine tiefere Individualität gewinnen. Es entsteht zwar ein großes Schreckenspanorama, doch die konkreten politischen Hintergründe in den jeweiligen Heimatländern bleiben diffus. Die didaktische Absicht aber ist klar: der anonymen Menge der Flüchtlinge persönliche Gesichter und Geschichten zu verleihen, um so die Empathie zu steigern. Das mag auch gelingen; doch der Roman ächzt und stöhnt unter so viel gutem Willen und Vorsätzlichkeit.

Hätte nicht eine Reportage ohne ein fiktives Mäntelchen mehr erreichen können?

„Gehen, ging, gegangen" – der Titel zitiert das mühsame Einüben unregelmäßiger Verben – krankt auch daran, dass der harte gesellschaftliche Konflikt um die Flüchtlinge ausgeblendet bleibt. Die politische Frage, wie Zuwanderung denn nun zu regeln wäre und was das in der Praxis bedeutet, gerät gar nicht erst nicht in den Blick. Wären denn grenzenlose Offenheit und Bleiberecht für alle tatsächlich eine realistische Option? Gesehen wird nur die „bürokratische Geometrie" in all ihrer Gefühllosigkeit. Auf der anderen Seite gibt es die armen Asylbewerber als deren Opfer. Und neben den wenigen guten Deutschen, die sich kümmern, bleibt der große Rest derer, die das nicht tun, und die aus dieser Perspektive heraus nur dumpf oder rassistisch sein können. Das ist relativ schlicht, auch wenn Richard die Sympathisanten am Oranienplatz durchaus skeptisch sieht, wenn sie sich beispielsweise für die gleichgeschlechtliche Ehe in den afrikanischen Herkunftsländern einsetzen und damit doch vor allem ihren eigenen Interessen folgen.

Tatsächlich fragt man sich, ob nicht eine Reportage sehr viel mehr leisten könnte, ohne ein fiktives Mäntelchen um die realen Ereignisse zu legen und ohne die nicht wirklich überzeugenden Rahmengeschichten: der Tote im See (der dann irgendwann auch keine Rolle mehr spielt), der alte Mann in seinem Haus, die Ost-Vergangenheit. Die Sprachsensibilität, die Richard als Altphilologe auszeichnet, hätte man auch in einer Reportage retten können, Empfindlichkeiten gegenüber Worten wie „Fiktionsbescheinigung" oder „Ostzeiten" als merkwürdige Zusammensetzung von räumlichen und zeitlichen Bestimmungen. Überhaupt interessiert Richard sich sehr dafür, was Zeit eigentlich ist – denn seine eigene Lebenszeit wird knapp, und die Flüchtlinge empfindet er als natürliche Leidensgenossen, weil sie wie er selbst „aus der Zeit herausgefallen" sind.

Das Beste an diesem Buch sind die beiläufigen Erkenntnisse und Sentenzen, Sätze, die über ihr eigentliches Thema hinausführen, sich mit Alter, Zeit und Vergänglichkeit beschäftigen, und wo man zu ahnen beginnt, wie der Roman sein könnte, wenn er nicht an der kurzen Leine des guten Willens gehalten werden müsste. Wenn Richard in der Schlussszene von einer Abtreibung seiner Frau berichtet und dazu sagt: „Damals ist mir klargeworden, dass das, was ich aushalte, nur die Oberfläche von all dem ist, was ich nicht aushalte", ahnt man, was der gute Wille an Konflikten und Schmerzen verbirgt. Doch davon lässt Erpenbeck zu wenig sehen in diesem sehr rechtschaffenen, braven Roman.

Magenau, Jörg: Ein Stückchen Acker in Ghana. In: Süddeutsche Zeitung vom 30. August 2015. Zitiert nach: www.sueddeutsche.de/kultur/longlist-zum-deutschen-buchpreis-ein-stueckchen-acker-in-ghana-1.2627330 (26.07.2017)

- *Stellen Sie die positive und negative Kritik des Rezensenten stichwortartig in Form einer Tabelle gegenüber.*
- *Beantworten Sie die im Text aufgeworfene Frage, „ob nicht eine Reportage sehr viel mehr leisten könnte, ohne ein fiktives Mäntelchen um die realen Ereignisse zu legen" (Z. 116ff.), aus Ihrer Sicht.*

BS 5

Rezeption des Romans

Hannah Lühmann (geb. 1987) Ein Roman als Crashkurs in Flüchtlingskunde

Hannah Lühmann studierte in Berlin und Paris Philosophie, Anglistik und Kulturwissenschaften. Nach ihrem Masterabschluss arbeitete sie von 2011 bis 2014 zunächst als Autorin in der Rubrik „Feuilleton" für namhafte überregionale Tageszeitungen, wie etwa die Süddeutsche Zeitung, die Frankfurter Allgemeine Zeitung sowie DIE ZEIT. Seit 2014 ist sie als Redakteurin für das Feuilleton bei WeltN24 tätig.

Jenny Erpenbeck zählt zu den international bekanntesten Autorinnen Deutschlands. Ihr neuer Roman ist eine Moritat[1] aus einem veränderten Land: Ein ostdeutscher Rentner lässt sich auf Flüchtlinge ein.

Zum Frühstück Earl Grey. Mit Milch und Zucker. Dazu ein Brot mit Honig und eins mit Käse. Ein Mann sitzt in seinem Wohnzimmer, er heißt Richard. Jeden Morgen isst er das Gleiche. Ein Brot mit Honig, eines mit Käse. Am Sonntag ein Ei. Es steht da nicht, dass dem Mann langweilig ist. Er heißt Richard, er war Professor, jetzt ist er emeritiert. Erst seit ganz Kurzem.

Ostdeutschland, Osten von Berlin, ein Haus am See. Im See ist ein Mann ertrunken. Richard kann nicht schwimmen gehen in diesem Sommer. So lange nicht, bis sie den Mann gefunden haben. Der Mann hat eine Taucherbrille getragen, als er ertrunken ist. Solang sie seine Leiche nicht gefunden haben, kann Richard nicht schwimmen gehen. Der See gehört jetzt dem Toten.

Irgendwann verlässt Richard das Haus. Er geht nicht einkaufen, [...] er fährt in die Stadt. [...] Er fährt an den Alexanderplatz, weil ihn ein Freund dorthin eingeladen hat. Der Freund ist Archäologe und an Ausgrabungen beteiligt, in der Nähe des Alexanderplatzes. Aber Richard sieht nicht die Ausgrabungen, er sieht zehn junge Männer, Afrikaner, die einen Hungerstreik abhalten, sie fordern Bleiberecht und Arbeit.

Jenny Erpenbeck, Theaterwissenschaftlerin, Regisseurin, Ostdeutsche, dutzendfach übersetzte und preisgekrönte literarische Vermesserin dieses Landes, hat den Roman zur politischen Situation geschrieben. Jetzt, wo nachts die Brandsätze durch die Straßen fliegen und die Steine, jetzt, wo die Flüchtlinge in ihren Unterkünften Angst haben, jetzt erscheint dieses Buch.

Es erzählt von einem Rentner, der aus Langeweile, aus Interesse, sich mit jungen afrikanischen Männern anfreundet, sich mit ihnen unterhält, von ihnen lernt.

Der erste Impuls, den man verspürt, wenn man diese Geschichte hört, ist ein gequältes „Bitte nicht!". Zu programmatisch klingt das Ganze, zu gewollt, der Zeit zu sehr auf den Leib geschrieben. Und wenn man dann anfängt zu lesen und immer weiterliest, weil es tatsächlich berührend und irgendwie sogar spannend ist, dann bildet sich eine einzige große Frage: Warum funktioniert dieser Roman?

Es geschieht etwas mit Richard. Bald fährt er immer öfter in die Stadt, er zieht seine braunen Schuhe an, weil sie die bequemsten sind, er hat diesen Spruch im Kopf: „No brown in town". Richard ist es egal. Noch. Richard ist geboren, als noch Krieg herrschte, jetzt ist er alt, aber keine Rede von körperlichen Beschwerden.

Er ist in jenem merkwürdigen Alter, in dem die ersten Freunde sterben, in dem alle Freunde eine Brille tragen müssen. Richard ist Witwer. Er ist Ostdeutscher. Das große Berlin macht ihm Angst.

Er fährt in ein Altersheim, ganz in seiner Nähe, dort sind die Flüchtlinge jetzt untergebracht. Die Flüchtlinge, die bis vor Kurzem den Oranienplatz besetzt gehalten haben und danach die Schule. Richard hat Angst. Er beschließt, eine Studie durchzuführen mit den Männern.

Er entwirft einen Fragebogen. Er will die Männer fragen, warum sie hergekommen sind, wie sie ihre Tage verbringen, was sie am meisten vermissen werden. Er lernt Raschid kennen, einen beleibten Mann, den er bei sich „den Blitzeschleuderer" nennt, weil er ihn an Zeus erinnert. [...]

Er lernt den schweigsamen Rufu kennen, mit dem runden Gesicht, den Richard bald für sich „den Mond von Wismar" nennt, weil es in Wismar eine Kirche gibt, in der die Madonna mit ihrem Fuß den Kopf eines Mohren niederhält. Das jedenfalls dachte Richard, bis er erfuhr, dass das Gesicht des Mannes ursprünglich den Mond darstellen sollte und erst mit der Zeit schwarz geworden war.

Solcher Art sind die Erkenntnisse, die Richard gewinnt, in diesem nach der Rente ansetzenden Bil-

[1] **Moritat** = Lied mit meist eintöniger Melodie, das eine schauerliche oder rührselige Geschichte zum Inhalt hat und eine belehrende Moral enthält

Best.-Nr. 022724

„Refugee(s) are welcome here": Auf dem Oranienplatz in Berlin-Kreuzberg

dungsroman. Es ist eine Art Crashkurs in Sachen Relativität. Er lernt, wie viel er mit Afrika zu tun hat. Er beginnt, den Männern Fragen zu stellen. Er erfährt, irgendwann, als sie schon Freunde sind, von dem entsetzlichen Schicksal des Schlossers Raschid aus Nigeria.

Er lernt, welche Sprachen sie sprechen und wie ihre Hauptstädte heißen. Als er einen jungen Mann namens Osarobo fragt, was er sich wünsche im Leben, und der irgendwann halb ernst sagt, er würde gerne Klavier spielen, lädt Richard ihn zu sich nach Hause ein. Richard hat ein Klavier. Er fährt die Flüchtlinge im Auto durch die Stadt, er isst mit ihnen, bringt sie zum Sprachkurs, gibt Osarobo Klavierunterricht.

Jenny Erpenbeck zeige „einen möglichen Umgang" mit Flüchtlingen, befand ein Rezensent kürzlich; das ist natürlich völliger Unsinn. Erpenbecks Buch lebt gerade von seinem völligen Antirealismus, dem man erst nach einigem Lesen auf die Spur kommt. [...]

Jenny Erpenbeck ist der seltene Fall einer moralischen Schriftstellerin, die erzählen kann. Sie ist eine solide poetische Architektin unserer Welt, wie sie ist und sein könnte. Ihr Buch ist eine poetische, traurige und spannende Utopie, eine Art Gegenentwurf zu Houellebecqs[1] „Unterwerfung".

Erpenbeck ist eine zutiefst freundliche Schriftstellerin und dass das nicht in Kitsch ausartet, liegt an der hohen Künstlichkeit ihrer Sprache. Erpenbeck beschwört mehr, als dass sie erzählt: die ostdeutsche Landschaft, Richards Frühstück, den See, die Schule, das Altersheim, wo den Flüchtlingen schon wieder die Verlegung droht, nach Buckow, zurück nach Italien.

Erpenbeck ist eine Meisterin der Wiederholung [...]. Das wiederkehrende Motiv ihres neuen Romans ist die Konjugation von „gehen", die auch den Titel des Buches bildet: „Gehen, ging, gegangen". Es erklingt, wenn die Flüchtlinge Deutsch lernen, es erklingt, wenn Richard über seine eigene Vergangenheit nachdenkt.

Vieles ist falsch an diesem Buch, unter den jungen Männern, den Flüchtlingen: kein einziger Antisemit, kein einziger Gewalttäter, keiner, der übergriffig wird, vielleicht einer, der stiehlt. Sie sind alle nett und verloren, traurig und traumatisiert, manchmal ein bisschen aggressiv und übermütig. Sie sind Platzhalter in einem Lehrstück über die Welt, wie sie sein könnte. [...]

Erpenbecks Figuren sind immer so: präzise genug gezeichnet, um lebendig zu werden, doch immer so allgemein gehalten, dass sich jeder in ihnen wiederfinden kann. Um die Flüchtlinge als Individuen kenntlich werden zu lassen, muss sie von jeder wirklichen Individualität absehen. [...]

Richard ist eine genial entworfene Schablone, der lebendige Schatten eines älteren ostdeutschen Herrn. Kein Jedermann und kein Niemand. [...] Vielleicht ist das der Grund, aus dem Jenny Erpenbeck eine der meistübersetzten deutschen Schriftstellerinnen ist: Sie spricht so allgemein von Deutschland, dass gerade in dieser Allgemeinheit ein Deutschland sichtbar wird, das für andere vorstellbar, also übersetzbar ist.

Dass sie dieser literarischen Karte Deutschlands die Flüchtlinge hinzugefügt hat, kann man nicht anders denn als Verdienst bezeichnen. Die Kehrseite dieser Technik ist, dass sie alles gleichmacht. Die Vereinigung der Ost- und Westdeutschen wird der heutigen Verriegelung Europas als moralischer Gegenentwurf angedient. Das Schicksal eines jüdischen Mädchens mit dem eines der jungen Männer verglichen. [...]

Lühmann, Hannah: Ein Roman als Crashkurs in Flüchtlingskunde. In: Die Welt vom 31. August 2015. Zitiert nach: www.welt.de/kultur/literarischewelt/article145830887/Ein-Roman-als-Crashkurs-in-Fluechtlingskunde.html (26.07.2017)

- *Stellen Sie die positive und negative Kritik der Rezensentin stichwortartig in Form einer Tabelle gegenüber.*
- *Erklären Sie die Aussage der Rezensentin, dass Jenny Erpenbecks „Gehen, ging, gegangen" ein „Bildungsroman" (Z. 77 f.) sei, der „gerade von seinem völligen Antirealismus" (Z. 94 f.) lebe.*

BS 5

[1] Michel **Houellebecq** (geb. 1956) = französischer Schriftsteller

Eine Rezension materialgestützt verfassen

Zum Abschluss dieser Unterrichtsreihe sollen Sie Ihre bisherigen Ergebnisse und Erkenntnisse mithilfe des Aufgabenformates „Materialgestütztes Schreiben“ zusammenführen und verschriftlichen:

Die Situation
Im Rahmen einer Projektwoche des 13. Jahrgangs an Ihrer Schule gestalten derzeit alle Deutschkurse gemeinsam eine Internetseite zu dem im Unterricht behandelten Roman „Gehen, ging, gegangen“ von Jenny Erpenbeck. Da Ihr Kurs schwerpunktmäßig für die inhaltliche Ausarbeitung des Teilthemas „Rezeption und Wirkung des Romans in der Öffentlichkeit“ verantwortlich ist, werden Sie von Ihrer Lehrkraft beauftragt, eine Rezension zu Jenny Erpenbecks Roman zu schreiben.

M1

350 000 Jobsuchende bis Ende 2016

Was Flüchtlinge für den Arbeitsmarkt bedeuten

[...] Die Bundesagentur für Arbeit rechnet bis Ende des Jahres mit bis zu 350 000 Flüchtlingen, die dem deutschen Arbeitsmarkt zur Verfügung stehen. So die Prognose von Detlef Scheele, Vorstandsmitglied bei der Bundesagentur für Arbeit, auf Anfrage von *tagesschau.de*. Der Arbeitsmarkt ist derzeit in guter Verfassung, vor allem in den Dienstleistungsbranchen dürften in den kommenden Monaten weiterhin neue Arbeitsplätze entstehen. Auch Scheele geht davon aus, dass 1 350 000 Flüchtlinge für den deutschen Arbeitsmarkt rein quantitativ kein Problem seien. Denn jährlich entstehen rund 700 000 Arbeitsplätze neu. Auch die Nachfrage der Betriebe nach Flüchtlingen sei hoch, sagt Paul Ebsen von der Bundesagentur im Gespräch mit *tagesschau.de*.
Gerade die deutsche Wirtschaft wartet auf neue Fachkräfte. Mit der Flüchtlingskrise – so war einmal die Hoffnung – könnten neue qualifizierte Arbeitnehmer gefunden werden. Aber werden die Flüchtlinge tatsächlich das Fachkräfte-Problem lösen? Kurzfristig nein, vermuten Experten. Aber mittelfristig könnten die Flüchtlinge einen Beitrag leisten, sagt Herbert Brucker vom Institut für Arbeitsmarkt- und Berufsforschung. [...]

Schmickler, Barbara: Was Flüchtlinge für den Arbeitsmarkt bedeuten. In: Norddeutscher Rundfunk (Hrsg.): tagesschau.de vom 9. Juni 2016. Hamburg 2016. Zitiert nach: www.tagesschau.de/wirtschaft/fluechtlinge-arbeitsmarkt-111.html (15.05.2018)

M2

Das ist die Shortlist zum Deutschen Buchpreis 2015

Diese sechs Kandidaten fiebern dem 12. Oktober entgegen

Es ist Deutschlands größte Literaturauszeichnung. Auch in diesem Jahr wird der Deutsche Buchpreis im Rahmen der Frankfurter Buchmesse verliehen. Mit dabei sind auch die sechs Schriftsteller, die sich auf der finalen Shortlist befinden und so berechtigte Chancen auf die Ehrung und ein Preisgeld von 25 000 Euro haben.
In weniger als einem Monat ist es wieder so weit. Die Frankfurter Buchmesse lädt Literaten und Literatinnen, Buchfans, -händler und -verleger in die Mainmetropole ein. Bei der diesjährigen Veranstaltung steht das Gastland Indonesien im Fokus und natürlich wie in jedem Jahr auch die Vergabe des Deutschen Buchpreises. Ein paar Wochen vorher werden immer die sechs Finalteilnehmer preisgegeben. Die Vertreter der diesjährigen Shortlist können sich sehen lassen und gehen zu Recht ins Rennen um den besten Roman in deutscher Sprache.

Drei Autorinnen mit drei ganz besonderen Werken

Zu ihnen gehört Jenny Erpenbeck, die mit „Gehen, ging, gegangen“ auf der Shortlist zu finden ist und so zu jenen sechs gehört, die von der Jury aus insgesamt 199 Vorschlägen herauskristallisiert wurden. Der Roman geht mit berechtigten Hoffnungen ins Finale, scheint die problematisierte Flüchtlingsthematik doch gerade allgegenwärtig. Nicht mehr ganz so aktuell ist hingegen „Wie ihr wollt“ von Inger-Maria Mahlke. Ihre zentrale Figur ist eine buckelige Cousine der britischen Königin im 16. Jahrhundert. Doch auch das Drama ist definitiv nicht ganz chancenlos.

Best.-Nr. 022724

Dritte Dame im Bunde ist Monique Schwitter, deren Heldin in „Eins im Andern“ nach fünf Jahren eine verflossene Liebschaft googelt, ihren Tod feststellt und erkennen muss, wie schnell die Zeit an einem vorbeirast. […]
Weitere Informationen zum Deutschen Buchpreis und allen sechs Autoren der Shortlist finden Sie ab sofort im Online-Shop von bücher.de und im dazugehörigen Blog.

o. V.: Diese sechs fiebern dem 12. Oktober entgegen. In: bücher.de GmbH & Co. KG (Hrsg.): bücher.de News. Pressemeldung vom 18. September 2015. Zitiert nach: www.buecher.de/ni/service_topics/pressemitteilungen/id/11030216 (24.04.2018)

M 3

Jenny Erpenbecks gründlich recherchierter Tatsachenroman erscheint an der Schwelle einer dramatischen Ausweitung des Flüchtlingsproblems wie der politischen Auseinandersetzung damit. Das könnte Missverständnisse erzeugen. Es handelt sich nämlich nicht um einen flammenden Aufruf zur Weltverbesserung, sondern um eine Geschichte aus individuellen Geschichten, eine erzählerische Konstruktion symbolischer Zuständigkeit für das Erleben und Erleiden der Flüchtlinge, die in Wirklichkeit der Flüchtlingsverwaltung nicht gegeben ist.

Apel, Friedmar: Wir wurden, werden, sind sichtbar. In: Frankfurter Allgemeine Zeitung vom 16. September 2015. Zitiert nach: www.faz.net/aktuell/feuilleton/buecher/rezensionen/belletristik/gehen-ging-gegangen-von-jenny-erpenbeck-137700 81.html (14.01.2018)

M 4

Ein gelangweilter Professor im Ruhestand mischt sich unter Asylbewerber: Jenny Erpenbecks neuer Roman „Gehen, ging, gegangen“ will die Flüchtlingsdebatte als informative Groteske darstellen, bedient sich aber nur Wohlstandsbürger-Klischees.

Buchzik, Dana: Trifft ein Berliner Professor auf Flüchtlinge. In: Spiegel Online vom 2. September 2015. Zitiert nach: www.spiegel.de/kultur/literatur/gehen-ging-gegangen-von-jenny-erpenbeck-rezension-a-1050518.html (19.02.2018)

■ *Verfassen Sie für die Internetseiten Ihrer Schule eine Rezension zu Jenny Erpenbecks Roman „Gehen, ging, gegangen“.*
Beziehen Sie neben den vorliegenden Materialien (M 1 bis M 4) auch eigene Wissensbestände in Ihre Ausführungen ein und beachten Sie zudem, dass Ihnen für Ihren Beitrag aus redaktionellen Gründen nur etwa 500 Wörter zur Verfügung stehen.

INFORMATION: Die Rezension – eine meinungsbetonte journalistische Textsorte

In der Literaturwissenschaft wird unter einer Rezension (lat. *recensio* = Musterung) die kritische Beurteilung und Besprechung einer Schrift durch einen Rezensenten in einer Zeitung oder Zeitschrift verstanden. Sie dient im Wesentlichen dazu, den Leser über eine Neuveröffentlichung auf dem Buchmarkt zu informieren (**Informationsfunktion**) und die Qualität des Werkes zu beurteilen. Auf diese Weise soll der Rezensent dem Leser zugleich einen Überblick über eine zunehmend unüberschaubare Zahl von Neuerscheinungen verschaffen und somit eine Entscheidungshilfe zum Kauf und zur Lektüre liefern (**Selektionsfunktion**). Die zu den journalistischen Textsorten zählende Rezension hat als solche zudem eine Unterhaltungsfunktion, weshalb sich der Rezensent der im Journalismus gängigen Stilmittel bedient, um auch die Literaturkritik selbst für die Literaturinteressierten zu einem Leseerlebnis zu machen.

Gerade Letzteres setzt bei dem Rezensenten ein hohes Maß an Schreibkompetenz voraus, weshalb im Folgenden einige Tipps zum Verfassen einer Rezension gegeben werden sollen, um die Leserschaft zu begeistern:

- Verfassen Sie einen originellen und sinnstiftenden **Titel**, der zum Lesen einlädt.
- Informieren Sie kurz über die **Autorin** bzw. ihre vorherigen Werke, sofern diese noch relativ unbekannt sein sollten.
- Formulieren Sie eine kurze und prägnante **Inhaltsangabe** des zu besprechenden Werkes, ohne den Ausgang der Handlung vorwegzunehmen.
- Beschreiben Sie das **Besondere** und/oder **Neue** des Werkes (Thema, Handlungsführung, Figurenkonstellation, Erzähltechnik, Sprache, Schreibstil o. Ä.).
- **Bewerten** Sie das Werk in Bezug auf selbst ausgewählte Aspekte und begründen Sie Ihre Bewertung mit nachvollziehbaren Argumenten. (Führen Sie ggf. gut gewählte Zitate als Kostprobe an.)
- Wählen Sie einen **Schreibstil**, der über eine rein sachliche Sprache hinausgeht (z. B. durch bildhaftes Vokabular, wertende Adjektive, rhetorische Figuren). Verwenden Sie jedoch auch die notwendigen literaturwissenschaftlichen Fachbegriffe.
- Bewerten Sie das besprochene Werk zum Schluss insgesamt und sprechen Sie gegebenenfalls Ihre **Lektüreempfehlung** aus.

Bewertung des Schreibproduktes

A Verstehensleistung

Festlegung und Entfaltung des Themas	++	+	o	–	– –
Sie wählen die für Ihre eigene Konzeption relevanten Informationen aus den umfangreichen Materialien aus und nutzen diese überzeugend.					
Sie informieren den Leser über den Inhalt des Romans kurz und präzise, sachgerecht und aufgabenadäquat, ohne den Ausgang der Handlung vorwegzunehmen.					
Sie beschreiben das Besondere und/oder Neue dieses Romans (z. B. Thema, Handlungsführung, Figurenkonstellation, Erzähltechnik, Sprache, Schreibstil).					
Sie ergänzen die vorgegebenen Informationen durch eigenes, relevantes Kontextwissen.					

Bemerkungen: ____

____

Realisierung der vorgegebenen Textsorte (Rezension)	++	+	o	–	– –
Sie formulieren einen originellen, sinnstiftenden Titel, der das Interesse des Lesers weckt.					
Sie stellen Ihre subjektive Meinung zu dem Thema in den Mittelpunkt Ihrer Ausführungen.					
Sie entfalten dabei eine inhaltlich und stilistisch gelungene Argumentationsstrategie im Hinblick auf den zu bewertenden Roman.					
Sie führen in diesem Zusammenhang gut gewählte Zitate als Kostprobe an.					
Sie beziehen offen Stellung, gelangen zu einer eigenständigen Bewertung des Romans, welche Sie klar und schlüssig formulieren, und sprechen ggf. eine Lektüreempfehlung aus.					
Sie setzen ausgewählte, im Journalismus gängige sprachliche Mittel (z. B. Metapher, rhetorische Frage) gezielt ein und verwenden zudem die notwendigen literaturwissenschaftlichen Fachbegriffe (z. B. Intertextualität).					

Bemerkungen: ____

____

Umfang, Prägnanz und Anschaulichkeit	++	+	o	–	– –
Sie achten auf eine angemessene Prägnanz der gegebenen Informationen im Sinne von Textsorte und Adressaten (weder zu knapp noch zu ausschweifend).					
Sie veranschaulichen die dargestellten Zusammenhänge durch geschickt gewählte Beispiele.					

Bemerkungen: ____

____

Best.-Nr. 022724

Umgang mit Informationsquellen	++	+	o	–	– –
Sie kennzeichnen fremdes geistiges Eigentum, indem Sie die Quellen der den Materialien entnommenen Informationen explizit oder implizit nennen.					
Sie integrieren die Belege und Quellen geschickt in Ihren eigenen Text (z. B. „Friedmar Apel kritisiert an Erpenbecks Roman ...“).					

Bemerkungen: ____________________

____

B Darstellungsleistung

Aufbau und Folgerichtigkeit der Darstellung	++	+	o	–	– –
Sie leiten Ihren Text in leserfreundlicher Weise ein.					
Sie verdeutlichen sachlogische Zusammenhänge durch angemessene Verknüpfung der Informationen.					
Sie erleichtern die Lesbarkeit Ihres Textes, indem Sie dessen Struktur optisch mithilfe von Absätzen markieren und auf eine angemessene äußere Form achten.					

Bemerkungen: ____________________

____

Adressatenbezug im Sinne der Aufgabenstellung	++	+	o	–	– –
Sie identifizieren Ihre Adressaten als junge Erwachsene ohne spezielle Vorkenntnisse und verwenden eine zielgruppengemäße Sprache (z. B. Verzicht auf stark abstrahierende Ausführungen).					

Bemerkungen: ____________________

____

Verknüpfung unterschiedlicher Informationen	++	+	o	–	– –
Sie konzipieren Ihre Rezension als Textganzes, indem Sie eine isolierte Bearbeitung einzelner Aspekte und/oder Materialien vermeiden und die Geschlossenheit Ihres Textes durch wechselseitige Bezüge verdeutlichen.					

Bemerkungen: ____________________

____

Sprache	++	+	o	–	– –
Sie beherrschen die standardsprachlichen Normen (Sprachrichtigkeit) und formulieren syntaktisch sicher, variabel und komplex.					
Sie drücken sich allgemeinsprachlich präzise, stilistisch sicher und begrifflich differenziert aus (sachliche Schreibweise, Schriftsprachlichkeit usw.).					

Bemerkungen: ____________________

____

Best.-Nr. 022724

Erläuterung der Zeichen:	+ +	= Anforderungen in besonderem Maße erfüllt
	+	= Anforderungen voll erfüllt
	o	= Anforderungen im Wesentlichen erfüllt
	–	= Anforderungen mit Einschränkungen bzw. teilweise erfüllt
	– –	= Anforderungen kaum bzw. nicht erfüllt

- *Tauschen Sie den von Ihnen verfassten Text mit Ihrem Sitznachbarn bzw. Ihrer Sitznachbarin und bewerten Sie dessen bzw. deren Entwurf mithilfe der oben angeführten Kriterien.*
- *Lesen Sie die Bewertung Ihres eigenen Textes und überarbeiten Sie diesen entsprechend.*

Best.-Nr. 022724

Klausurvorschläge

Vorschlag 1

Johann Wolfgang von Goethe (1749 – 1832)
Iphigenie auf Tauris

Zur Vorgeschichte: Iphigenie, Tochter des Königs Agamemnon, soll auf Geheiß der Götter geopfert werden, wird jedoch von der Göttin Diana gerettet und nach Tauris gebracht, wo sie als Priesterin der Diana wirkt. Die auf der Insel Tauris zuvor üblichen Menschenopfer sind durch Iphigenies Wirken von Thoas, König der Taurer, ausgesetzt worden.

Mit dem folgenden Monolog der Titelheldin beginnt Goethes Drama.

1. Aufzug, 1. Auftritt

IPHIGENIE: Heraus in eure Schatten, rege Wipfel
Des alten, heil'gen, dicht belaubten Haines[1],
Wie in der Göttin[2] stilles Heiligtum,
Tret ich noch jetzt mit schauderndem Gefühl,
Als wenn ich sie zum ersten Mal beträte,
Und es gewöhnt sich nicht mein Geist hierher.
So manches Jahr bewahrt mich hier verborgen
Ein hoher Wille, dem ich mich ergebe;
Doch immer bin ich, wie im ersten, fremd.
Denn ach! Mich trennt das Meer von den Geliebten,
Und an dem Ufer steh ich lange Tage,
Das Land der Griechen mit der Seele suchend;
Und gegen meine Seufzer bringt die Welle
Nur dumpfe Töne brausend mir herüber.
Weh dem, der fern von Eltern und Geschwistern
Ein einsam Leben führt! Ihm zehrt der Gram
Das nächste Glück vor seinen Lippen weg,
Ihm schwärmen abwärts immer die Gedanken
Nach seines Vaters Hallen, wo die Sonne
Zuerst den Himmel vor ihm aufschloss, wo
Sich Mitgeborne[3] spielend fest und fester
Mit sanften Banden aneinanderknüpften.
Ich rechte mit den Göttern nicht; allein
Der Frauen Zustand ist beklagenswert.
Zu Haus und in dem Kriege herrscht der Mann,
Und in der Fremde weiß er sich zu helfen.
Ihn freuet der Besitz; ihn krönt der Sieg!
Ein ehrenvoller Tod ist ihm bereitet.
Wie eng-gebunden ist des Weibes Glück!
Schon einem rauen Gatten zu gehorchen
Ist Pflicht und Trost; wie elend, wenn sie gar
Ein feindlich Schicksal in die Ferne treibt!
So hält mich Thoas[4] hier, ein edler Mann,
In ernsten, heil'gen Sklavenbanden fest.

[1] **Hain** = kleiner Wald, oft den Göttern geweiht
[2] **Göttin** = Gemeint ist hier die Göttin Diana.
[3] **Mitgeborne** = Geschwister
[4] **Thoas** = König der Insel Tauris

Best.-Nr. 022724

O wie beschämt gesteh ich, dass ich dir
Mit stillem Widerwillen diene, Göttin,
Dir, meiner Retterin! Mein Leben sollte
Zu freiem Dienste dir gewidmet sein.
Auch hab ich stets auf dich gehofft und hoffe
Noch jetzt auf dich, Diana, die du mich,
Des größten Königes verstoßne Tochter,
In deinen heil'gen, sanften Arm genommen.
Ja, Tochter Zeus', wenn du den hohen Mann,
Den du, die Tochter fordernd, ängstigtest,
Wenn du den göttergleichen Agamemnon[1],
Der dir sein Liebstes zum Altare brachte,
Von Trojas[2] umgewandten Mauern rühmlich
Nach seinem Vaterland zurückbegleitet,
Die Gattin ihm, Elektren[3] und den Sohn,
Die schönen Schätze, wohl erhalten hast:
So gib auch mich den Meinen endlich wieder,
Und rette mich, die du vom Tod errettet,
Auch von dem Leben hier, dem zweiten Tode!

(1786)

Goethe, Johann Wolfgang von: Iphigenie auf Tauris. Schöningh Verlag: Paderborn 2000, S. 7 f.

---

1 **Agamemnon** = Vater Iphigenies, König von Mykene, der auf Geheiß der Götter seine Tochter opfern sollte

2 **Troja** = Anspielung auf den sagenhaften Krieg der Griechen gegen die Trojaner, der mit der Niederlage der Stadt Troja endete

3 **Elektra** = in der griechischen Sage die Tochter von Agamemnon und Klytämnestra sowie die Schwester von Orest und Iphigenie

- *Interpretieren Sie den Eingangsmonolog aus Johann Wolfgang von Goethes Drama „Iphigenie auf Tauris" im Hinblick darauf, wie die Titelheldin ihr gegenwärtiges Leben in der Fremde bewertet.*
- *Vergleichen Sie diesen Textauszug mit Jenny Erpenbecks Roman „Gehen, ging, gegangen" im Hinblick darauf, wie die jeweilige Sicht der Betroffenen auf ihre neue Heimat sprachlich und motivisch gestaltet wird.*

Bewertung der Schülerleistung: Untersuchendes Erschließen literarischer Texte

Name:	
Schulhalbjahr:	
Kurs:	
Fachlehrer/in:	
Thema der Klausur:	Fremdheitserfahrung als Thema der Literatur: Johann Wolfgang von Goethe: Iphigenie auf Tauris Jenny Erpenbeck: Gehen, ging, gegangen

1. Verstehensleistung

Teilaufgabe 1		**max. Punktzahl**	**erreichte Punkte**
Die Schülerin/der Schüler			
1	**nennt einleitend** die bibliografischen Informationen (Titel, Autor, Erscheinungsjahr und -ort), die Gattung (Drama) und das Thema (entmutigende Fremdheitserfahrung Iphigenies auf der Insel Tauris).	5	
2	**interpretiert** den Eingangsmonolog der Titelheldin umfassend und differenziert, z. B.: • fühlt sich nicht heimisch (vgl. V. 6 ff.) • sehnt sich nach ihrer Familie und ihrer Heimat (vgl. V. 10 ff.) • ist einsam (vgl. V. 16) • beklagt ihr Schicksal, als Frau zur Tatenlosigkeit verurteilt zu sein (vgl. V. 24 ff.) • wird von König Thoas auf der Insel festgehalten (vgl. V. 33 f.) • dient der Göttin Diana als Priesterin „[m]it stillem Widerwillen“ (V. 36) • hofft, dass die Göttin Diana ihr zur Rückkehr in die Heimat verhilft (vgl. V. 39 ff.) → Einsamkeit auf Tauris, Heimweh nach Griechenland und ihrer Familie und Verzweiflung angesichts der geringen Handlungsmöglichkeiten der Frau im Vergleich zum Mann	20	
3	**erläutert** mind. zwei sprachliche und/oder stilistische Mittel, mit denen die Titelheldin ihr gegenwärtiges Leben in der Fremde bewertet, z. B.: • Wellen-Metaphorik (vgl. V. 13): Zeichen der Unsicherheit und Unstetigkeit bzw. Störung in ihrem Leben • Vergleiche (Leben auf Tauris wie ein zweiter Tod, vgl. V. 53, wie „in ernsten, heil'gen Sklavenbanden“, V. 34): Zeichen der Fremdbestimmung ihres Daseins und der Ausweglosigkeit ihrer Situation • Ironie („Weibes Glück“, V. 29): Kritik an der Rolle der Frau in der Gesellschaft, die dem Mann gehorchen muss • Ausrufesätze und Parallelismen (vgl. V. 27): veranschaulichen ihr emotionales Aufgewühlt-Sein	17	
4	**fasst** Iphigenies Fremdheitserfahrung im fernen Tauris (z. B. keine Möglichkeit zur Selbstbestimmung ihres Lebens) im Sinne eines Fazits treffend **zusammen**.	3	
Summe Teilaufgabe 1		**45**	

Teilaufgabe 2 Die Schülerin/der Schüler		max. Punktzahl	erreichte Punkte
1	**erläutert** kurz den Untersuchungsgegenstand (vergleichende Textanalyse) im Sinne einer Überleitung.	3	
2	**legt** die **Gemeinsamkeiten** und **Unterschiede** beider Texte umfassend und differenziert **dar**, z. B.: *Gemeinsamkeiten* • Metaphorik zur Veranschaulichung der Störung im Leben der in die Fremde Verschlagenen (vgl. toter Mann im See) • Leben in der neuen Heimat stellt keine wirkliche Rettung dar (Hemmnisse durch Bürokratie, ablehnende Meinung der Öffentlichkeit usw.). • kein Ankommen in der Fremde möglich, was Heimweh zur Folge hat *Unterschiede* • Art der Darstellung (Monolog Iphigenies als Betroffene vs. Reflexionen der Spiegelfigur Richard) • Aus der ungewissen Lebenssituation resultierender Wartezustand hat andere Ursachen (Iphigenie will in ihre Heimat zurückkehren und dient mit Widerwillen vs. Flüchtlinge wollen Bleibe- und Arbeitsrecht).	22	
Summe Teilaufgabe 2		**25**	
Summe Verstehensleistung		**70**	

2. Darstellungsleistung

Teilaufgaben 1 und 2 Die Schülerin/der Schüler		max. Punktzahl	erreichte Punkte
1	**strukturiert** ihren/seinen Text kohärent, schlüssig, stringent und gedanklich klar.	5	
2	**formuliert** unter Beachtung der fachsprachlichen und -methodischen Anforderungen (Fachtermini, korrekte Redewiedergabe im Konjunktiv I bzw. in der Ersatzform usw.).	5	
3	**belegt** ihre/seine Aussagen durch angemessenen und formal korrekten Gebrauch von vollständigen oder gekürzten Zitaten in begründender Funktion.	5	
4	**drückt sich** allgemeinsprachlich präzise, stilistisch sicher und begrifflich differenziert **aus**.	5	
5	**formuliert** lexikalisch und syntaktisch sicher, variabel und komplex.	5	
6	**schreibt** sprachlich richtig.	5	
Summe Darstellungsleistung		**30**	

Bewertung:	max. Punktzahl	erreichte Punkte
Summe insgesamt (Verstehens- und Darstellungsleistung):	**100**	

Best.-Nr. 022724

Kommentar:

____

____

____

____

____

____

____

____

____

____

____

____

____

____

Die Arbeit wird mit der Note ______________________________ beurteilt.

Datum: ____________________ Unterschrift: ______________________________

Bepunktung

Note	Punkte	erreichte Punktzahl
sehr gut plus	15	100 – 95
sehr gut	14	94 – 90
sehr gut minus	13	89 – 85
gut plus	12	84 – 80
gut	11	79 – 75
gut minus	10	74 – 70
befriedigend plus	9	69 – 65
befriedigend	8	64 – 60
befriedigend minus	7	59 – 55
ausreichend plus	6	54 – 50
ausreichend	5	49 – 45
ausreichend minus	4	44 – 39
mangelhaft plus	3	38 – 33
mangelhaft	2	32 – 27
mangelhaft minus	1	26 – 20
ungenügend	0	19 – 0

Vorschlag 2

Molla Demirel (geb. 1948)
Meinem Land bin ich entrissen worden

Meinem Land bin ich entrissen worden,
entwurzelt bin ich in der Fremde.
Ich bin ausgebeutet worden
bis zur völligen Erschöpfung.
Im Kohlenbergwerk, auf Plantagen,
in kochenden Eisenhütten, auf Bauplätzen,
bei Regen und Kälte.

Ich bin ausgebeutet worden
in meinem Land Anatolien[1]
Devisen[2] erwarten die dortigen Herren.
Sie sehen mich nicht,
sie denken nicht an mich,
wenn mir der Schweiß von der Stirn rinnt.

Unser Blut und unsere Kraft
fließen in den Boden der fremden Länder.
Unser Blut, unsere Kraft
steigern die fremde Produktion,
beschleunigen fremden Fortschritt,
verfeinern fremde Technik.

Die Gewalt, die uns in der Fremde beherrscht,
wird größer und mächtiger.
Mehr und mehr rinnt auch Schweiß
von unserer Stirn.
Blut spritzt aus der Wunde meines Herzens.

Die Herren meines Landes
schlagen noch immer Wunden
mit ihren Forderungen an mich.
Was kann ich ihnen entgegensetzen?

Meinem Land, meiner Geliebten bin ich entrissen.
Bin verweht in die Fremde.
Mein Schweiß und mein Blut fließen noch immer.
Sie fließen für die Fremden.

(2001)

Demirel, Molla: Meinem Land bin ich entrissen worden. In: Ders.: Blatt für Blatt. Gedichte. Anadolu Verlag: Hückelhoven 2001, S. 101 ff.

1 **Anatolien** (altgriech. *anatolē* = Osten) ist eine Region in der Türkei, die zu Vorderasien gehört
2 **Devisen** = Fremdwährung (z. B. US-Dollar)

- *Interpretieren Sie Molla Demirels Gedicht „Meinem Land bin ich entrissen worden“.*
- *Vergleichen Sie den vorliegenden Text mit Jenny Erpenbecks Roman „Gehen, ging, gegangen“ im Hinblick auf die jeweilige Sicht der Betroffenen auf ihre neue Heimat.*

Bewertung der Schülerleistung: Untersuchendes Erschließen literarischer Texte

Name:	
Schulhalbjahr:	
Kurs:	
Fachlehrer/in:	
Thema der Klausur:	Fremdheitserfahrung als Thema der Literatur: Molla Demirel: Meinem Land bin ich entrissen worden Jenny Erpenbeck: Gehen, ging, gegangen

1. Verstehensleistung

Teilaufgabe 1 **Die Schülerin/der Schüler**		**max. Punktzahl**	**erreichte Punkte**
1	**nennt** einleitend die bibliografischen Informationen (Titel, Autor, Erscheinungsjahr und -ort), die Gattung (Gedicht) und das Thema (Nicht-Zugehörigkeit bzw. Heimatlosigkeit des lyrischen Ichs in der Fremde).	5	
2	**interpretiert** das vorliegende Gedicht umfassend und differenziert, z. B.: • Strophen 1 und 2: Ausbeutung des lyrischen Ichs in der Heimat als Grund für die Auswanderung nach Deutschland – unwürdige Bedingungen in der Arbeitswelt (vgl. V. 3 ff.) – Ohnmacht gegenüber Politik und Fortschritt (vgl. V. 10 ff.) • Strophen 3 und 4: Darstellung des Alltags in der neuen Heimat: Arbeitskraft des lyrischen Ichs – nährt nun „den Boden der fremden Länder“ (V. 15) – fördert „die fremde Produktion“ (V. 17) – Ohnmacht des lyrischen Ichs gegenüber der modernen Wirtschaftswelt in der Fremde • Strophe 5: Zusätzliche Bedrohung bzw. Verfolgung des lyrischen Ichs aus der Heimat (vgl. V. 25 ff.) • Strophe 6: Resignation und Enttäuschung des lyrischen Ichs – unveränderte Arbeitsbedingungen (vgl. V. 31 f.) – zusätzliches Leid durch das Fehlen von Liebe (vgl. V. 29) – keine Rückkehr in die Heimat möglich (vgl. V. 29)	20	
3	**erläutert** mind. zwei sprachliche und/oder stilistische Mittel, mit denen das lyrische Ich sein Leben in der neuen Heimat bewertet, z. B.: • narrative Struktur: Darstellung des Schicksals des lyrischen Ichs • Blut-/Schweiß-Metaphorik (vgl. V. 14 ff.): Zeichen der Ausbeutung und Reduktion des lyrischen Ichs auf bloße Arbeitskraft → menschenunwürdiges Dasein in der Heimat und in der Fremde • Wind-Metaphorik (vgl. V. 30) und Repetitio des Titels (vgl. V. 1 und V. 29): Zeichen der Entwurzelung – kein Ankommen des lyrischen Ichs in der neuen Heimat – Nicht-Zugehörigkeit im Dasein zwischen zwei Kulturen, die beide menschenunwürdig sind	17	
4	**fasst** die Fremdheitserfahrung des lyrischen Ichs nach Verlassen der Heimat (z. B. Gefangensein in einer Zwischenwelt, aus der es kein Entkommen gibt) im Sinne eines Fazits treffend **zusammen**.	3	
Summe Teilaufgabe 1		**45**	

Best.-Nr. 022724

Teilaufgabe 2 Die Schülerin/der Schüler		max. Punktzahl	erreichte Punkte
1	**erläutert** kurz den Untersuchungsgegenstand (vergleichende Textanalyse im Hinblick auf die Sicht der Betroffenen auf ihre neue Heimat) im Sinne einer Überleitung.	5	
2	**legt** die **Gemeinsamkeiten** und **Unterschiede** beider Texte hinsichtlich des Untersuchungsaspektes umfassend und differenziert **dar**, z. B.: *Gemeinsamkeiten* • kein Ankommen in der neuen Heimat möglich; Fremdheitsgefühl als Folge • Symbolik des Nicht-Ankommens (vgl. Schlüsselbegriffe „Warten“ und „Zeit“ bei Erpenbeck) • (Selbst-)Entfremdung und Identitätsverlust der Betroffenen in der Fremde (vgl. Titel vs. „[I]ch weiß nicht mehr, wer ich bin. […] I don't know where my mind ist“, S. 69 f.) *Unterschiede* • Grund für das Verlassen der Heimat (lyrisches Ich als Auswanderer, der freiwillig fortgeht, vs. Flüchtlinge oder Vertriebene, die gezwungenermaßen gehen) • Gefühlslage in der Fremde (Desillusionierung und Ernüchterung des lyrischen Ichs vs. Angst der Flüchtlinge, zurückgeschickt zu werden)	20	
Summe Teilaufgabe 2		**25**	
Summe Verstehensleistung		**70**	

2. Darstellungsleistung

Teilaufgaben 1 und 2 Die Schülerin/der Schüler		max. Punktzahl	erreichte Punkte
1	**strukturiert** ihren/seinen Text kohärent, schlüssig, stringent und gedanklich klar.	5	
2	**formuliert** unter Beachtung der fachsprachlichen und -methodischen Anforderungen (Fachtermini, korrekte Redewiedergabe im Konjunktiv I bzw. in der Ersatzform usw.).	5	
3	**belegt** ihre/seine Aussagen durch angemessenen und formal korrekten Gebrauch von vollständigen oder gekürzten Zitaten in begründender Funktion.	5	
4	**drückt sich** allgemeinsprachlich präzise, stilistisch sicher und begrifflich differenziert **aus**.	5	
5	**formuliert** lexikalisch und syntaktisch sicher, variabel und komplex.	5	
6	**schreibt** sprachlich richtig.	5	
Summe Darstellungsleistung		**30**	

Bewertung:	max. Punktzahl	erreichte Punkte
Summe insgesamt (Verstehens- und Darstellungsleistung):	**100**	

Best.-Nr. 022724

Kommentar:

____

____

____

____

____

____

____

____

____

____

____

____

____

____

Die Arbeit wird mit der Note ______________________ beurteilt.

Datum: ____________ Unterschrift: ______________________

Bepunktung

Note	Punkte	erreichte Punktzahl
sehr gut plus	15	100 – 95
sehr gut	14	94 – 90
sehr gut minus	13	89 – 85
gut plus	12	84 – 80
gut	11	79 – 75
gut minus	10	74 – 70
befriedigend plus	9	69 – 65
befriedigend	8	64 – 60
befriedigend minus	7	59 – 55
ausreichend plus	6	54 – 50
ausreichend	5	49 – 45
ausreichend minus	4	44 – 39
mangelhaft plus	3	38 – 33
mangelhaft	2	32 – 27
mangelhaft minus	1	26 – 20
ungenügend	0	19 – 0

Best.-Nr. 022724

Inhaltsübersicht zum Roman „Gehen, ging, gegangen"

Kapitel	zentrale Figuren	Handlung
1 (S. 8 – 15)	Richard	Richard, kürzlich emeritierter Professor für Alte Kulturen (Altphilologe), sinniert darüber, was er jetzt im Ruhestand mit der vielen Freizeit anfangen soll. Er hat das Gefühl, aufpassen zu müssen, „dass er nicht irre wird, wenn er jetzt ganze Tage allein ist und mit niemandem spricht" (S. 14).
2 (S. 15 – 20)	Richard Flüchtlinge	Der Erzähler führt in die Situation der Flüchtlinge auf dem Oranienplatz ein – sie wollen arbeiten, dürfen aber nicht – und wundert sich, warum Richard die Männer und deren Probleme nicht wahrnimmt: „Warum kann Richard [...] diese Stille nicht hören?" (S. 16)
3 (S. 21 – 25)	Richard	**Rückblende:** Richard erinnert sich an seine gescheiterte Beziehung mit seiner Geliebten, die ihn verlassen hat, und an die Kindheit seiner verstorbenen Frau. In den Nachrichten erfährt er zum ersten Mal von den Flüchtlingen am Oranienplatz und fragt sich, warum er bislang so blind gewesen ist.
4 (S. 25 – 28)	Richard	Richard schaut wieder die Nachrichten und bedauert, dass die hungerstreikenden Flüchtlinge vom Alexanderplatz entfernt worden sind: „Die Idee, sichtbar zu werden, indem man öffentlich nicht sagt, wer man ist, hatte ihm gefallen." (S. 28)
5 (S. 28 – 30)	Richard	Er informiert sich über die Flüchtlinge, die auf dem Oranienplatz „offenbar [bereits] seit einem Jahr in Zelten leben" (S. 29).
6 (S. 30 –34)	Richard	Er geht zu der Bürgerversammlung in der von Flüchtlingen „besetzten Kreuzberger Schule" (S. 31), nimmt sich aber vor, anonym zu bleiben. Fluchtartig verlässt er die Veranstaltung, nachdem dort „ein ohrenbetäubender Knall zu hören [ist], so etwas wie eine Explosion" (S. 33).
7 (S. 34 – 37)	Richard	„Ist er feige gewesen, eben, in Kreuzberg?", überlegt Richard und wird an seine Unsicherheit bzw. Ängste seit dem Fall der Berliner Mauer erinnert: „Aber seit die Mauer weg ist, kennt er sich [...] nicht mehr aus. Seit die Mauer weg ist, ist die Stadt doppelt so groß" (S. 35).
8 (S. 37 – 44)	Richard	Richard beschließt spontan, zum Oranienplatz zu gehen, um sich das Camp und deren Bewohner anzusehen. Erst zurück zu Hause wird ihm bewusst, warum er dorthin gegangen ist: „Über das sprechen, was Zeit eigentlich ist, kann er wahrscheinlich am besten mit denen, die aus ihr herausgefallen sind." (S. 44)
9 (S. 44 – 45)	Richard	Er verwendet die „nächsten zwei Wochen [...] darauf, einige Bücher zum Thema zu lesen und einen Fragenkatalog für die Gespräche, die er mit den Flüchtlingen führen will, zu entwerfen" (S. 44). Sein Leben hat durch diese Aufgabe wieder einen Sinn.
10 (S. 45 – 47)	Richard	Richard muss am nächsten Tag feststellen, dass die Polizei das Camp aufgelöst hat. „Und wo sind die Flüchtlinge jetzt? Auf drei Einrichtungen verteilt." (S. 47)
11 (S. 47 – 50)	Richard	Die nächsten Tage verbringt Richard damit, „die Pappkartons aus dem Institut, die noch immer verschlossen bei ihm im Keller stehen", zu öffnen und „beginnt mit dem Einsortieren der Bücher" (S. 47). Erst dann fährt er zum Flüchtlingsheim, um sein „Forschungsprojekt" (S. 49) zu beginnen.

Kapitel	zentrale Figuren	Handlung
12 (S. 50 – 55)	Richard Flüchtlinge	Richard registriert die desolaten Wohnverhältnisse im Flüchtlingsheim: Es „ist abgesperrt. Von innen." (S. 50) „Der erste Stock steht leer, da gibt es kein Wasser" (S. 51). Und obwohl die „Männer [...] das Haus auch verlassen" dürfen, legt ihm der Leiter nahe, lieber „hier mit ihnen zu sprechen" (S. 51). Seine erste Begegnung mit den Flüchtlingen ist geprägt von Unsicherheit.
13 (S. 55 – 62)	Richard „Apoll"	Am nächsten Tag lernt Richard den namenlosen, jungen Tuareg aus dem Niger kennen, den er schon auf dem Oranienplatz gesehen hat und dem er für sich den Namen „Apoll" gibt. Der Junge ist anfänglich distanziert: „Warum sollte er einem fremden Mann sagen, dass er nicht weiß, warum er nie Eltern hatte?" (S. 58) Richard spürt die ablehnende Haltung und belässt es schließlich dabei: „Er muss jetzt gehen, diese Gespräche strengen ihn mehr an, als er gedacht hätte." (S. 62)
14 (S. 63 – 72)	Richard Awad („Tristan")	Bei seinem nächsten Besuch im Flüchtlingsheim begegnet Richard dem Flüchtling Awad aus Libyen, der mitteilsamer ist: „Er würde ihm gern von sich erzählen, [...] [d]enn wenn jemand irgendwo ankommen wolle, dürfe er nichts verbergen." (S. 63) Im Gespräch wird deutlich, dass der Mann schwer traumatisiert ist, denn er hat in seiner Heimat „den Krieg gesehen" (S. 67), weshalb er hier in Deutschland von einer Psychologin betreut wird.
15 (S. 72 – 79)	Richard	Richard verbringt den nächsten Morgen mit dem „Studium der *Dublin II* genannten Verordnung" (S. 73). Er begreift, dass es im deutschen Asylrecht „gar nicht darum [geht] zu klären, ob diese Männer Kriegsopfer sind" (S. 73), sondern lediglich darum, die Zuständigkeit für den Asylantrag zu regeln.
16 (S. 79 – 84)	Richard äthiopische Lehrerin	Am folgenden Montag nimmt Richard am Deutschunterricht der Flüchtlinge teil, der von einer attraktiven äthiopischen Lehrerin erteilt wird, denn „[i]hre Zeit muss mit irgendetwas gefüllt sein" (S. 81). Für die manchmal fehlende Konzentration der Männer hat sie Verständnis: „Es gibt so viel Unruhe im Leben der Männer, da ist im Kopf kein Platz für Vokabeln." (S. 82)
17 (S. 84 – 91)	Richard Flüchtlinge	Bei einem neuerlichen Besuch im Heim erfährt Richard, „dass die Männer wohl morgen umziehen sollen" (S. 85). Da die geplante neue Unterkunft „mitten im Wald liegt" (S. 85), völlig abgelegen und von der nächsten Bushaltestelle zudem „fünf Kilometer" (S. 88) entfernt ist, halten die Flüchtlinge eine Versammlung ab, um gegen den Umzug zu protestieren. Der Umzug muss schließlich verschoben werden, da „es im Haus zwei Fälle von Windpocken gebe" (S. 90).
18 (S. 91 – 100)	Richard Raschid („der Blitze-schleuderer")	Raschid, den Richard für sich den „Blitzeschleuderer" nennt, erklärt ihm „die fünf Säulen des Islam" (S. 92) und ist überzeugt: „Wer tötet, ist kein Muslim." (S. 92) Anschließend erzählt er Richard seine Lebensgeschichte. „Wie mit einem Schnitt wurde unser Leben in dieser Nacht einfach von uns abgeschnitten. Cut" (S. 98).
19 (S. 100 – 104)	Richard Sylvia	Da im Heim „heute der Geldausgabe-Tag ist" und daher „alle raus [sind]" (S. 100), geht Richard stattdessen zum Einkaufen. Hier trifft er Sylvia, die „Frau seines Freundes" (S. 100). Für sie ist es neu, dass „im Altersheim [...] Afrikaner untergebracht" (S. 101) sind. Im weiteren Gespräch zeigt sich ihre Unkenntnis über die Flüchtlingskrise.
20 (S. 104 – 110)	Richard Osarobo („der Klavierspieler")	Richard lernt den sehr zurückhaltenden, 18-jährigen Osarobo kennen, der jedoch Richards Fragen beantwortet: „Ja, ich will arbeiten. Ich will arbeiten, aber es ist nicht erlaubt." (S. 107) Aber auch Osarobo hat Fragen an Richard: „Glaubst du an Gott?" (S. 109) Als dieser verneint, ist Osarobo verwundert, denn dass Gott ihn gerettet hat, betrachtet der Jugendliche als Zeichen, dass „er doch irgend etwas" (S. 109) mit ihm vorhaben müsse.

Kapitel	zentrale Figuren	Handlung
21 (S. 110 – 112)	Richard	Richard hat „sich vorgenommen, dieses Papier zu studieren, *Vereinbarung* genannt, das der Senat mit den Afrikanern gemacht hat, um den Oranienplatz wieder freizubekommen für die Berliner“ (S. 110). Er durchschaut den fadenscheinigen Kompromiss: „Ewigkeit wird hier also gegen Zeit eingetauscht. Eine wirkliche Räumung eines wirklichen Ortes auf Dauer gegen den schwimmenden Begriff einer Hoffnung: *Unterstützung und Begleitung bei der Entwicklung der beruflichen Perspektiven.*“ (S. 112)
22 (S. 112 – 116)	Richard äthiopische Lehrerin	Die Äthiopierin hängt heimlich Plakate im Heim auf, um die Räume zu dekorieren. Richard erfährt, dass sie eigentlich Hausverbot habe, da sie „zuviel Unruhe ins Haus“ (S. 116) bringe und sich deshalb nur im Unterrichtsraum aufhalten dürfe.
23 (S. 116 – 124)	Richard Karon Anubo („der Dünne“)	Karon Anubo erzählt Richard, dass es als ältester Sohn der Familie seine Pflicht ist, für die Familie zu sorgen. Da er in Ghana keine berufliche Perspektive gehabt hat, ist er geflüchtet, um in Europa Arbeit zu finden und seiner Familie Geld in die Heimat schicken zu können. Nach einer Odyssee kommt er schließlich nach Deutschland.
24 (S. 124 – 132)	Richard Osarobo („der Klavierspieler“)	Richard lädt Osarobo in sein Haus ein und bringt ihm das Klavierspielen bei.
25 (S. 132 – 138)	Richard äthiopische Lehrerin Rufu („der schwarze Mond von Wismar“)	Im Sprachunterricht lernt Richard Rufu kennen, „der auf der Welt ganz allein ist, keinen Freund hat und mit niemandem spricht“ (S. 135), und erfährt, dass die Flüchtlinge nach Spandau in eine neue Unterkunft umziehen sollen.
26 (S. 138 – 140)	Richard Rufu („der schwarze Mond von Wismar“)	Richard geht im Supermarkt einkaufen. An der Kasse stellt er fest, dass sein Portemonnaie fehlt. Während er sich fragt, ob der in der Warteschlange hinter ihm stehende Rufu ihn bestohlen haben könnte, zückt dieser sein Geld und bezahlt Richards Rechnung. Richard lädt Rufu als Dank zum Mittagessen zu sich nach Hause ein.
27 (S. 140 – 145)	Richard Awad („Tristan“)	Awad wird von seinen Erinnerungen heimgesucht, weshalb ihm sein „Kopf [...] beinahe auseinander [fällt] vor Schmerzen“ (S. 140). Trotzdem erzählt er Richard seine Geschichte noch einmal, denn „[w]enn man irgendwo ankommen will, darf man nichts verbergen“ (S. 143).
28 (S. 146 – 149)	Richard Betreuer des Heims	Richard befragt die Betreuer, die durchweg nicht vom Fach sind, und bekommt auf diese Weise einen Einblick in die zum Teil absurden Bestimmungen im Rahmen des Asylrechts.
29 (S. 149 – 157)	Richard alte Freunde	Richard bereitet sich auf sein nächstes Gespräch mit Apoll vor, indem er sich in die Geschichte und Kultur der politisch verfolgten Minderheit der Tuareg einliest und später mit alten Freunden (Detlef, Silvia und Thomas) darüber spricht.
30 (S. 157 – 161)	Richard „Apoll“	In seiner zweiten Begegnung mit Apoll erfährt er vieles über die Kultur des Nomadenvolks, welches sich ohne technische Hilfsmittel in der Wüste orientieren kann und seinen Weg mithilfe der mündlich überlieferten Geschichten der Tuareg findet.
31 (S. 161 – 169)	Richard Rufu („der schwarze Mond von Wismar“)	Im Heim erfährt Richard, dass der Sprachunterricht für die Flüchtlinge nicht mehr mit der äthiopischen Lehrerin im Heim stattfinden wird. Die Flüchtlinge machen sich auf den Weg in eine deutsche Schule. Richard begleitet Rufu und erzählt ihm von der einstigen Trennung Deutschlands und der innerdeutschen Grenze.

Best.-Nr. 022724

Kapitel	zentrale Figuren	Handlung
32 (S. 170 – 172)	Richard Osarobo („der Klavierspieler“)	Richard erwartet Osarobo bei sich zu Hause zum Klavierspielen. Dieser ist jedoch orientierungslos und findet den Weg nicht zu Richards Haus, wie er ihm telefonisch mitteilt. Richard holt ihn von der Kreuzung ab, an der Osarobo auf ihn wartet.
33 (S. 172 – 174)	Richard	Richard erfährt vom Sicherheitsdienst, dass die Flüchtlinge heute nach Spandau umziehen. Die Flüchtlinge tragen ihre Habseligkeiten nach draußen.
34 (S. 174 – 179)	Richard Raschid („der Blitzeschleuderer)	Richard besucht Raschid in dessen neuer Unterkunft in Berlin-Spandau, in der es ihm gut gefällt: „It's normal here“, denn „[e]s gibt hier Kinder“ (S. 174). Er ist dankbar, dass Richard ihnen Arbeit beschafft, auch wenn diese unentgeltlich ist (vgl. S. 185). Die ersten Gespräche der Ausländerbehörde mit den Flüchtlingen zur Klärung der Einzelfälle beginnen.
35 (S. 179 – 181)	Richard „Apoll“	Richard erfährt von den Beamten der Ausländerbehörde hinter vorgehaltener Hand, dass die „Entscheidungen über die Einzelfälle mit aller Härte“ (S. 180) gefällt werden sollen. Er gibt Apoll strategische Tipps, um sich auf dessen Gespräch vorzubereiten und die Chancen auf ein Bleiberecht zu erhöhen. Dieser reagiert gelassen.
36 (S. 181 – 184)	Richard Raschid	In der Unterkunft herrscht eine angespannte Stimmung, da alle nach dem Erhalt ihrer Briefe von der Ausländerbehörde mit Bangen auf ihre Interviews warten. Raschid spricht aus, was alle ahnen: „Die wollen uns hier wirklich nicht haben“ (S. 181).
37 (S. 184 – 185)	Richard Anne	Richard vermittelt den Flüchtling Ali an seine Freundin Anne, damit dieser sich vorübergehend um ihre kranke Mutter kümmern kann; denn die polnische Pflegerin ist über die Weihnachtstage zu Besuch in ihrer Heimat.
38 (S. 185 – 189)	Richard „Apoll“	Apoll rationiert sein Essen ganz streng und gewissenhaft, weil „[m]an [...] doch nie wissen [kann], was kommt. Es kann sein, man muss wieder hungern“ (S. 186). Richard ist beeindruckt und erkennt, dass das Mobiltelefon nicht nur der einzige Luxusartikel der Flüchtlinge, sondern zudem deren einzige Verbindung zur Heimat ist.
39 (S. 190 – 194)	ehernes Gesetz Volksmund Berliner Politik	Das eherne Gesetz „erhebt sich, zwei Tage vor Weihnachten, mit knirschenden Knochen“ (S. 192). Die Flüchtlinge werden in den sozialen Netzwerken als „Kriminelle, Rechtsbrecher“ (S. 193) verunglimpft und auch die Berliner Politiker schlagen in dieselbe Kerbe, da sie einen „Präzedenzfall“ (S. 194) befürchten.
40 (S. 195 – 198)	Richard Anne	Anne findet den Flüchtling sympathisch, berichtet Richard aber, dass ihre Mutter Angst vor Ali habe. Um Heilig Abend nicht allein verbringen zu müssen, lädt Richard Raschid zu sich nach Hause ein.
41 (S. 199 – 206)	Richard Raschid	Richard feiert mit Raschid Weihnachten. Raschid ist freudig überrascht, dass einer der Heiligen Drei Könige ebenso schwarz ist wie er selbst. Richard ist dankbar, dass Raschid ihm seine Lebens- und Leidensgeschichte anvertraut.
42 (S. 206 – 212)	Richard alte Freunde Osarobo („der Klavierspieler“)	Kurz vor dem Jahreswechsel kehren Monika und Jörg aus ihrem Italienurlaub zurück und berichten Richard von ihren positiven Eindrücken, die allerdings durch die vielen Afrikaner getrübt worden sind. Das Paar offenbart viele Vorurteile gegenüber Flüchtlingen. Richard erfährt von Osarobo den Grund für dessen Italienaufenthalt: Verlängerung der Aufenthaltsgenehmigung, um krankenversichert zu sein.
43 (S. 212 – 217)	Richard Karon Anubo („der Dünne“)	Karon lässt sich die Vorladung der Polizei von Richard übersetzen bzw. erklären. Im Gespräch wird die Verzweiflung Karons angesichts der drohenden Abschiebung aus Deutschland deutlich: „Wie soll ich meine Mutter und meine Geschwister ernähren?“ (S. 214) Richard ist um eine Lösung für die finanzielle Not von Karons Familie bemüht und erwägt, ein Grundstück in Ghana für sie zu kaufen.

Kapitel	zentrale Figuren	Handlung
44 (S. 218 – 226)	Richard Flüchtlinge	Gleich am ersten Arbeitstag des neuen Jahres wird die Flüchtlingsunterkunft auf Anordnung des Senats geräumt. Richard ist angesichts der Härte, mit der die Polizisten vorgehen, fassungslos und fragt sich, „ob tatsächlich 40 schwerbewaffnete Männer notwendig sind, um 12 afrikanische Flüchtlinge aus so einem Heim zu tragen“ (S. 220).
45 (S. 226 – 230)	Richard Flüchtlinge	Die Flüchtlinge wollen gegen die Abschiebung bzw. Ausweisung aus Berlin demonstrieren. Richard stellt sich zur Verfügung, damit die Demonstration ordnungsgemäß angemeldet und durchgeführt werden kann.
46 (S. 230 – 233)	Richard Flüchtlinge	Einige Flüchtlinge haben die oberste Etage eines Hauses besetzt und starten eine Protestaktion auf dem Dach, um ein Bleibe- und Arbeitsrecht zu erwirken, und werden in den Medien entsprechend verunglimpft.
47 (S. 234 –241)	Richard Karon Anubo („der Dünne“)	Richard begleitet Karon bei seinem „Termin auf dem Bezirksamt“ (S. 234). Auf dem Weg dorthin fragt Richard nach den erforderlichen Modalitäten, um ein Grundstück in Ghana für Karons Familie kaufen zu können. Nur wenige Tage später reicht Karon ihm sein Mobiltelefon, weil seine Mutter sich bei Richard persönlich bedanken möchte.
48 (S. 241 – 248)	Richard Flüchtlinge Rufu („der schwarze Mond von Wismar“)	Keiner Hilfsorganisation ist es gestattet, die Flüchtlinge, welche das Haus besetzen, mit Essen und Trinken zu versorgen. Eine Kontaktaufnahme ist auch nicht mehr möglich, da die Akkus der Mobiltelefone längst leer sind. Rufu hat jegliche Hoffnung längst aufgegeben und lässt sich auch von Richard nicht aufheitern: „Tutto é finito“ (S. 242). Auch gesundheitlich geht es ihm nicht gut und er hat starke Schmerzen, weshalb Richard ihn zum Zahnarzt bringt. Als er die Rechnung bezahlen will, winkt der Zahnarzt ab.
49 (S. 248 – 252)	Richard Osarobo	Osarobo fragt Richard, ob dieser Arbeit für ihn habe, was er leider verneinen muss. Es steht fest, dass der junge Afrikaner Deutschland im März in Richtung Italien verlassen muss.
50 (S. 253 – 256)	Richard Flüchtlinge	Seit 13 Tagen verharren die Flüchtlinge nun bereits auf dem Dach, um „auf dem zu beharren, was ihnen in der *Vereinbarung* versprochen worden war: Hilfe und Unterstützung bei der Entwicklung ihrer beruflichen Perspektiven und so weiter“ (S. 255). Richard muss jedoch erfahren, dass der Senat diese Vereinbarung wegen einer fehlenden Unterschrift im Nachhinein für ungültig erklärt hat.
51 (S. 256 – 264)	Richard Ithemba	Richard begleitet Ithemba zu seinem Termin beim Rechtsanwalt. Dieser macht dem Flüchtling jedoch wenig Hoffnung: „Ein deutsches Kind [...] wäre das einzige, was wirklich hilft!“ (S. 259)
52 (S. 265 – 275)	Richard Osarobo („der Klavierspieler“)	Richard fährt nach Frankfurt am Main, um einen Fachvortrag zu halten. Osarobo weiß, dass Richard über Nacht fortbleiben wird. Als Richard zurückkehrt, stellt er fest, dass jemand in sein Haus eingebrochen ist und ihn bestohlen hat. Sein Verdacht fällt auf Osarobo. Er versucht, sich mit Osarobo zu treffen, um ihn zur Rede zu stellen, dieser reagiert jedoch ausweichend.
53 (S. 276 – 278)	Richard Karon Anubo („der Dünne“)	Karon besucht Richard unverhofft zu Hause und erzählt ihm von dem Wunder seiner Rettung.
54 (S. 278 – 289)	Flüchtlinge	Anfang Februar erhalten die Flüchtlinge ihre Briefe von der Ausländerbehörde. Alle müssen Deutschland verlassen. Ithemba schneidet sich die Pulsadern auf und wird in die Psychiatrie abtransportiert, Raschid will sich auf dem Oranienplatz verbrennen.
55 (S. 289 – 297)	Richard Flüchtlinge	Awad, Ithemba und Raschid erhalten aufgrund ihrer psychischen Verfassung eine Duldung für einige Wochen. Für die übrigen Flüchtlinge organisiert Richard mithilfe seiner Freunde die Unterbringung bis zur endgültigen Abschiebung. Bis es so weit ist, feiert Richard mit seinen Freunden und den Flüchtlingen seinen Geburtstag bei sich zu Hause.

Best.-Nr. 022724

Ablauf eines Gruppenpuzzles (Folie)

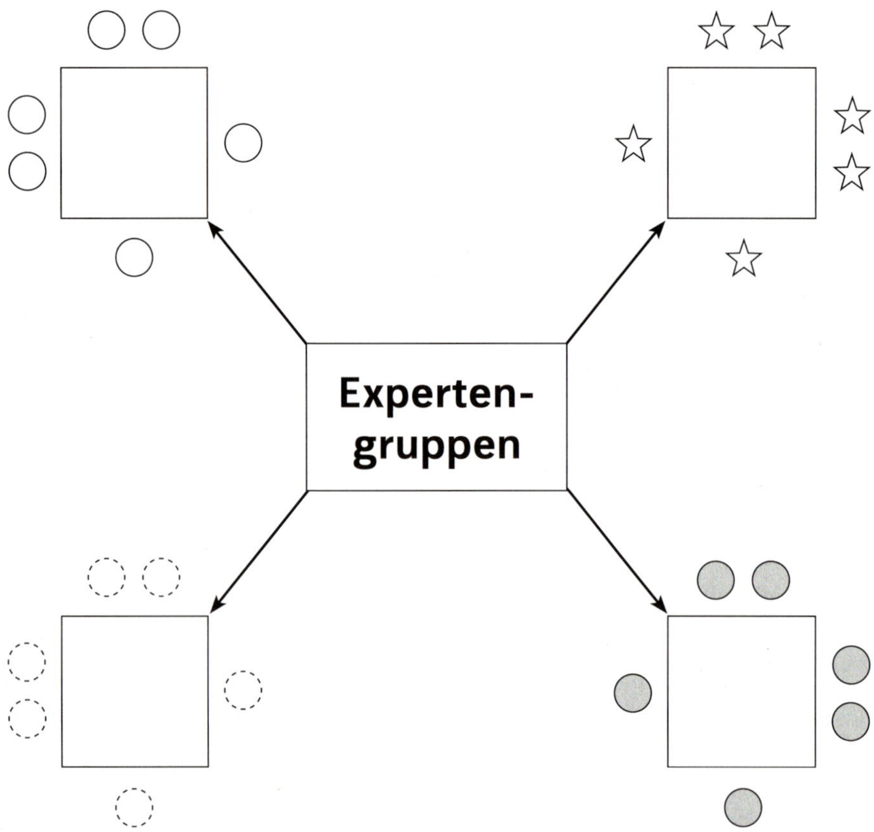

Phase 1

- Jede Expertengruppe bearbeitet ihren jeweiligen Arbeitsauftrag.
- Anschließend muss jedes Gruppenmitglied mit den Arbeitsergebnissen vertraut sein.

Wechsel

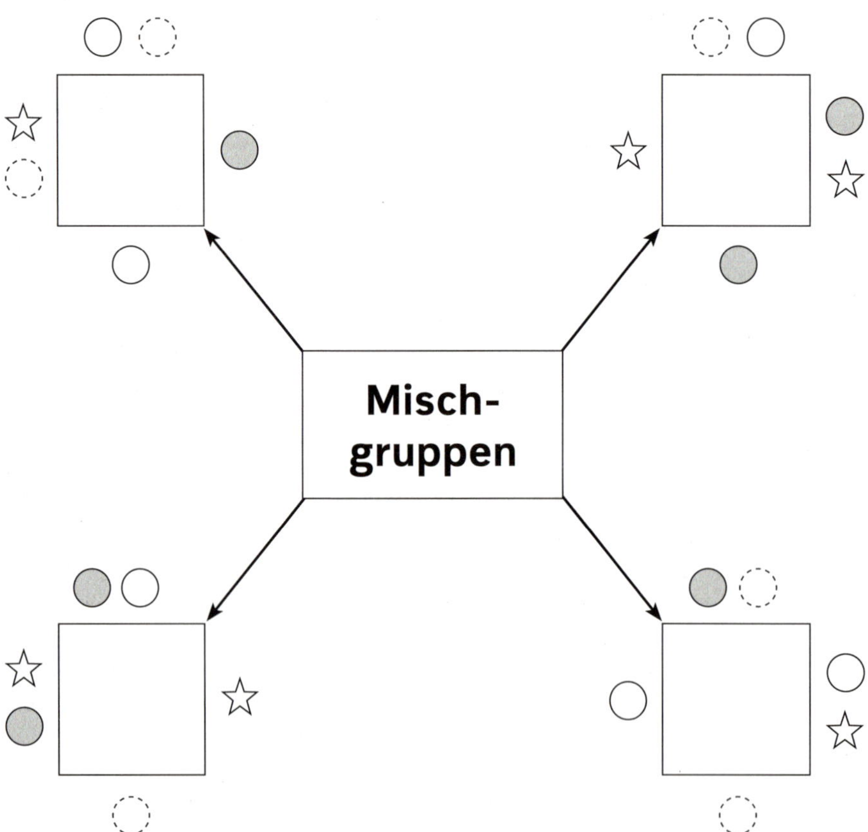

Phase 2

- In den Mischgruppen muss immer mindestens ein Vertreter jeder Expertengruppe sein.
- Die in den Expertengruppen erarbeiteten Ergebnisse werden ausgetauscht, erläutert und in die eigenen Unterlagen übernommen.

Die Geschichte der Tuareg: Ein Nomadenvolk zwischen Rebellion, Tradition und Moderne

„Die Krise in Mali ist eine Geschichte von verratenen Unabhängigkeitsträumen, von ignoranten Politikern und radikalislamischen Terroristen, die als Trittbrettfahrer ihre Chancen eiskalt genutzt haben." So beschreibt ARD-Korrespondent Alexander Göbel die Situation im Norden Malis.

Im Kampf um einen eigenen Staat hatten die Tuareg sich mit radikalen Islamisten verbündet, die allesamt beste Verbindungen zu Al Kaida hatten. Am 6. April 2012 errichteten sie mit deren Hilfe den Staat Azawad. Ihre Flagge wehte in Städten wie Kidal, Gao und Timbuktu – einer Region, die vielen Tuareg als das eigentliche Zentrum ihrer Kultur gilt. Sie erstreckt sich im Norden Malis bis zur algerischen Grenze, im Osten bis zur Grenze mit Niger und im Westen bis nach Mauretanien.

„Es sind nicht unbedingt die Islamisten, die böse sind", berichtet eine Frau in Göbels Dokumentation über Kidal. „Unter ihnen gab es kaum Entführungen, Diebstähle oder Vergewaltigungen. Sie waren streng, aber sie waren korrekt. Aber die MNLA[1], die haben uns geschlagen, bestohlen, entführt, sie sind es, die unsere Schwestern, Töchter, Mütter in Massen vergewaltigen, sie sind es, die uns hier töten. Sie sind die wahren Terroristen!"

Was die einen als gewaltsame Besetzung anprangern, verstanden viele Tuareg als Befreiung: Seit Jahrzehnten fühlten sie sich politisch und wirtschaftlich benachteiligt. Schätzungen zufolge umfasst das Volk der Tuareg etwa 1,5 Millionen Menschen, die sich auf die Region zwischen Niger, Algerien, Libyen, Burkina Faso und Mali verteilen. In all diesen Staaten bilden sie eine ethnische Minderheit und ein Blick in die Geschichte zeigt: Der Konflikt um die nationale Selbstbestimmung des Nomadenvolkes reicht weit zurück.

Die blauen Ritter der Wüste

Von jeher sind die Tuareg eine heterogene Volksgruppe. Gemeinsamkeiten finden sich in den Gebräuchen, der Kultur sowie in der eigenen Sprache (Tamaschek) und Schrift (Tifinar). Politisch werden die Tuareg in acht Großgruppen unterteilt, von denen nur zwei in der zentralen Sahara leben, weshalb sie auch als Sahara- oder Nordtuareg bezeichnet werden. Alle anderen leben in der Savanne und den Bergländern der Sahelzohne und werden Sahel- oder Südtuareg genannt.

Im Unterschied zu den schwarzafrikanischen Völkern stammen die Tuareg von den hellhäutigeren Berbern ab. Jahrhundertelang bestritten sie ihren Lebensunterhalt als Wanderhirten, Viehzüchter, Kamelhalter und Bewirtschafter von Oasen. Ihr Markenzeichen ist die indigoblaue Kleidung aus Baumwolle, die sie vor der Wüstensonne schützt und ihnen den Beinamen „Die blauen Ritter der Wüste" einbrachte.

Gesellschaft und Sozialordnung

Die Tuareg sind Muslime, haben aber bestimmte vorislamische Traditionen beibehalten und leben monogam. Die Tuareg-Frauen verwalten den Besitz der Familie und nehmen eine starke Stellung in der Gesellschaft ein, die bis zum ausgehenden 19. Jahrhundert einer streng hierarchischen Ordnung unterlag. Mehrere miteinander verwandte Großfamilien bildeten ein Lager, das zumeist zwei bis sieben Zelte umfasste und Karawanentransporte unterhielt. Eine Gruppe solcher Lagerverbände stellte gemeinhin einen Stamm dar, der über ein Territorium mit Weiderechten verfügte.

An der Spitze eines Stammesverbandes standen die sogenannten Imascheren, die das alleinige Recht zur Kamelzucht hatten. Gleichzeitig betätigten sie sich als Krieger und machten durch die Plünderung von Karawanentransporten oder auch deren Sicherung gegen Schutzgeld von sich reden. In der sozialen Ordnung folgten ihnen die Schriftgelehrten (Ineslemen), die Vasallen (Imrad), die für die Viehhaltung zuständig waren, und die Sklaven (Iklan), die auf Raubzügen gefangen genommen wurden. Auf diese Weise dominierten und kontrollierten die Tuareg den Transsahara-Handel und galten als uneingeschränkte Herren der Wüste. […]

[1] **MNLA** = nationale Bewegung zur Befreiung des Azawad; terroristische Gruppierung, die sich als Vertreter der Tuareg und aller anderen Völker des Azawad begreift und nach eigenen Angaben für die Unabhängigkeit der Region kämpft

Best.-Nr. 022724

Koloniale Bestrebungen

[...] Frankreich hatte 1830 mit der Eroberung von Algier die Kolonialisierung Nordafrikas begonnen. In dem Bestreben, die transsaharischen Karawanenrouten unter ihre Kontrolle zu bringen, waren die französischen Truppen auch sukzessive in die Sahelzone und die Sahara vorgedrungen. Dagegen leisteten die Tuareg erbitterten Widerstand, der 1881 eskalierte: Eine französische Expedition, die die Streckenführung für eine transsaharische Eisenbahnlinie erkunden sollte, wurde von den Tuareg in einen Hinterhalt gelockt und niedergemetzelt. Einen Schuldigen für das Massaker fanden die Franzosen in Duveyrier[1], der im Vorfeld als Gutachter für das Projekt herangezogen worden war und ein durchweg positives Bild vom Leben und von der Kultur der Tuareg gezeichnet hatte. Fortan galt der renommierte Afrikaforscher als „persona non grata". Er beging 1892 Selbstmord.

Zeit des Umbruchs

Der Triumph der Tuareg über die französischen Eindringlinge war nur von kurzer Dauer, denn die Kolonialmacht sann auf Vergeltung für die erlittene Schmach von 1881. In einer Fülle von einzelnen Militäraktionen begannen die Franzosen in den 1890er-Jahren im Sahel, die Tuareg Ort für Ort und Stamm für Stamm von Westen nach Osten zu unterwerfen. 1902 schlug dann auch den Tuareg der Sahararegion die Stunde: In der Schlacht bei Tit im heutigen Algerien erlebten sie eine verheerende Niederlage, die durch Stammesfehden unter den Tuareg begünstigt wurde. Doch es sollte bis ins Jahr 1916 dauern, bis auch der letzte Widerstand gebrochen war.

Die Jahre der sukzessiven Unterwerfung unter die französische Herrschaft leiteten eine Zeit des Umbruchs bei den Tuareg ein, deren Gesellschaftsordnung aus den Angeln gehoben wurde. Plünderungen und Überfälle wurden ebenso verboten wie die Sklavenarbeit und ganze Kamelherden requiriert. Dies beraubte die Tuareg ihrer wichtigsten Wirtschaftsfaktoren und sie waren fortan nicht mehr ihre eigenen Herren, sondern dem Willen der fremden Besatzer unterworfen.

Afrikas Weg in die Unabhängigkeit

Entgegen aller Erwartungen trat während der Kolonialzeit eine Phase der Entspannung im Tuareg-Gebiet ein. Durch geschicktes Taktieren gelang es der französischen Kolonialverwaltung, für innere Ruhe zu sorgen, indem sie den Tuareg deutliche Privilegien zugestand. Im Gegenzug bewiesen diese ihre Loyalität und stellten sich während des algerischen Unabhängigkeitskrieges (1954 – 1962) auf die Seite der Franzosen.

Doch als in den 1960er-Jahren nicht nur Algerien, sondern auch andere afrikanische Staaten wie Mali und Niger ihre Unabhängigkeit durchsetzten, hatte diese Haltung für die Tuareg fatale Folgen. Die neuen Grenzen zwischen den Staaten verliefen quer durch ihr traditionelles Territorium und die einstigen Herren der Wüste fanden sich als ethnische Minderheit wieder, die bis heute weniger als zehn Prozent der Gesamtbevölkerung der jeweiligen Länder ausmacht.

Grenzgänger zwischen Tradition und Moderne

In der nachkolonialen Zeit wurden die Tuareg zu Grenzgängern – nicht nur zwischen den Staaten, sondern auch zwischen Tradition und Moderne. Immer wieder rebellierten sie gegen die bestehende Staatenordnung und strebten nach Eigenständigkeit. Während die einen an althergebrachten Traditionen festhielten, wanderten andere in die Städte Nigerias, Algeriens oder Libyens ab, um ein neues Auskommen zu finden. Es war insbesondere der damalige libysche Machthaber Muammar al Gaddafi, der viele junge Tuareg in seine Armee integrierte und zu Söldnern ausbildete.

Mit dem Sturz Gaddafis im Jahr 2011 flüchteten viele dieser Söldner nach Mali und schlossen sich gemeinsam mit islamistischen Kämpfern der „Nationalen Bewegung für die Befreiung von Azawad" (MNLA) an. Im März 2012 nutzte die MNLA den Putsch der malischen Armee und startete eine Militäroffensive, die in die Proklamation eines eigenen Staates mündete. In den kriegerischen Auseinandersetzungen zwischen afrikanischen und französischen Soldaten auf der einen und den Islamisten auf der anderen Seite haben sich die Tuareg auf die Seite der Terroristen geschlagen. Die Hoffnung auf einen eigenen Staat spielt in einem Krieg um Rohstoffe und Al-Kaida-Ideologie derzeit keine bedeutende Rolle mehr.

o. V.: Die Geschichte der Tuareg. Nomadenvolk zwischen Rebellion, Tradition und Moderne. In: wissen.ARD.de, www.ard.de/home/wissen/Die_Geschichte_der_Tuareg/797818/index.html (10.12.2017)

- *Fassen Sie die grundlegenden Elemente, welche die Kultur der Tuareg prägen, mithilfe des Textes stichwortartig zusammen.*
- *Erläutern Sie, warum die Kultur der Tuareg heutzutage bedroht bzw. einem starken Wandel unterworfen ist.*

[1] Henri **Duveyrier** = französischer Tuareg- bzw. Afrika-Forscher, der ab 1859 mehrere Reisen in die Sahara unternahm, um Kontakt zu den politischen und religiösen Führern der Tuareg aufzunehmen, dabei aber zum unfreiwilligen Spielball der kolonialen Bestrebungen seines Heimatlandes wurde

Die erzählerischen Mittel des Romans untersuchen

Mit Blick auf die schriftliche Abiturprüfung erscheint es sinnvoll, die Grundlagen der Erzähltheorie am Beispiel von Jenny Erpenbecks Roman „Gehen, ging, gegangen" zu wiederholen. In dem nachstehenden Schaubild finden Sie daher eine entsprechende Zusammenfassung der konstituierenden Elemente von Erzähltexten.

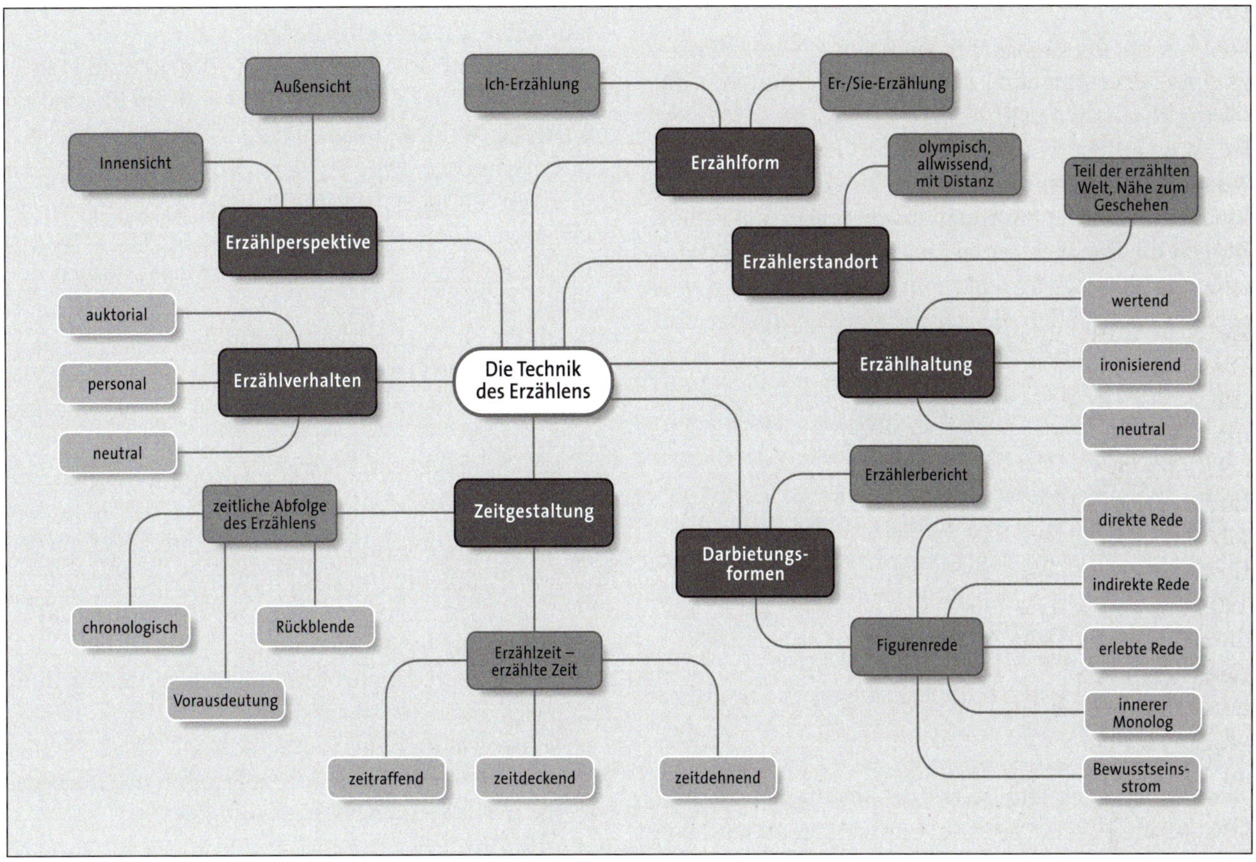

- *Bestimmen Sie exemplarisch für die ausgewählten Textstellen das Erzählverhalten und erläutern Sie die jeweils beabsichtigte Wirkung auf den Leser: S. 8, Z. 1–20 und S. 15, Z. 28 – S. 16, Z. 27.*
- *Beschreiben Sie Jenny Erpenbecks Erzähltechnik im funktionalen Zusammenhang mithilfe weiterer erzähltechnischer Kategorien aus der Mindmap (z. B. Erzählperspektive, Zeitgestaltung), die Sie für aussagefähig halten und/oder Ihre bisherigen Ergebnisse zusätzlich stützen.*

Best.-Nr. 022724

Jenny Erpenbeck: Offener Brief an den Berliner Innensenator (FAZ, 06.09.2014)

Ein zweites Leben – wäre das zu viel verlangt, Herr Henkel?

Ein Appell an den christlich-demokratischen Innensenator des Landes Berlin, afrikanische Flüchtlinge zu dulden

Sehr geehrter Herr Henkel!

Man könnte die Geschichte ganz einfach erzählen.

Es waren verschiedene Männer, die kamen von da, wo der Pfeffer wächst.

Sie kamen nicht, weil es ihnen hier besser gefällt.

Sondern weil sie sonst umgebracht worden wären.

Nach dem Sturz von Gaddafi, buchstäblich am selben Tag, als die Rebellen des in Europa bejubelten „Arabischen Frühlings“ Tripolis einnahmen, wurden von ebendiesen Rebellen die schwarzen Gastarbeiter und ihre Familien aus ihren Wohnungen, von den Baustellen, aus ihren Firmen, von den Straßen geholt, manche wurden erschossen, manche erschlagen, manche auf Lkw verladen und auf Boote getrieben.

Von denen, die auf der Überfahrt erstickten oder ertranken, will ich hier gar nicht sprechen.

Die, die in Lampedusa landeten, wussten noch nicht, was das Wort „Asyl“ in Europa bedeutet. Sie waren ja nicht freiwillig in Europa.

Italien, wie wir alle wissen, ist in der Krise.

Wir können froh sein darüber, dass wir keine Küste haben, die nach Afrika zeigt, und wir sind darüber froh.

Wir können auch froh sein, dass uns die Finanzkrise nicht so in die Tiefe gerissen hat wie Italien, und wir sind auch darüber froh.

Italien schickte die Flüchtlinge weiter, in die anderen europäischen Länder.

Sie gingen nach Dänemark, Belgien, Holland, Schweden auf der Suche nach Arbeit.

Sie gingen auch nach Berlin auf der Suche nach Arbeit.

Sie taten sich am Oranienplatz zusammen und nannten sich Gruppe.

Sie hätten jede Arbeit genommen.

Aber zu arbeiten ist ihnen verboten.

Die Gruppe steckte dem Berliner Senat als Brocken im Hals.

Wir ersticken daran, wenn das nicht aufhört, hieß es.

Einen Winter lang fror die Gruppe, Zelte, in denen sie hauste, brachen unter dem Schnee zusammen.

Warf irgendwer Geld in den Pappkarton, auf dem „Spenden“ stand, gab es ein Essen.

Warf keiner Geld in den Pappkarton, gab es keins.

Ratten bauten sich Tunnelsysteme unter den Zelten, denn auch Ratten wollen ja überleben.

Manchmal gab es ein Meeting mit dem Senat.

Manchmal eine Demonstration.

Die Gruppe steckte dem Senat als Brocken im Hals.

Wir ersticken daran, wenn das so weitergeht, hieß es.

Im zweiten Winter gab es weniger Schnee.

Warf irgendwer Geld in den Pappkarton, auf dem „Spenden“ stand, gab es ein Essen.

Warf keiner Geld in den Pappkarton, gab es keins.

Und die Ratten wohnten in den Tunnelsystemen unter den Zelten.

Manchmal gab es ein Meeting mit dem Senat.

Manchmal eine Demonstration.

Wir ersticken daran, wenn das Schule macht, sagte der Senat.

Als Schnee, Hunger und Ratten lange genug an der Gruppe genagt hatten, als keines der Meetings und keine der Demonstrationen je zu einem Ergebnis geführt hatte, als die jungen Männer zwei Jahre ihres Lebens verwartet hatten, war die Gruppe reif dafür, sich auf einen Handel einzulassen.

Das Wort „Einzelfallprüfung“ wurde erfunden und hörte sich an wie etwas Gutes.

Die Männer bauten das Zeltlager ab.

Nun war es möglich, sie unterzubringen in Zimmern, geschützt vor Schnee, Hunger und Ratten.

Für eine Zeit.

Die „Einzelfallprüfungen“ begannen und es stellte sich leider heraus: Der oder der darf hier in Berlin nicht bleiben. Soll weg, soll über den Umweg Krähwinkel zurück nach Italien oder gleich nach Italien und dort auf der Straße verhungern.

Ist es in Krähwinkel etwa nicht schön? Allein?

Ohne Arbeit? Mit schwarzer Hautfarbe? Ohne die Erlaubnis, den Bezirk von Krähwinkel zu verlassen?

In der kurzen Zeit, bis der Bescheid über die endgültige Ausweisung kommt?

Eine Gruppe, wenn man das ansieht, besteht aus lauter „Einzelfällen“.

Für eine Gruppe hätte, wenn nur irgendwer gewollt hätte – der Innenminister zum Beispiel –, der Paragraph 23 gegriffen: Aufenthaltsrecht aus humanitären Gründen.

Aber nun war die Gruppe ja keine Gruppe mehr. War das der Handel gewesen?

Einige von den Männern stellten sich in ihrer Verzweiflung auf ein Dach und drohten damit hinunterzuspringen.

Nun wurde der Handel durch einen Justizfachmann in Konstanz geprüft.
Nun stellte sich heraus, der Handel insgesamt sei gar nicht gültig. Denn die Unterschrift auf dem Papier sei die falsche.
Unterschreiben müssen hätten Sie, Herr Henkel, der Innensenator, nicht die Integrationsbeauftragte Kolat. Aber Sie haben nicht unterschrieben.
Warum eigentlich nicht?
Und was heißt das? Das heißt, die Flüchtlinge, die *wirklich* aus ihrem Leben vertrieben wurden, deren Familien in *Wirklichkeit* ermordet wurden, deren Kinder in *Wirklichkeit* bei der Überfahrt nach Europa ertrunken sind, die seit drei Jahren wirklich zu Hunger, Obdachlosigkeit und Untätigkeit verdammt sind – die müssen jetzt endlich verstehen, dass in Deutschland die Lösungen für die wirklichen Probleme aus Papier gemacht sind und nur leise rascheln, wenn der Fall ad acta gelegt wird.
Das heißt, Sie, Herr Henkel, haben die existenzielle Bedrohung Deutschlands durch diese rund 550 Kriegsflüchtlinge aus Libyen erfolgreich abgewehrt.
Wir müssen jetzt doch nicht verhungern und verdursten.
Wir können in Ruhe alt werden.
So alt, bis wir in Deutschland ganz allein mit uns sind.
Wir sind gerettet.
Aber um welchen Preis?
Sie selbst, Herr Henkel, sind im Alter von siebzehn Jahren mit ihren Eltern aus der DDR ausgereist und haben ihre Ankunft im Westen Deutschlands einmal als „zweite Geburt“ bezeichnet. Jetzt wäre es an der Zeit, anderen jungen Menschen ein zweites Leben zu geben.
Berlin, den 5. September 2014 *Jenny Erpenbeck*

Erpenbeck, Jenny: Ein zweites Leben – wäre das zu viel verlangt, Herr Henkel? Offener Brief an den Berliner Innensenator. In: Frankfurter Allgemeine Zeitung von 6. September 2014

Worüber sich Jenny Erpenbeck empört

Am 18. März hat der Berliner Innensenator Frank Henkel das „Einigungspapier Oranienplatz“ vorgestellt, in dem die Ergebnisse von Verhandlungen festgehalten sind, die der Senat mit 550 Flüchtlingen führte, die auf dem Oranienplatz in Berlin ein Protestcamp errichtet hatten. Die mehrheitlich afrikanischen Flüchtlinge räumten das Camp gegen die Zusagen, dass Prüfungen ihrer individuellen Fälle „im Rahmen aller rechtlichen Möglichkeiten“ erfolgten und sie „Unterstützung und Begleitung bei der Entwicklung ihrer beruflichen Perspektiven“ erhielten. Das setzt, so ein im Juni angefertigtes Rechtsgutachten des Bremer Juristen Andreas Fischer-Lescano, eine offizielle Duldung der betroffenen Flüchtlinge voraus, zu der deshalb die Berliner Ausländerbehörde aufgefordert wurde. Die aber lehnte es ab, diese Duldungen zu erteilen, und Henkels Innenverwaltung gab ein zweites Gutachten in Auftrag, in dem der Konstanzer Asylrechtsexperte Kay Hailbronner nun zu dem Schluss gekommen ist, dass es zur Gültigkeit des Einigungspapiers der Unterschrift des Innensenators bedurft hätte. Mehr als hundert der 550 Betroffenen sind bereits abgeschoben worden.
Jenny Erpenbeck ist Schriftstellerin und lebt in Berlin. 2013 erhielt sie den Joseph-Breitbach-Preis. Zuletzt erschien 2012 bei Knaus ihr Roman „Aller Tage Abend“. (F.A.Z.)

Frankfurter Allgemeine Zeitung: Worüber sich Jenny Erpenbeck empört. In: Frankfurt Allgemeine Zeitung vom 6. September 2014

- *Lesen Sie den offenen Brief an den Berliner Innensenator und fassen Sie zusammen, „[w]orüber sich Jenny Erpenbeck empört“.*
- *Überprüfen Sie den Roman „Gehen, ging, gegangen“ im Hinblick auf Textpassagen, an denen die (Gesellschafts-)Kritik der Autorin ebenfalls deutlich wird.*

Jenny Erpenbeck: Nachruf auf Bashir Zakaryau
(DER SPIEGEL, 44/2016)

Nachruf

Wie geht's? Gut?

Bashir Zakaryau, Flüchtling und Staatsmann ohne Staat, ist tot. *Von Jenny Erpenbeck*

In einer kleinen Wohnung in Berlin liegt ein mächtiger Mann auf dem Boden. Er ist mit Tüchern zugedeckt, Bashir Zakaryau ist tot.
Die Unruhen in Nigeria, bei denen sein Vater verbrannt wurde, hat er überlebt. Den Krieg in Libyen, bei dem auf offener Straße Jagd auf Schwarzafrikaner gemacht wurde, hat er überlebt. Bei der Kenterung des Boots, auf das er von Gaddafi-Leuten gezwungen wurde, ertrinken seine siebenjährige Tochter und sein fünfjähriger Sohn, die unter Deck waren. Bashir hält sich an einem Seil fest und überlebt den Tod seiner Kinder.
So kommt er nach Lampedusa, dann aufs italienische Festland. Es gibt keine Arbeit. Er kommt nach Deutschland. Dort gilt für ihn das Arbeitsverbot nach Dublin II. Bashir, der erst eine Schlosserei hatte in Nigeria und später wieder eine in Libyen, weiß, was es heißt, nicht arbeiten zu dürfen. Nicht arbeiten zu dürfen heißt, nicht ankommen zu können. Heißt, in die eigene Erinnerung eingesperrt zu bleiben. Nicht arbeiten zu können heißt, die eigene Hoffnung zum Feind zu haben.

Als afrikanische Flüchtlinge 2012 auf dem Berliner Oranienplatz ein Camp errichten, um gegen die europäische Asylpolitik zu protestieren, beginnt Bashir, für seine Leute zu sprechen.
Niemand, der ihn hat sprechen hören, wird ihn je vergessen. Er ist laut, er ist leidenschaftlich, er versteht, dass es großer Kraft bedarf, um Dinge in Bewegung zu setzen, aber dass Bewegung auch bedeutet, miteinander zu agieren und nicht gegeneinander. Er sieht, dass sich durch die Dublin-Verordnung die Fronten verhärten. Er ist eine gewaltige Erscheinung, aber er verabscheut Gewalt. „Ich kann kein Blut mehr sehen", sagt er. Er will den Ausgleich, die Gleichberechtigung, will die Unsichtbaren, die aus dem öffentlichen Bewusstsein Verdrängten, sichtbar machen. Es gibt Demonstrationen, es gibt Meetings, Interviews. Der Senat aber will keinen Präzedenzfall. Bashir, Staatsmann ohne Staat, wird vom Berliner Innensenator kein einziges Mal empfangen.
Bashir überlebt, bereits schwer herzkrank, zwei Jahre im Zelt auf dem Oranienplatz. Zwei Sommer, zwei Winter. Für die jungen Männer, deren Väter erschlagen wurden, ist er ein Vater. Für die Schweigsamen, unter den Schrecken der Flucht Verstummten, ist er die Stimme. Einzelkämpfern bringt er bei, sich als Mitglied einer Gemeinschaft zu begreifen. Als der Senat schließlich eine sogenannte Vereinbarung vorschlägt und den Männern vage Versprechungen macht, unterschreibt Bashir im Namen aller. Die eigene Hoffnung zum Feind zu haben ist schwer.
Die Gruppe räumt den Platz und wird auf Heime verteilt, plötzlich besteht sie aus lauter „Einzelfällen", die geprüft werden sollen. „Wie geht's? Gut?" Bashir lacht. Bashir, der Hüne, trägt ein T-Shirt, auf das ist ein Gerippe gedruckt. So ein dickes Gerippe gab es noch nie. Bashir verwandelt jeden, den er umarmt, in ein Kind. Bashir erklärt mir die fünf Säulen des Islam und sagt: „Wer tötet, ist kein Muslim. Nicht einmal das kleinste Tier darfst du töten, denn es kann sein, dass auch so ein Tier zu Haus Kinder hat, die warten."
Bashir organisiert für seine vom Hoffen erschöpften Leute gemeinnützige Arbeit. Wo auch immer der Schlosser irgendwo ein Geländer, ein Tor, ein Gitter sieht, sagt er: „This was my work. I can make this. This was my work." Das Infozelt am Oranienplatz, der alte Treffpunkt, wird zum dritten Mal von Unbekannten in Brand gesetzt. Wenn Bashir von seiner Mutter am Telefon gefragt wird, wie es ihm geht, sagt er: „Gut."
Schließlich sind alle „Einzelfälle" geprüft. Nur einige Schwerkranke, unter ihnen Bashir, bekommen eine Duldung und damit einen Heimplatz, alle anderen

müssen gehen. Es ruft ihn der an, und der, und der. Bashir sagt: „It kills me. Ich bin im Heim, und meine Brüder werden auf die Straße gesetzt." Bei einer Kontrolle in der nächtlichen Sperrzeit für Besucher findet der Heimbetreiber einen der obdachlos gewordenen Freunde von Bashir im Schrank versteckt, einen anderen unter dem Bett, einen dritten im Bad. Bashir muss das Heim verlassen. Aber wohin?

Wie durch ein Wunder fällt da ein Wohnungsangebot vom Himmel. Anderthalb Zimmer. Bashirs Habe beim Umzug: zwei Koffer und ein paar Säcke mit Sachen. Das Beatmungsgerät für die Nächte. Eine Plastiktüte mit Medikamenten. Ein Ordner mit Briefen von Ämtern.

Vor wenigen Wochen hat er zu mir gesagt: Ich hätte so gern noch einmal Kinder.

Jetzt liegt er zugedeckt in seiner Wohnung.

Fünf Menschen, die er in den letzten Monaten bei sich aufgenommen hat, darunter eine Frau mit zwei Kindern, sind jetzt wieder ohne Obdach. Eine politische Lösung für das, was einmal die „Gruppe vom Oranienplatz" hieß, ist nach wie vor nicht in Sicht. Nur für Bashir ist jetzt die lange Schlacht, in der er für seine Leute gestritten hat, zu Ende. Hier in Berlin hat er das Überleben nicht überlebt. Aber es war nicht er, der aufgegeben hat, nur sein Herz.

Die Schriftstellerin **Jenny Erpenbeck**, 49, hat für ihren Roman „Gehen, ging, gegangen" unter Flüchtlingen recherchiert.
Zakaryau war das Vorbild für eine der Hauptfiguren.

Erpenbeck, Jenny: Wie geht's? Gut? Nachruf auf Bashir Zakaryau. In: Der Spiegel, 44/2016

- *Lesen Sie den Nachruf auf Bashir Zakaryau und fassen Sie die gesellschaftskritischen Aussagen der Autorin zusammen.*
- *Überprüfen Sie den Roman „Gehen, ging, gegangen" im Hinblick auf Textpassagen, an denen die Kritik der Autorin ebenfalls deutlich wird.*

Ablauf eines Lerntempoduetts (Folie)

Phase 1: Lernen in Einzelarbeit

1. Lesen Sie den Text auf den **Arbeitsblättern 15 a** bzw. **15 b**.
2. Strukturieren und visualisieren Sie den Inhalt des Textes in geeigneter Weise (z. B. mithilfe einer Mindmap).
3. Suchen Sie sich anschließend einen Partner bzw. eine Partnerin, der bzw. die ebenfalls fertig ist, jedoch den anderen Text bearbeitet hat.

Phase 2: Lernen im Expertenpaar

Erklären Sie sich die Inhalte der jeweiligen Texte mithilfe Ihrer Visualisierungen gegenseitig.

Phase 3: Lernen in Einzelarbeit

1. Lesen Sie nun den anderen Text, über dessen Inhalt Sie bereits etwas erfahren haben.
2. Suchen Sie sich erneut einen verfügbaren Partner bzw. eine verfügbare Partnerin.

Phase 4: Lernen im Expertenpaar

1. Bearbeiten Sie gemeinsam die auf den **Arbeitsblättern 15 a** und **15 b** formulierten Aufgaben.
2. Nehmen Sie Stellung zu den Bewertungen der Rezensenten.

Phase 5: Abschlussgespräch im Plenum

1. Klären Sie die Fragen, die aus Ihrer Sicht noch offengeblieben sind.
2. Fassen Sie Ihre Ergebnisse aus der vorangegangenen Arbeitsphase zusammen und erläutern Sie diese.
3. Reflektieren Sie Ihren Lernprozess, indem Sie folgende Satzanfänge vervollständigen:
   - „Mit dem heutigen Arbeitsergebnis bin ich (nicht) zufrieden, weil ..."
   - „Beim Lerntempoduett war heute besonders förderlich (hinderlich), dass ..."
   - „Um den weiteren Lernprozess zu verbessern, schlage ich vor, dass ..."

Quellenverzeichnis

Abraham, Ulf: Sprechen als reflexive Praxis. Mündlicher Sprachgebrauch in einem kompetenzorientierten Deutschunterricht. 2., überarbeitete und erweiterte Auflage. Klett Verlag: Stuttgart 2016

Abraham, Ulf: Unterrichtskonzepte zu Jenny Erpenbecks „Gehen, ging, gegangen" – Eine Auswahl. Vortrag bei der niedersächsischen Netzwerktagung Deutsch am 1. Dezember 2017. Bad Salzdetfurth 2017

Apel, Friedmar: Wir wurden, werden, sind sichtbar. In: Frankfurter Allgemeine Zeitung vom 16. September 2015. Zitiert nach: www.faz.net/aktuell/feuilleton/buecher/rezensionen/belletristik/gehen-ging-gegangen-von-jenny-erpenbeck-13770081.html (14.01.2018)

Breithaupt, Fritz: Kulturen der Empathie. Suhrkamp Verlag: Frankfurt am Main 2009

Caritas in Niedersachsen u. a. (Hrsg.): Flüchtlinge in Niedersachsen. Was kann ich tun? Tipps und Informationen für (ehrenamtliche) Begleiterinnen und Begleiter von Flüchtlingen. 4., aktualisierte Auflage. Hermannsburg 2016

Delvaux de Fenffe, Gregor: Flucht und Vertreibung. Deutsche Geschichte. In: Westdeutscher Rundfunk (Hrsg.): Planet Wissen. Köln 2017. Zitiert nach: www.planet-wissen.de/geschichte/deutsche_geschichte/flucht_und_vertreibung/index.html (31.12.2017)

Frey, Thomas: Jenny Erpenbeck: Von Flüchtlingen lernen. Ein Interview mit der Autorin des Romans „Gehen, ging, gegangen". In: Focus Online vom 2. September 2015. Zitiert nach: www.focus.de/kultur/buecher/literatur-jenny-erpenbeck-von-fluechtlingen-lernen_id_4919001.html (02.01.2018)

Göbel, Alexander: Kidal in Mali. Die Reise zum gefährlichsten Ort Westafrikas. Deutschlandradio (Hrsg.): Deutschlandfunk Online vom 8. März 2014. Köln 2014. Zitiert nach: www.deutschlandfunk.de/kidal-in-mali-reise-zum-gefaehrlichsten-ort-westafrikas.799.de.html?dram:article_id=279541 (10.12.2017)

Hasenbach, Sabine: Jenny Erpenbeck. Gehen, ging, gegangen. Bange Verlag: Hollfeld 2018

Informationsverbund Asyl und Migration e. V.: Genfer Flüchtlingskonvention. Abkommen über die Rechtsstellung der Flüchtlinge vom 28. Juli 1951. Berlin 2005

KMK: Bildungsstandards im Fach Deutsch für die Allgemeine Hochschulreife. Beschluss der Kultusministerkonferenz vom 18. Oktober 2012. Berlin 2012. Zitiert nach: www.kmk.org (05.09.2017)

Legal Tribune Online: Keine „refugees in orbit". OVG Münster zur Dublin-Verordnung. Köln 2015. Zitiert nach: www.lto.de/recht/nachrichten/n/ovg-muenster-urteil-13a2159-14a-13a800-15a-asylantrag-deutschland-einreise-eu-ausland-dublin-verordnung/ (01.02.2018)

Lorenzen, Ilka: Mit Jenny Erpenbeck in Berlin (Podcast). Zitiert nach: www.ilkalorenzen.de/kulturredaktion (24.04.2018), Transkription: Christine Mersiowsky

Lühmann, Hannah: Ein Roman als Crashkurs in Flüchtlingskunde. In: Die Welt vom 31. August 2015. Zitiert nach: www.welt.de/kultur/literarischewelt/article145830887/Ein-Roman-als-Crashkurs-in-Fluechtlingskunde.html (26.07.2017)

Magenau, Jörg: Ein Stückchen Acker in Ghana. In: Süddeutsche Zeitung vom 30. August 2015. Zitiert nach: www.sueddeutsche.de/kultur/longlist-zum-deutschen-buchpreis-ein-stueckchen-acker-in-ghana-1.2627330 (26.07.2017)

Mangold, Ijoma: Gegen die herrschende Klasse. Politische Literatur. In: DIE ZEIT. Nr. 41/2015 vom 2. November 2015. Zitiert nach: www.zeit.de/2015/41/literatur-politik-gesellschaft-ilija-trojanow/komplettansicht (02.01.2018)

Marx, Friedhelm: Flucht und Vertreibung in der Gegenwartsliteratur. Jenny Erpenbecks Roman Gehen, ging, gegangen. Vortrag bei der niedersächsischen Netzwerktagung Deutsch am 1. Dezember 2017. Bad Salzdetfurth 2017

Neumayer, Ingo: Flüchtlinge. In: Westdeutscher Rundfunk (Hrsg.): Planet Wissen. Köln 2017. Zitiert nach: www.planet-wissen.de/geschichte/menschenrechte/fluechtlinge/index.html (31.12.2017)

o. V.: Die Ereignisse der vergangenen Jahre: Chronik der Flüchtlingskrise in Berlin. In: Tagesspiegel Online vom 29. Juli 2016. Berlin 2016, www.tagesspiegel.de/berlin/die-ereignisse-der-vergangenen-jahre-chronik-der-fluechtlingskrise-in-berlin/133948272.html (10.12.2017)

Pethes, Nicolas: Kulturwissenschaftliche Gedächtnistheorien zur Einführung. Junius Verlag: Hamburg 2008

Pro Asyl e.V.: Kampagnenstart: Wir treten ein! Für Flüchtlingsschutz – Gegen Dublin III. Frankfurt am Main 2015. Zitiert nach: www.proasyl.de/pressemitteilung/kampagnenstart-wir-treten-ein-fuer-fluechtlingsschutz-gegen-dublin-iii/ (10.01.2018)

Rau, Tilman: Journalistisches Schreiben im Unterricht. Themenfindung, Recherchen, Textformen. Klett/Kallmeyer: Seelze 2014

Sack, Martin: Posttraumatische Belastungsstörung (PTBS). In: Verlag Konradshöhe (Hrsg.): Apotheken Umschau. Baierbrunn 2014. Zitiert nach: www.apotheken-umschau.de/posttraumatische-belastungsstoerung (02.02.2018)

Schumacher, Arne: Die neuen Aufgabenarten im schriftlichen Abitur. Materialgestütztes Verfassen von Texten. In: Fachverband Deutsch im Deutschen Germanistenverband (Hrsg.): Rundbrief 45. Windeby 2013, S. 24. Zitiert nach: www.fachverband-deutsch.de (05.09.2017)

Verlagsgruppe Random House (Hrsg.): 3 Fragen an Jenny Erpenbeck. Interview mit der Autorin. Albrecht Knaus Verlag: München 2015. Zitiert nach: www.random house.de/Interview-mit-Jenny-Erpenbeck/aid63569.rhd (02.01.2018)

Wendland, Hans-Georg (a): „Gehen, ging, gegangen" von Jenny Erpenbeck. Inhaltlicher Überblick und Analyse der Erzählstruktur. Norderstedt 2016

Wendland, Hans-Georg (b): „Gehen, ging, gegangen" von Jenny Erpenbeck. Thematische Schwerpunkte, Figurenkonstellation, zentrales Motiv und Symbol. Norderstedt 2016

zitate.at GmbH: Zitate von Virginia Woolf. Bad Vöslau o. J., www.zitate.eu/author/woolf-virginia/zitate?page=2 (31.01.2018)